UTB **2613**

**Eine Arbeitsgemeinschaft der Verlage**

Beltz Verlag Weinheim · Basel
Böhlau Verlag Köln · Weimar · Wien
Wilhelm Fink Verlag München
A. Francke Verlag Tübingen und Basel
Haupt Verlag Bern · Stuttgart · Wien
Lucius & Lucius Verlagsgesellschaft Stuttgart
Mohr Siebeck Tübingen
C. F. Müller Verlag Heidelberg
Ernst Reinhardt Verlag München und Basel
Ferdinand Schöningh Verlag Paderborn · München · Wien · Zürich
Eugen Ulmer Verlag Stuttgart
UVK Verlagsgesellschaft Konstanz
Vandenhoeck & Ruprecht Göttingen
Verlag Recht und Wirtschaft Heidelberg
VS Verlag für Sozialwissenschaften Wiesbaden
WUV Facultas Wien

Anton Pelinka
# Grundzüge der Politikwissenschaft

Böhlau Verlag Wien · Köln · Weimar

Bibliografische Information der Deutschen Bibliothek.
Die Deutsche Bibliothek verzeichnet diese Publikation in der
Deutschen Nationalbibliografie; detaillierte bibliografische Daten
sind im Internet über http://dnb.ddb.de abrufbar.

ISBN 3-8252-2613-1 (UTB)
ISBN 3-205-77293-8 (Böhlau)

Das Werk ist urheberrechtlich geschützt. Die dadurch begründeten Rechte,
insbesondere die der Übersetzung, des Nachdruckes, der Entnahme von
Abbildungen, der Funksendung, der Wiedergabe auf fotomechanischem
oder ähnlichem Wege und der Speicherung in Datenverarbeitungsanlagen,
bleiben, auch bei nur auszugsweiser Verwertung, vorbehalten.

© 2004 by Böhlau Verlag Ges. m. b. H. & Co. KG
Wien · Köln · Weimar
http://www.boehlau.at
http://www.boehlau.de

Gedruckt auf umweltfreundlichem, chlor- und säurefreiem Papier.

Druck: Ebner & Spiegel, Ulm

# Inhaltsverzeichnis

Vorwort ................................................. 9

Einleitung ............................................. 11

1. Politikwissenschaft und Politik ....................... 13
   1.1. Politikwissenschaft als Sozialwissenschaft ....... 13
   1.2. Hauptrichtungen der Politikwissenschaft .......... 15
   1.3. Politikbegriffe .................................. 18
   1.4. Merkmale und Grenzen des Politischen ............. 21
   1.5. Politik und Wissenschaft ......................... 25

2. Demokratie als Herrschaftsform ....................... 28
   2.1. Direkte und indirekte Demokratie ................. 28
   2.2. Konkurrenz und Konkordanz ........................ 31
   2.3. Wahl und Parlamentarismus ........................ 35
   2.4. Parlamentarischer Entscheidungsprozess und Opposition ... 38
   2.5. Verfassung und Gewaltenteilung ................... 41

3. Mehrparteiensysteme .................................. 45
   3.1. Typologie politischer Systeme .................... 45
   3.2. Parlamentarische Systeme ......................... 48
   3.3. Präsidentielle Systeme ........................... 52
   3.4. Gemischte Systeme ................................ 55

4. Einparteiensysteme und Parteiensysteme in der
   „Dritten Welt" ....................................... 60
   4.1. Gemeinsamkeiten und Unterschiede ................. 60
   4.2. Kommunistische Einparteiensysteme ................ 64
   4.3. Faschistische Einparteiensysteme ................. 67
   4.4. Parteiensysteme in der „Dritten Welt" ............ 69

## 5. Wahlen und öffentliche Meinung .................... 76
- 5.1. Wahlsysteme ...................................... 76
- 5.2. Inhalte der Wahlforschung ......................... 81
- 5.3. Methoden der Wahlforschung ....................... 85
- 5.4. Probleme der Umfrageforschung .................... 87
- 5.5. Medien (Exkurs) ................................... 90

## 6. Parteien und Parteiensystem ......................... 93
- 6.1. Funktion und Typologie politischer Parteien ........ 93
- 6.2. Innerparteiliche Demokratie ....................... 97
- 6.3. Parteiprogramme und Personalisierung .............. 99
- 6.4. Parteienfinanzierung .............................. 101
- 6.5. Parteiensysteme ................................... 104

## 7. Verbände und Bürokratie ............................ 108
- 7.1. Funktion und Typologie der Verbände .............. 108
- 7.2. Adressaten der Verbände .......................... 112
- 7.3. Neokorporatismus und Mitbestimmung ............... 116
- 7.4. Bürokratie ........................................ 120

## 8. Die zentralen Konfliktlinien Internationaler Politik ...... 123
- 8.1. Internationale Beziehungen allgemein ............... 123
- 8.2. Der Ost-West-Konflikt und die Folgen ............... 126
- 8.3. Der Nord-Süd-Konflikt und die Globalisierung ....... 132
- 8.4. Neutralität und Blockfreiheit ...................... 137

## 9. Friedens- und Konfliktforschung ..................... 141
- 9.1. Frieden, Krieg und Gewalt ......................... 141
- 9.2. Konflikte und Konfliktursachen .................... 144
- 9.3. Entstehung von Kriegen ........................... 148
- 9.4. Alternativen zum Krieg ............................ 150

## 10. Internationale Organisationen und Außenpolitik ....... 157
- 10.1. Internationale Organisationen allgemein ........... 157
- 10.2. Die Vereinten Nationen ........................... 162

10.3. Die Europäische Union .......................... 166
10.4. Außenpolitik ................................... 172

## 11. Politische Ideengeschichte – von der Antike bis zur Neuzeit ........................................ 175
11.1. Politische Ideen und Ideologien .................... 175
11.2. Antike: Polis, Reaktion und Christentum ............ 177
11.3. Mittelalter und Renaissance: Naturrecht und Empirie ..... 182
11.4. Anfänge der Neuzeit: Utopie und Säkularisierung ........ 185

## 12. Politische Ideengeschichte – bürgerliche Revolutionen und die Folgen .................................... 190
12.1. Die Levellers, *Locke* und die englische Revolution ........ 190
12.2. *Montesquieu*, die „Federalists" und die amerikanische Revolution ..................................... 192
12.3. Die Jakobiner und die Französische Revolution .......... 195
12.4. Liberalismus und Konservativismus .................. 197
12.5. Frühsozialismus und *Karl Marx* ..................... 201

## 13. Politische Ideengeschichte im 20. Jahrhundert .......... 205
13.1. Postmarxistischer Sozialismus ...................... 205
13.2. Konservativismus und Christliche Soziallehre .......... 210
13.3. Liberalismus und Demokratietheorie ................. 213
13.4. Faschismus .................................... 217
13.5. Korrekturen und Gegenströmungen .................. 218

Literaturverzeichnis ...................................... 223

Personenindex ......................................... 231

# *Vorwort*

Das Buch „Grundzüge der Politikwissenschaft" ist ein Lehrbuch. Es dient einer ersten, inhaltlichen Einführung in das Fach Politikwissenschaft. Das Buch ist daher didaktisch ausgerichtet: Es soll keine neuen wissenschaftlichen Erkenntnisse vermitteln. Es soll vielmehr in einer auch für StudienanfängerInnen zumutbaren Form einen Überblick über das vermitteln, was unter Politikwissenschaft zu verstehen ist.

Das Buch ist deshalb so geschrieben, dass es von Studierenden unmittelbar genützt werden kann, die sich davor noch nicht mit Politikwissenschaft befasst haben. In dieser Funktion setzt dieses Lehrbuch fort, was im Rahmen des politikwissenschaftlichen Studiums an der Universität Innsbruck anhand des Skriptums „Grundzüge der Politikwissenschaft" vermittelt wurde. Die verschiedensten Erfahrungen mit der Einführung in die Politikwissenschaft, anhand der Verbindung von Vorlesung und Skriptum gewonnen, fließen in die Gestaltung dieses Lehrbuches ein.

Das Buch ist ein Lehrbuch, das in die Inhalte der Politikwissenschaft einführt. Es bedarf der Ergänzung in Form einer methodischen Einführung. Eine solche Einführung ist nicht die Aufgabe dieses Lehrbuches – die Methodologie der Politikwissenschaft ist an allen oder zumindest den meisten Universitäten Gegenstand eigener, spezifisch methodologischer Lehrveranstaltungen. Für diese gibt es die entsprechenden Einführungen in die Methoden der Sozialwissenschaften bzw. der Politikwissenschaft.

Dem Buch liegt eine lange Erfahrung in der universitären Lehre zugrunde. Die Studierenden der Politikwissenschaft an der Universität Innsbruck haben daher einen hohen Anteil am Zustandekommen des Lehrbuches. Ihre Rückmeldungen und ihre Prüfungserfolge waren und sind der wichtigste Gradmesser für die didaktische Qualität dieses Lehrbuches. Daher gilt diesen Studierenden mein erster Dank.

Das Buch ist aber auch Ergebnis der Kooperation mit den Kolleginnen und Kollegen am Institut für Politikwissenschaft der Universität Innsbruck. Die freundschaftliche Atmosphäre, die am Institut herrscht, führt immer wieder zu den verschiedensten Anregungen, die ebenfalls in dieses Lehrbuch Eingang gefunden haben. Daher gilt den Kolleginnen und Kollegen am Institut ebenfalls mein Dank.

Das Buch ist auch das Ergebnis einer langjährigen Zusammenarbeit mit *Ellen Palli*. Sie hat – wie schon so oft – die technische Seite dieses Buches betreut. Ihr gilt mein besonderer Dank.

*Anton Pelinka*
Innsbruck, im August 2000

## *Vorwort zur zweiten Auflage*

Die überarbeitete und erweiterte zweite Auflage reflektiert sowohl die Weiterentwicklung der Politikwissenschaft als auch die ihres Objektes, der Politik. Diese steht nicht still. Die Ereignisse, die mit dem Datum 11. September 2001 verbunden sind, haben die Politik weltweit verändert – und damit auch die Analyse der Politik. Das gilt zunächst und vor allem für die Internationale Politik: Die militärischen Interventionen in Afghanistan (2001) und im Irak (2003) markieren einen Paradigmenwechsel in den Internationalen Beziehungen. Das gilt aber auch für die Politischen Systeme und für die Politische Theorie: Der Begriff des „Terrorismus" steht am Beginn des 21. Jahrhunderts für ein Gegenbild zur liberalen Demokratie – jenseits der primär mit dem 20. Jahrhundert verbundenen Gegenbilder Faschismus und Kommunismus.

Für die technischen Aspekte der Überarbeitung und Erweiterung habe ich wieder *Ellen Palli* zu danken.

*Anton Pelinka*
Wien und Innsbruck, im Juli 2004

# *Einleitung*

Das Buch folgt dem international üblichen Aufbau der Politikwissenschaft. Nach einer Beschreibung des Selbstverständnisses des Faches (Kapitel 1) folgen Kapitel, in denen Grundkenntnisse Politischer Systeme und Prozesse vermittelt werden (Kapitel 2 bis 7); Abschnitte, die der Internationalen Politik gewidmet sind (Kapitel 8 bis 10); und schließlich die historisch gegliederte Politische Theorie- und Ideengeschichte (Kapitel 11 bis 13).

Daran schließen Literaturverweise, die nach den einzelnen Kapiteln gegliedert sind und – wegen des Lehrbuchcharakters – bewusst übersichtlich und damit knapp gehalten sind. Die Literaturangaben beziehen sich ausschließlich auf Literatur in deutscher oder in englischer Sprache. In diesen Angaben sind einerseits einige „Klassiker" enthalten (z.B. *Arendt, Deutsch, Fraenkel, Galtung, Knoll, Lazarsfeld, Lipset, Rokkan*); andererseits eher neue Bücher, die vor allem didaktisch orientiert sind.

Im Literaturverzeichnis sind eingangs auch einige Hinweise enthalten, die sich auf – andere – Einführungswerke und auf Handbücher (bzw. Lexika) beziehen. Es handelt sich dabei um eine beispielhafte Auswahl aus der kaum noch überblickbaren Zahl von politikwissenschaftlichen Lehrbüchern. Diese Auswahl bezieht sich abermals nur auf deutsch- und auf englischsprachige Literatur. Dabei handelt es sich um Bücher, die mir selbst gelegentlich oder häufig als Grundlage für meine Lehrtätigkeit gedient haben und noch dienen.

Die Verweise auf einige ausgewählte Lehr- und Handbücher bringt auch zum Ausdruck, dass sich dieses Lehrbuch in den „mainstream" der Politikwissenschaft einordnen will. Es soll ein Verständnis von Politikwissenschaft vermitteln, das in engstem Zusammenhang mit dem steht, was auch international unter Politikwissenschaft verstanden wird.

Das Buch soll als eine – erste – Grundlage für ein weiteres, sich ausdifferenzierendes Studium der Politikwissenschaft dienen. Dazu zählt insbesondere auch die Notwendigkeit, sich speziell mit den (sozialwissenschaftlichen, politikwissenschaftlichen) Methoden vertraut zu machen.

Dazu zählt auch, dass ein Aufbaustudium – wiederum im Sinne internationaler Standards – dann im Rahmen der traditionellen Teilbereiche organisiert ist. Dieses Lehrbuch soll aber vermitteln, dass Politikwissenschaft mehr ist als die bloße Addition von Politischer Theorie, Internationaler Politik und der Lehre von den Politischen Systemen.

Das Buch geht von einem Verständnis von Politikwissenschaft aus, das zwar nicht selbstverständlich und daher auch nicht unumstritten ist, das aber der – heute – herrschenden Lehre entspricht. Politikwissenschaft ist weder eine „Königs-", noch ist sie eine „Integrationswissenschaft". Sie ist weder anderen Disziplinen in irgendeiner Form vor- oder übergeordnet, noch ist sie die Zusammenfassung aller irgendwie mit Politik im weitesten Sinn befassten Disziplinen. Politikwissenschaft ist nicht der gemeinsame Nenner von Geistes-, Rechts- und Sozialwissenschaft; von Philosophie und Geschichte, von Verfassungs- und Völkerrecht, von Soziologie und Wirtschaftswissenschaft. Politikwissenschaft ist als eine Sozialwissenschaft zu sehen – als die Sozialwissenschaft, die sich mit dem Phänomen des Politischen beschäftigt.

Politikwissenschaft ist keine Tugendlehre. Sofern sie sich mit Ethik befasst, untersucht sie, wie bestimmte Vorstellungen von Ethik und Moral, wie Normativität überhaupt sich politisch auswirkt. Der Politikwissenschaft selbst ist keine bestimmte Vorstellung vom Wahren, Guten und Schönen zu eigen.

Anders oder zumindest stärker, als dies für die Lehre anderer Wissenschaftsdisziplinen gilt, trifft die politikwissenschaftliche Lehre auf eine Fülle von vorwissenschaftlichen Annahmen; von Vorstellungen, wie Politik „funktioniert"; von – vermeintlichem – Wissen über das, was jeweils „gut" oder „schlecht" sei. Daher muss die politikwissenschaftliche Lehre sich zunächst mit diesem Vorwissen befassen und dieses nötigenfalls auch aufheben. Die wissenschaftlich abgestützte Lehre von der Politik besteht auch und wesentlich in der Zerstörung dessen, was den Blick auf die Realität der Politik verstellt.

In diesem Sinne ist die Politikwissenschaft ganz besonders der Ideologiekritik verbunden: Sie ist dazu da, Scheinwissen zu entlarven und durch wissenschaftlich gesichertes Wissen zu ersetzen. Politikwissenschaft ist Aufklärungswissenschaft.

*Anton Pelinka*

# 1. Politikwissenschaft und Politik

1.1. Politikwissenschaft als Sozialwissenschaft
1.2. Hauptrichtungen der Politikwissenschaft
1.3. Politikbegriffe
1.4. Merkmale und Grenzen des Politischen
1.5. Politik und Wissenschaft

## 1.1. Politikwissenschaft als Sozialwissenschaft

*Politikwissenschaft* ist eine sozialwissenschaftliche Teildisziplin. Mit den anderen sozialwissenschaftlichen Teildisziplinen – wie vor allem Ökonomie und Soziologie – ist die Politikwissenschaft durch einen grundsätzlichen Gleichklang der Methodik verbunden. Von diesen anderen Teildisziplinen unterscheidet sich die Politikwissenschaft durch ihr Untersuchungsobjekt.

Die *Sozialwissenschaften* sind empirische Wissenschaft im weitesten Sinn. Ihr Interesse ist es, Erkenntnisse über gesellschaftliche Zusammenhänge zu gewinnen. Allen Sozialwissenschaften geht es um die gesellschaftliche Wirklichkeit. Diese zu beobachten, zu beschreiben, zu analysieren und letztlich die Erkenntnisse zu einer Theorie zu verarbeiten, ist die Aufgabe jeder Sozialwissenschaft.

Empirisch sind die Sozialwissenschaften deshalb, weil alle ihre Aussagen an der Wirklichkeit messbar sein müssen. Das unterscheidet auch sozialwissenschaftliche, auch politikwissenschaftliche Theoriebildung von der Spekulation – gleichgültig, ob theoretische Aussagen Wünschenswertes oder Abzulehnendes betreffen, sie müssen zur gesellschaftlichen, das heißt hier politischen Wirklichkeit rückgekoppelt werden können; sie müssen anhand dieser Wirklichkeit überprüfbar und veränderbar sein.

Politikwissenschaft ist somit nicht die Lehre vom bestmöglichen Zustand der Gesellschaft und der Politik, sie ist zunächst die Lehre vom tatsächlichen Zustand gesellschaftlicher und politischer Verhältnisse.

Dieser empirische Charakter, der die Politikwissenschaft – wie auch die anderen Sozialwissenschaften – an die Tatsachen bindet, bedeutet freilich nicht, dass politikwissenschaftliche Erkenntnisse politisch neutral sein müssen. Selbstverständlich können diese Erkenntnisse für politische Ziele, d.h. für die Bemühungen um die Herstellung bestimmter Zielvorstellungen im Wettbewerb mit anderen Vorstellungenn eingesetzt werden. Wenn z.B. eine politische Partei erfährt, dass die Politik der von ihr gestützten Regierung zunehmend jüngere Wähler verärgert, so wird das Ergebnis dieser etwa durch die Wahlforschung gewonnenen Erkenntnis nicht „neutral" sein; so wird vielmehr diese Erkenntnis dazu führen, dass die Partei bei der Gestaltung der Regierungspolitik stärker Rücksicht auf die Interessen jüngerer Wähler nehmen wird.

Politikwissenschaft – auch hier wie die anderen Sozialwissenschaften – ist *wertfrei* und *nicht wertfrei* zugleich. Der eigentliche Vorgang der Beobachtung, der Erhebung, der Beschreibung und der Analyse politischer Sachverhalte, auch deren Weiterentwicklung zu theoretischen Aussagen, soll möglichst unbeeinflusst von Wertvorstellungen und von Interessen, also von bewusst parteinehmenden Einstellungen sein. Politikwissenschaftliche Forschung als Vorgang kann und soll in diesem Sinn um Wertfreiheit bemüht sein. Gleichzeitig ist jedoch dieser Forschungsvorgang in einen Wissenschaftsbetrieb hineingestellt, der für sich nicht wertfrei ist, der vielmehr von Wertvorstellungen und Interessen abhängig ist. Ob etwa im Bereich der wissenschaftlichen Beschäftigung mit Internationaler Politik die Politikwissenschaft sich stärker mit Fragen der strukturellen Gewalt, etwa mit der Ungleichheit zwischen Norden und Süden beschäftigt, oder ob sich die Politikwissenschaft stärker mit personaler Gewalt, etwa mit den Kriegen und Befreiungskämpfen in Afrika befasst, ist eine Entscheidung, die von Interessen und Werten abhängt. Vor allem hängt aber auch die Verwertung politikwissenschaftlicher Erkenntnisse von Interessen und Werten ab – ob und in welcher Weise Erkenntnisse öffentlich gemacht werden, ob und in welcher Weise politische Entscheidungsträger diese Erkenntnisse berücksichtigen, das alles ist selbstverständlich nicht wertfrei.

Die Politikwissenschaft unterscheidet sich von den anderen Sozialwissenschaften, die alle durch eine gemeinsame Methodik gekennzeichnet sind, durch ihr Forschungsobjekt. Die Politikwissenschaft kümmert sich um die Politik. Die Grenzziehung zwischen politischen und nicht politischen gesellschaftlichen Bereichen, also zwischen den Objekten der Politikwissenschaft und den Objekten der anderen Sozialwissenschaften, ist freilich fließend. Denn es hängt von der Definition des Politischen ab, die wiederum oft die Folge gewisser historischer Zufälligkeiten, sicherlich immer aber auch von bestimmten Interessen ist, ob ein gesellschaftlicher Bereich als politisch oder als nicht politisch angesehen wird. In der Praxis sozialwissenschaftlicher Tätigkeit lässt sich überdies oft beobachten, dass bestimmte Gebiete von mehreren Sozialwissenschaften gleichzeitig behandelt werden. So kann etwa das Phänomen Sozialpartnerschaft von der Volkswirtschaft untersucht werden, weil die Zusammenarbeit zwischen den großen Wirtschaftsverbänden wesentliche Folgen für die Wirtschaftspolitik hat. Gleichzeitig sind aber die inneren Entscheidungsprozesse dieser Wirtschaftsverbände auch für die Wirtschaftssoziologie nicht unerheblich. Und dennoch befasst sich auch die Politikwissenschaft intensiv mit Fragen der Sozialpartnerschaft. Das Nebeneinander der Sozialwissenschaften bedeutet also nicht strenge Abgrenzung, sondern unterschiedliche Schwerpunktsetzung bei gleichzeitiger Überlappung der Forschungsgebiete.

## *1.2. Hauptrichtungen der Politikwissenschaft*

Politikwissenschaft ist ein Überbegriff, hinter dem sich die verschiedensten Richtungen verbergen. Diese Richtungen sind zumeist voneinander nicht streng abgegrenzt, sie unterscheiden sich durch unterschiedliche Prioritäten. Im Allgemeinen können in der Politikwissenschaft, durchaus analog zu den anderen Sozialwissenschaften, drei Hauptrichtungen unterschieden werden:

- *Die empirisch-analytische Richtung*. Diese Richtung konzentriert sich auf das Bemühen um möglichst wirklichkeitsnahe und gleichzeitig um möglichst wertfreie Wiedergabe der politischen Wirklichkeit. Diese Richtung nützt vor allem die Techniken der empirischen Sozialforschung, sie ist empirisch im engeren Sinn – sie lässt die Fragestellungen, warum bestimmte Untersuchungen durchgeführt werden und wozu die Untersuchungsergebnisse dienen sollen, eher vernachlässigt. Den beiden anderen Hauptrichtungen wirft sie vor, dass diese allzuleicht versucht seien, Politikwissenschaft und Politik zu vermengen.

Ein Beispiel für die empirisch-analytische Richtung ist der politikwissenschaftliche *Behaviorismus*, die politikwissenschaftliche Verhaltenslehre. Dieser geht es darum, das Verhalten von Menschen in politischen Zusammenhängen möglichst exakt zu beschreiben. So hat sich der US-amerikanische Politologe *Heinz Eulau* immer wieder mit dem Verhalten von Abgeordneten im Bereich der Gesetzgebung befasst – mit wem sie wie oft kommunizieren, welchen Arbeitsaufwand sie für welche Zwecke einsetzen etc.

- *Die normativ-praktische Richtung*. Diese Richtung konzentriert sich auf die möglichst sinnvolle Verwertung politikwissenschaftlicher Erkenntnisse in der politischen Praxis. Politikwissenschaft wird auch und vor allem als Dienstleistung verstanden, der sich politische Entscheidungsträger zunehmend zu bedienen haben. Den beiden anderen Hauptrichtungen wirft diese Richtung vor, dass sie sich allzu leicht in den akademischen Elfenbeinturm einzuschließen bereit seien, dass sie sich häufig zu wenig um die tatsächliche Situation außerhalb der Forschung im engeren Sinn kümmerten.

Ein sehr typischer Vertreter dieser Richtung ist der französische Politologe *Maurice Duverger*. In seinen Arbeiten zum politischen System Frankreichs, insbesondere auch zu Fragen des Parteien- und Wahlsystems betont er, wie sehr etwa Fragen des Wahlrechtes das gesamte politische System beeinflussen. Seine Erkenntnisse sind immer unmittelbar für die praktische Politik einsehbar, sie werden auch im Zusammenhang mit dieser praktischen Politik verständlich formuliert.

- *Die kritisch-dialektische Richtung*. Diese Richtung konzentriert sich auf die Analyse politischer Vorgänge im Zusammenhang mit gesamtgesellschaftlichen Entwicklungen. Politik wird hier, im Sinne eines besonders weiten Politikbegriffes, grundsätzlich allumfassend gedeutet. Die kritisch-dialektische Richtung wirft den beiden anderen Richtungen vor, diese seien allzu leicht Diener der jeweiligen herrschenden Verhältnisse, sie seien nur zu oft versucht, jede – kritische – Distanz zu bestehenden Verhältnissen zu verlieren.

Innerhalb dieser Hauptrichtung kommt den verschiedenen marxistisch beeinflussten Strömungen eine große Bedeutung zu. Die für alle diese Strömungen wichtige Beziehung politischer Phänomene mit Fragen der sozioökonomischen Strukturen („Klassenfrage") ist sehr typisch für das Bemühen dieser Hauptrichtung, Politik nur im Zusammenhang mit allen anderen gesellschaftlichen Sachverhalten zu begreifen. Der britische Politologe *Ralph Miliband* liefert bei seinen Analysen der britischen Gesellschaft, insbesondere auch der Labour Party, gute Beispiele für die Verbindung einer marxistisch beeinflussten, kritisch-dialektischen Richtung mit dem Bemühen um möglichst exakte Beschreibung politischer Wirklichkeit.

Unabhängig von den marxistischen Strömungen sind auch die wichtigsten Vertreterinnen politikwissenschaftlicher Frauenforschung hier einzuordnen – sie betonen den gesellschaftlichen Widerspruch zwischen Geschlechtern und geschlechtsspezifischen Interessen sowie eine geschlechtsspezifische Sichtweise von Gesellschaft und Politik.

Diese Richtungen stehen einander keineswegs unversöhnlich gegenüber. In der politikwissenschaftlichen Praxis lässt sich vielmehr beobachten, dass Elemente, dass bestimmte Denkansätze der einen Hauptrichtung mit denen der anderen Hauptrichtungen verbunden sind. Zumeist geht es in der Politikwissenschaft nicht um die Abgrenzung der einen gegen die anderen Hauptrichtungen, sondern um eine Nutzung im Sinne einer Vermischung verschiedenster Ansätze der verschiedensten Richtungen. Die Arbeiten des deutschen Politologen *Klaus von Beyme* beispielsweise sind sehr typisch für die Fähigkeit der Politikwissenschaft, aus den Hauptrichtungen, aus den in diesen Hauptrichtungen verbundenen, verschiedenen politikwissenschaftlichen Strömungen einzelne Ansätze herauszunehmen (siehe dazu *Tabelle 1*).

Politikwissenschaft ist alles, was in diesem Dreieck, das die drei Hauptrichtungen bilden, stattfindet. Politikwissenschaft kann ohne einen internen Pluralismus nicht auskommen – selbstverständlich müssen die

Repräsentanten der verschiedensten Strömungen akzeptieren, dass Politikwissenschaft auch von den Vertretern anderer Strömungen in Forschung und Lehre praktiziert wird.

**Tabelle 1:**
Die Hauptrichtungen der Politikwissenschaft

**empirisch-analytisch**
(Merkmale: empirisch im engeren Sinn;
Nutzung der empirischen Sozialforschung.
Kritik: vernachlässigt Frage nach politischem Nutzen und möglicher Abhängigkeit der Politikwissenschaft)

Eulau

v. Beyme

Duverger   Miliband

**normativ-praktisch**
(Merkmale: bemüht um direkte Verwertung und Politik; Praxisnähe und Anpassungsfähigkeit.
Kritik: allzu leicht beliebig einsetzbar – unter der Etikette ⅔ „Wissenschaft" Tendenz zur politischen Dienstleistung)

**kritisch-dialektisch**
(Merkmale: sieht Politik in enger gesamtgesellschaftlicher Verflechtung; kritische Distanz zu bestehenden Verhältnissen.
Kritik: Neigung zur „Oppositionswissenschaft" um jeden Preis, wenig Sensibilität für das Mögliche und Machbare)

## 1.3. Politikbegriffe

Der innere Pluralismus der Politikwissenschaft und auch die Unmöglichkeit, zwischen Politikwissenschaft und den anderen Sozialwissenschaften eine strenge Trennlinie zu ziehen, ergibt sich schon aus dem Nebeneinander unterschiedlicher Politikbegriffe. Die in der Politikwissenschaft vertretenen Politikbegriffe lassen sich nach verschiedenen Dimensionen gliedern (siehe dazu *Tabelle 2*).

Diese Politikbegriffe stehen einander nicht streng abgegrenzt gegenüber, vielmehr handelt es sich dabei um bestimmte Betonungen, um verschiedene Schwerpunktsetzungen. Alle diese Politikbegriffe unterstreichen ein Merkmal, das insgesamt für das Verständnis des Politischen wesentlich ist.

Die Fülle von Einzeldefinitionen zeigt, dass es für die Politikwissenschaft nicht wichtig ist, den einen und einzigen Politikbegriff zu erarbeiten und zu vertreten. Politik auf eine einzige Definition zu bringen bedeutet entweder einen zu hohen Abstraktionsgrad – d.h., die Definition von Politik umfasst zwar alle Phänomene, ist aber unscharf, weil zu allgemein; oder eine solche einzige Definition greift zu kurz – d.h., sie schließt wichtige Aspekte des Politischen aus. Das Wesen der Politik kann am besten im Spannungsfeld zwischen den verschiedenen Begriffen und Definitionsversuchen gesehen werden.

Für die Diskussion von Politik ist jedoch insbesondere die Unterscheidung zwischen einem „engen" und einem „weiten" Politikbegriff wesentlich. Ein *enger* Politikbegriff, in der Tradition des gouvernementalen Politikverständnisses, klammert breite Bereiche der Gesellschaft aus; ein *weiter* Politikbegriff hingegen kennt keine gesellschaftlichen Bereiche, die von vornherein „unpolitisch" wären. Ein weiter Politikbegriff betrachtet alle Sektoren der Gesellschaft als zumindest potentiell politisch.

Tabelle 2:
Politikbegriffe und Definitionen von Politik *Dimension*

| | |
|---|---|
| gouvernementale vor allem auf den Staat bezogen, der traditionellen „Wissenschaft vom Staat" angenähert | partizipatorische Politikbegriffe vor allem auf das Individuum bezogen, entspricht eher der „Politikwissenschaft ohne Staat" |
| normative wertbezogen, an einem Sollzustand orientiert | deskriptive Politikbegriffe beschreibend, an einem Seinszustand orientiert |
| konfliktorientierte betonen die Tatsache der Verknüpfung von Politik und Konflikt | konsensbezogene Politikbegriffe betonen eine mögliche Ausgleichs- und Friedensfunktion der Politik |
| historisierende stellen die gesellschaftliche Abhängigkeit und Veränderbarkeit in den Mittelpunkt | ahistorische Politikbegriffe betonen Zeitlosigkeit und Unveränderbarkeit der Politik |

Nach: *Ulrich von Alemann, Erhard Forndran*: Methodik der Politikwissenschaft, Stuttgart 1974

### Einzeldefinitionen

- Politik ist die Sicherung und Ordnung des Zusammenlebens von Menschen.
- Politik ist das Bemühen um die gute Ordnung einer Gesellschaft.
- Politik ist das Streben nach der Verwirklichung der Staatszwecke (etwa Sicherheit, Wohlfahrt, Freiheit, Frieden, Demokratie).
- Politik ist Kampf um und Benutzung von Macht.
- Politik ist die Unterscheidung von Freund und Feind sowie die Auseinandersetzung mit dem Feind.
- Politik ist das Streben nach Herrschaft im Staat.
- Politik ist die Kunst der Führung von Menschen und Gruppen.
- Politik ist Führung von Gemeinwesen.
- Politik ist Entscheidungsbildung auf öffentlichem Weg.
- Politik ist Handeln, welches gesellschaftliche Konflikte über Werte und materielle Güter sowie über deren Verteilung verbindlich zu regeln versucht.
- Politik ist der Kampf der Klassen und ihrer Parteien, von Staaten und Staatensystemen zum Zweck der Durchsetzung ihrer Interessen und Ziele.
- Politik ist Kampf um die Veränderung oder Bewahrung bestehender Verhältnisse.
- Politik ist die Gesamtheit jener Prozesse, die zur Herstellung von Akzeptanz für staatliche Entscheidungen dienen.

Nach: *Werner J. Patzelt*: Einführung in die Politikwissenschaft, Passau 2003

Weiter und enger Politikbegriff machen deutlich, dass bei der Abgrenzung des Politischen vom Unpolitischen Interessen zumindest indirekt eine Rolle spielen. So ist etwa die Feststellung „die Schule darf nicht verpolitisiert werden" nicht nur typisch für einen eher engen Politikbegriff, sondern auch typisch für die gesellschaftspolitischen Konsequenzen, die – unausgesprochen – damit zusammenhängen. Wenn die Schule sich gegen eine „Verpolitisierung" wehren soll, so bedeutet dies, dass mit der (angeblichen oder tatsächlichen) Verpolitisierung wesentliche Veränderungen auf die Schule zukommen, die mit der oben erwähnten Feststellung abgewehrt werden sollen. Die Feststellung hingegen „die Schule ist ihrem Wesen nach immer politisch", typisch für einen eher weiten Politikbegriff, öffnet die Schule jeder nur denkbaren Veränderung.

Der enge Politikbegriff ist eher defensiv, eher darauf gerichtet, bestehende Zustände zu verteidigen; der weite Politikbegriff ist eher offensiv, darauf gerichtet, die Veränderbarkeit bestehender Zustände hervorzuheben.

In der englischen Sprache kann das deutsche Wort „Politik" in drei voneinander verschiedene Worte und Begriffe übersetzt werden:

- „polity" umschreibt die formale Organisation von Politik, also Verfassung, Normen, Institutionen, und stellt *Ordnung* in den Mittelpunkt des Politischen;

- „policy (policies)" betrifft die Inhalte politischer Entscheidungen, ist auf die Ziele und programmatischen Orientierungen der Politik gerichtet und betont die *Gestaltung* als Aufgabe von Politik;

- „politics" beschreibt den politischen Prozess und seinen Rahmen, ist auf Interessen und ihre Gegenläufigkeit abgestellt und hebt die *Durchsetzung* dieser Interessen hervor.

Die politikwissenschaftliche Systemtheorie unterscheidet im Anschluß an diese Differenzierung zwischen politischen Eingaben („input"), also Impulsen aus der Gesellschaft, die das politische System zu Entscheidungen veranlassen. Diese Entscheidungen – politische Ausgaben („output") – wirken in einer Rückkoppelungsschleife („feed-back") wiederum auf die Gesellschaft zurück.

## *1.4. Merkmale und Grenzen des Politischen*

Obwohl Politik immer auch historisch verstanden werden muss, sind bestimmte Merkmale des Politischen dennoch unveränderbar. Diese Phänomene sind:

- *Knappheit*
- *Konflikt*
- *Macht*

Wesentlich für das Vorhandensein von Politik ist die Tatsache, dass die von der Gesellschaft als wertvoll eingestuften (materiellen oder immateriellen) Güter knapp sind. *Knappheit* bedeutet, dass nicht alle Interessen an diesen Gütern voll befriedigt werden können. Um die Verteilung der knappen Güter entstehen Konflikte.

Politik ist immer *Konflikt*, weil Politik immer mit Verteilung zu tun hat. Überall dort, wo miteinander konkurrierende Interessen oder Wertvorstellungen festzustellen sind, also überall dort, wo wir Konflikt beobachten können, gibt es Politik. Konflikte sind vielfältig vorstellbar – zwischen verschiedenen Parteien; zwischen verschiedenen Wirtschaftsverbänden; zwischen Elite und Masse; zwischen Großmächten; zwischen einem starken und einem schwachen Staat; zwischen dem Zentrum und der Peripherie; zwischen liberalen und sozialistischen Wertvorstellungen; zwischen Anhängern eines starken und Anhängern eines schwachen Staates.

Konflikte müssen letztlich ausgetragen und entschieden werden. Die Entscheidung über Konflikte ist die Aufgabe der Politik. Wenn eine solche Entscheidung mit Verbindlichkeit durchgesetzt werden kann, wenn sie in Geltung bleiben kann, dann ist sie mit *Macht* verbunden. Politik mündet letztlich immer in Macht.

Für die Politikwissenschaft ist Macht kein negativer Begriff, sondern ein unvermeidlicher Bestandteil des Politischen. Macht – im Sinne des deutschen Soziologen *Max Weber* – bedeutet die Fähigkeit, den eigenen Willen auch gegen Widerstrebende durchzusetzen, gleichgültig, worauf diese Fähigkeit gegründet ist – sei es auf physische Gewalt, sei es auf persönliche Überzeugungskraft, sei es auf Gewohnheit, sei es auf Gesetz und Verordnung.

Politikwissenschaft ist die Lehre von der Gestaltung und der Veränderung von Machtverhältnissen. Macht ist für die Politikwissenschaft zunächst weder gut noch schlecht – sie ist aber niemals immun. Sie kann, sie soll immer in Frage gestellt werden.

Macht ist ein der Gesellschaft insgesamt immanentes Phänomen – Macht gibt es überall: in der Familie wie im Betrieb, in der Freizeit wie in den internationalen Wirtschaftsverflechtungen. Daher ist Politik – im Sinne des weiten Politikbegriffes – überall in der Gesellschaft vorhanden, zumindest als Möglichkeit. Was als unpolitisch gilt, ist zumindest potentiell politisch. Nichts ist auf Dauer garantiert politikfrei.

## 1. Politikwissenschaft und Politik

Dennoch stößt die Politik an Grenzen, die im Wesen des menschlichen Zusammenlebens liegen. Zu solchen Grenzen des Politischen zählen insbesondere:

- *Begrenzung durch die Menschenrechte:* Als Produkt von Aufklärung und bürgerlicher Revolution – (Erklärung der Menschenrechte indirekt in der Unabhängigkeitserklärung der USA, 1776 und explizit in Frankreich, 1789) – sind Menschenrechte einerseits eine Errungenschaft der politischen Entwicklung; andererseits aber begrenzen Menschenrechte die Politik. Wenn im Sinne der Menschenrechte alle Menschen mit bestimmten unveräußerlichen Rechten geboren sind, dann darf die Politik durch keinerlei auch noch so (scheinbar) demokratisch legitimierte Entscheidungen in diese Rechte eingreifen. Die Menschenrechte sind ein Politikverbot – insbesondere zum Schutz von Individuen und von Minderheiten. Anders als die anderen Grenzen des Politischen sind die Menschenrechte aber das Produkt von Politik; von einer Entwicklung, die – politisch bewusst – der Politik eine Grenze, ein Verbot setzen will. Über dieses Politikverbot wachen Gerichte – zum Beispiel der *Europäische Gerichtshof für Menschenrechte*.

- *Grenzen der politischen Machbarkeit:* Die Politik kann nicht alles, was politisch gewünscht und beschlossen wird, in die Wirklichkeit umsetzen. Die Politik stößt z.B. an Grenzen des wirtschaftlich Machbaren – etwa im Zusammenhang mit einer sozialen Verteilungspolitik. Die Politik stößt aber auch an Grenzen des technisch Machbaren – etwa in Form ökologischer Tatsachen im Zusammenhang mit der Gestaltung (oder Sicherung) des natürlichen Umfelds der Gesellschaft. Die Politik stößt aber auch an Grenzen von Raum und Zeit: Entscheidungen eines Parlaments oder einer Regierung können nur für einen bestimmten Raum (z.B. ein bestimmtes Land) wirksam sein – und für eine bestimmte Zeit (z.B. nur eingeschränkt für die Zukunft). Die Grenzen des politisch Machbaren verschieben sich ständig – z.B. als Folge der Entwicklung von Technologien. Aber auch wenn diese Grenzen sich verändern – es bleiben Grenzen der Machbarkeit. Politik darf daher nicht unterschätzt – sie darf aber auch nicht überschätzt werden: Nicht alles, was im gesellschaftlichen Zusammenleben der Menschen existiert, kann politisch gesteuert werden.

- *Grenzen der Partizipationsbereitschaft und der Partizipationsmöglichkeit:* Die Bereitschaft der Menschen, sich für Politik zu interessieren, ist eingeschränkt. *Seymour Martin Lipset* (in „Political Man"): Die Mehrzahl der Menschen interessiert sich – gerade unter stabilen politischen Verhältnissen – nur eingeschränkt für Politik. Indikator dafür ist die politische Beteiligung (z.B. Engagement in politischen Bewegungen oder Parteien, Interesse an politischen Informationen in den Medien). Üblicherweise interessiert sich nur eine Minderheit intensiv für Politik – und eine Minderheit interessiert sich überhaupt nicht für Politik. Die Mehrheit interessiert sich für Politik, aber nur in Grenzen. Politik konkurriert um die menschliche Aufmerksamkeit – im Wettbewerb mit anderen Bereichen, wie Beruf oder Unterhaltung, Familie oder Gesundheit. Diese Grenze soll und kann in der Demokratie nicht aufgehoben werden – und eine Diktatur kann dies ebenso wenig, selbst wenn sie es wollte. Diese Begrenzung ist auch die Folge der gesellschaftlichen Arbeitsteilung, die nicht allen Menschen im gleichen Ausmaß die Möglichkeit zur Beteiligung an Politik eröffnet.

Dass sich die Mehrheit in einer Gesellschaft intensiv für Politik interessiert, kann (nach den bisherigen Erfahrungen) nur in relativ kurzen historischen Abschnitten erreicht werden – Zuspitzungen in revolutionären Situationen (z.B. Frankreich 1789 – 1794, Russland 1917, Polen 1980/81), bzw. im Zusammenhang mit dem Zusammenbruch eines Systems und dem Übergang zu einem anderen System („Transformation"). Beispiele dafür sind die Transformationen in der Zweiten Hälfte des 20. Jahrhunderts, die den Übergang zu liberalen demokratischen Systemen herbeigeführt haben. Diese Transformationen wurden in Griechenland und Portugal 1974, in Mittel- und Osteuropa 1989 durch eine ungewöhnlich intensive Beteiligung an Politik einer ungewöhnlich großen Zahl von Menschen herbeigeführt, bzw. aktiv begleitet.

*Lipset* verweist auf ein Paradoxon: Stabile Demokratien sind durch ein bloß begrenztes Interesse an Politik charakterisiert. Im Rahmen stabiler Demokratien ist es daher weder möglich, noch unbedingt wünschenswert, diese Grenze überschreiten zu wollen. *Lipset* bringt ein Beispiel, mit dem er sein Argument untermauert: Die geringe Wahlbeteiligung bei der Präsidentschaftswahl in den USA im November 1932 – und die hohe

Wahlbeteiligung bei der Reichstagswahl in Deutschland, ebenfalls im November 1932. Die im Vergleich mit Deutschland geringere politische Polarisierung in den USA 1932 war einerseits die Ursache für die geringe Wahlbeteiligung – aber andererseits eine günstige Voraussetzung für die Stabilisierung der Demokratie. Die starke politische Polarisierung in Deutschland 1932 sicherte zwar eine hohe Wahlbeteiligung, aber sie war auch eine Mitursache für die Destabilisierung der Demokratie. Damit ist klar, dass ein Maximum an politischem Interesse und an politischer Beteiligung nicht unter allen Umständen der Demokratie nützt.

Eine Grenze des Politischen wird durch den Begriff *Bio-Politik (biopolitics)* umschrieben *(Michel Foucault)*. Damit sind die in der Natur des Menschen angelegten Grenzen gemeint – das Phänomen des Alterns ebenso wie das des Geschlechts. Auch wenn die Natur – historisch und aktuell – immer wieder als Begründung missbraucht wird, um dem Menschen (bestimmten Menschen – z.B. den Frauen) willkürlich Grenzen zu setzen: Alte Menschen erfahren Politik anders als junge; und Menschen mit Behinderung anders als Menschen ohne Behinderung.

## 1.5. Politik und Wissenschaft

Politikwissenschaft ist nicht gleich Politik. Freilich befaßt sich die Politikwissenschaft auch mit Fragen der Beziehung von Politik und Wissenschaft. Gerade weil die Politikwissenschaft davon ausgeht, dass kein Wissenschaftsbetrieb neutral sein kann; dass in jeden Wissenschaftsbetrieb, etwa auch in den Betrieb der Universität, politische Interessen und Wertvorstellungen hineinwirken, kann die Politikwissenschaft dem politischen Interesse an der Politikwissenschaft nicht ausweichen.

Dieses politische Interesse gilt natürlich nicht nur der Politikwissenschaft und den anderen Sozialwissenschaften. Es gilt jeder Form von Wissenschaft – und insbesondere den Naturwissenschaften, weil deren Entwicklung (oft zu recht, oft zu unrecht) die Grenze des politisch Machbaren wesentlich zu erweitern verspricht. Die Politik hat ein grundsätzliches Interesse an (jeder) Wissenschaft: Sie will diese als Instrument nützen. Die Wissenschaft hat aber auch ein grundsätzliches Interesse an der Politik: Sie will diese zur Finanzierung nützen. Beide –

Politik und Wissenschaft – brauchen einander zur wechselseitigen Legitimation, zur wechselseitigen Bestätigung.

Grundsätzlich sind drei Formen der Beziehung zwischen Politik und Wissenschaft – und zwar jeder Wissenschaft, natürlich nicht nur die Politikwissenschaft – vorstellbar:

- Das *dezisionistische* Modell. Politik und Wissenschaft sollen möglichst getrennt bleiben – die Wissenschaft hat möglichst politikfrei zu forschen und zu lehren, die Politik hat, unabhängig davon, Entscheidungen zu treffen, also Macht zu üben. Die Aufgabe der Wissenschaft ist es, der Politik Entscheidungshilfe zu leisten, die Politik zu beraten.

Gegen dieses Modell kann eingewendet werden, dass die Wissenschaft und die WissenschafterInnen nicht neutral sind. In die Beratungstätigkeit fließen, bewusst oder unbewusst, auch die Interessen und Wertvorstellungen der WissenschafterInnen ein. Aufgrund des hohen Spezialisierungsgrades moderner WissenschafterInnen ist auch schwer vorstellbar, dass die Politik, dass die PolitikerInnen sich auch tatsächlich einen Überblick über die möglichen Angebote der Wissenschaft machen können.

- Das *technokratische* Modell. Dieses Modell geht von einer grundsätzlichen Vorrangigkeit der Wissenschaft aus. Gerade weil die gesellschaftlichen Zusammenhänge so kompliziert sind, bleibt der Politik nichts anderes übrig, als die von der Wissenschaft formulierten Vorschläge als „best one way" zu akzeptieren.

Gegen dieses Modell kann eingewendet werden, dass trotz der Komplexität (oder gerade deshalb) der modernen Gesellschaft die Wissenschaft selten mit einer Stimme spricht. Angesichts der Pluralität der Wissenschaft kann diese der Politik die Entscheidungen nicht abnehmen. Überdies ist ein angenommener Vorrang der Wissenschaft vor der Politik das Ende jeder Demokratie, weil die für die Wissenschaft programmierte „Richtigkeit" sich einem demokratischen Meinungsbildungs- und Entscheidungsprozess nicht aussetzen kann.

- Das *diskursive* Modell. Dieses Modell beruht auf der Annahme, dass die Wissenschaft sich teilweise der Politik und die Politik teilweise

## 1. Politikwissenschaft und Politik

der Wissenschaft öffnen muss; dass also eine strenge, absolute Trennlinie zwischen Politik und Wissenschaft unmöglich ist. Der (die) sachverständige Politiker(in) und der (die) politisch sensible Wissenschafter(in) – das sind die beiden Grundtypen, die diesem Modell zugrunde liegen.

Das von *Jürgen Habermas* entwickelte diskursive Modell hat für sich den Vorteil, dass es relativ offen, relativ flexibel ist; auch, dass es sich nicht von vornherein der Demokratie verschließt.

Das Verhältnis von Politik und Wissenschaft ist auch deshalb für die Politikwissenschaft von Interesse, weil in diesem Verhältnis der politische Missbrauch von Wissenschaft und der (pseudo-)wissenschaftliche Missbrauch von Politik möglich ist – und auch historisch beobachtet werden kann: etwa die Lebensbedrohenden und Lebenszerstörenden Versuche mit Menschen in den Diktaturen des 20. Jahrhunderts (Konzentrationslager des Nationalsozialismus; Kriegsgefangenenlager der japanischen Streitkräfte). Eine „wertfreie", aber politische gesteuerte Wissenschaft, die „lebenswertem" Leben nützen will, indem sie „lebensunwertes" Leben vernichtet, drückt diese Missbrauchsneigungen besonders eindringlich aus. Es ist Aufgabe der Politikwissenschaft, auf diese Möglichkeiten im Verhältnis von Politik und Wissenschaft zu achten.

Ein aktuelles Beispiel für die Schwierigkeit, das Verhältnis von Politik und Wissenschaft zu gestalten, ist die Gen-Forschung: In welchem Ausmaß soll eine Wissenschaft, die einerseits beansprucht, derzeit noch unheilbare Krankheiten heilbar zu machen – und der andererseits vorgeworfen wird, den Menschen zum manipulierbaren Objekt zu machen, von der Politik gefördert, von ihr kontrolliert, beschränkt oder auch verboten werden? Kein Modell kann für diese und andere Spannungsfelder eine fertige Antwort liefern. Aber die Politikwissenschaft muss sich damit befassen.

# 2. Demokratie als Herrschaftsform

2.1. Direkte und indirekte Demokratie
2.2. Konkurrenz und Konkordanz
2.3. Wahl und Parlamentarismus
2.4. Parlamentarischer Entscheidungsprozess und Opposition
2.5. Verfassung und Gewaltenteilung

## *2.1. Direkte und indirekte Demokratie*

Nahezu alle Länder der Gegenwart beanspruchen, die Macht in einer Form geordnet und zu einer Herrschaft formiert zu haben, die „Demokratie" herstellt. Aber weil fast alle Länder, weil fast alle politischen Systeme dieser Länder Demokratie sein wollen, ist dieser Begriff so lange unscharf, solange er nicht in einzelne Bestandteile und unterschiedliche Deutungsmöglichkeiten zerlegt wird.

Vor allem muss zwischen direkter und indirekter Demokratie unterschieden werden. Demokratien müssen beide Elemente – die der direkten (plebiszitären) und die der indirekten (repräsentativen) Demokratie – beinhalten.

Die *direkte* Demokratie entspricht dem Wortverständnis von Demokratie: Demokratie besteht darin, dass das Volk direkt und ohne Zwischenschaltung irgendwelcher VolksvertreterInnen herrscht. Die direkte Demokratie ist der utopische Kern des Demokratiebegriffes.

Die *indirekte* Demokratie ist das Ergebnis einer Einsicht in Realitäten, die auch durch die Formulierung utopischer Ziele nicht außer Kraft gesetzt werden können. Diese Realitäten sind die vielfältigen Formen gesellschaftlicher Arbeitsteilung – gerade in der modernen Gesellschaft können nicht alle Bürger über alle Probleme selbst entscheiden. Das Volk braucht, um herrschen zu können, VertreterInnen. Die indirekte Demokratie ist die Synthese von demokratischer Utopie und gesellschaftlicher Wirklichkeit.

## 2. Demokratie als Herrschaftsform

In modernen politischen Systemen gibt es häufig Akzente stärker in die plebiszitäre oder stärker in die repräsentative Richtung. So gibt es in der Schweiz eine lange Tradition der Gemeindeversammlungen und der Landsgemeinden, die Ausdruck einer direkten Demokratie, Versammlung aller AktivbürgerInnen waren oder sind. In Großbritannien hingegen, dem Land der Entwicklung des Parlamentarismus und des parlamentarischen Systems, gibt es die traditionelle Vorherrschaft der repräsentativen Elemente – bis 1975 waren etwa Plebiszite in Großbritannien zumindest auf zentraler Ebene unbekannt. Auch in Deutschland gibt es auf Bundesebene kein Plebiszit – wie in den USA, wo allerdings auf lokaler und regionaler Ebene in unterschiedlicher Form sehr viele Instrumente der direkten Demokratie existieren.

Die direkte Demokratie wurde vor allem in der kleinen Einheit entwickelt – in der attischen Polis (Athen im 5. vorchristlichen Jahrhundert), in den Gemeinden und kleinen Kantonen (Halbkantonen) der Schweiz, in den Kommunen Neu-Englands (im Nordosten der USA), in den *Kibbuzim* (landwirtschaftlichen Genossenschaften) Israels. Doch auch diese Beispiele kamen und kommen nicht ohne repräsentative Elemente aus – etwa in Form von Kantonsregierungen.

In den großen Einheiten des modernen Flächenstaates stießen die Elemente direkter Demokratie ursprünglich auf größere Schwierigkeiten – v.a. der Information und der Kommunikation. Durch die technologische Entwicklung (Informationen über das Internet, elektronische Partizipationsformen wie *e-voting*) eröffnen sich allerdings auch für große Einheiten zunehmend Möglichkeiten, die plebiszitären Elemente der Demokratie zu stärken.

Die wichtigsten plebiszitären Elemente sind: DIREKT

- *Plebiszit (Volksabstimmung);* die BürgerInnen entscheiden in der Sache selbst, ohne Einschaltung einer Zwischeninstanz (Volksvertretung).

- *Volksinitiative (Volksbegehren);* die BürgerInnen formulieren einen Vorschlag, über den die Volksvertretung abzustimmen hat.

- *Wahlen;* die BürgerInnen wählen direkt ihre Vertretung, das Parlament (unter Umständen auch den Präsidenten).

- *Demoskopie (Meinungsforschung);* die mit den Methoden der empirischen Sozialforschung erhobenen Meinungen der WählerInnen beeinflussen die Politik der Parteien (Regierung und Opposition), wobei zumeist die Öffentlichkeit über die Ergebnisse der Meinungsforschung nicht oder nur teilweise unterrichtet wird.

Die wichtigsten repräsentativen Elemente sind: INDIREKT

- *Parlamentarismus;* die Versammlung der VolksvertreterInnen (Parlament) und die übrigen mit dem Parlament verbundenen Verfassungsorgane (Regierung, Verwaltung).

- *Parteien;* Teile der Volksvertretung, aufbauend auf bestimmten gemeinsamen Interessen und Wertvorstellungen, schieben sich zwischen Wähler und Gewählten als wahlwerbende Gruppen.

- *Verbände;* die Organisation gemeinsamer Interessen zur Druckausübung auf die Volksvertretung, die anderen Verfassungsorgane und die Parteien – Verbände schieben sich auch zwischen Volk und Volksvertretung, freilich nicht im Zusammenhang mit Wahlen.

- *Neokorporatismus (Sozialpartnerschaft);* das Zusammenspiel von Verbänden, die grundlegende wirtschaftliche Interessen vertreten, mit Verfassungsorganen – ein Zusammenspiel, das vielfach den Parlamentarismus ergänzt und konkurrenziert.

Die Demokratie braucht ein Gleichgewicht zwischen plebiszitären (direkt demokratischen) und repräsentativen (indirekt demokratischen) Elementen. Überwiegen die plebiszitären Elemente, so droht „Caesarismus" oder „Bonapartismus" – unter Aufrechterhaltung einer plebiszitären Fassade wird faktisch eine Diktatur errichtet. Überwiegen die repräsentativen Elemente, so droht eine bürokratische Elitenherrschaft („Oligarchie") – eine Schichte politischer Entscheidungsträger herrscht, weitgehend oder vollkommen unbeeinflusst von den demokratischen Ansprüchen.

## 2. Demokratie als Herrschaftsform

Die wachsende Mobilität von Menschen im Zeitalter der „Globalisierung" stellt die Demokratie freilich zunehmend vor Probleme, die mit der notwendigen Balance zwischen plebiszitären und repräsentativen Elementen nur indirekt zusammenhängen: Die Vorstellung, es könne außer Streit gestellt werden, was als „Volk" *(demos)* entscheidender Bezugspunkt („Souverän") der Demokratie ist, entspricht nicht der Wirklichkeit. Migrationströme zwingen jede Demokratie, den Zugang zum „Volk" zu definieren und zu regeln. Diejenigen, die sich als Teil eines bestimmten Volkes fühlen, neigen oft dazu, den Zugang zu „ihrem" Volk möglichst zu erschweren, und bedienen sich dabei oft plebiszitärer Instrumente. Die Folge ist, dass – vor allem in den wohlhabenden Industriegesellschaften – eine große (wachsende) Zahl von Menschen lebt, die zwar den Bestimmungen (Gesetzen) einer Demokratie unterworfen sind, aber – weil nicht zum „Volk" gehörig – an dieser Demokratie nicht teilhaben können.

Die wachsenden Schwierigkeiten, möglichst eindeutig zu definieren, was ein „Volk" ist, sind eine besondere Herausforderung an die Demokratieentwicklung der Zukunft. Diese Herausforderung bestimmt auch die Suche nach einer Demokratie in der Europäischen Union – denn wer ist das „Volk" dieser Union, wenn nicht akzeptiert wird, dass es ein „Europäisches Volk" gibt?

## *2.2. Konkurrenz und Konkordanz*

Jede Form der Demokratie erfordert nicht nur eine Mischung aus plebiszitären und repräsentativen Elementen, sie erfordert auch eine Mischung aus Konflikt und Konsens, aus Gegeneinander und Miteinander, aus Konkurrenz und Konkordanz. Demokratie braucht den Konflikt – erst der offene Konflikt um die Macht erlaubt die Mitwirkung des Volkes an den Vorgängen, die in jedem politischen System zentral sind – Machtzuweisung, Machtkontrolle und Machtablösung. Der Konflikt in der Demokratie bedarf aber ebenso gewisser Spielregeln, die auf bestimmten Grundwerten beruhen – nur wenn diese Spielregeln eingehalten werden, wenn alle an der Demokratie Beteiligten darin übereinstimmen, kann der Mechanismus einer demokratischen Machtzuweisung, einer demokratischen Machtkontrolle und einer demokratischen Machtablösung auch funktionieren.

Demokratie braucht einen formalen und einen inhaltlichen Konsens. Der formale Konsens beinhaltet die Anerkennung der Spielregeln – vor allem der Regel, sich nicht der Kontrolle zu entziehen und eine Machtablösung hinzunehmen. Hinter diesem formalen Konsens steht auch ein inhaltlicher – die Anerkennung der Spielregeln schließt auch die Anerkennung eines bestimmten Menschen- und Gesellschaftsbildes mit ein, insbesondere die Anerkennung von *Grund- und Freiheitsrechten* (Menschenrechten), die jedem Menschen unveräußerlich angeboren sind.

Jede Demokratie braucht Konflikt – erst wenn mehrere Alternativen dem Bürger, dem Wähler zur Auswahl stehen, bekommt die Wahl einen Sinn. Die wichtigste und aktuellste Form demokratischen Konfliktes ist der Konkurrenzkampf von zwei oder mehreren Parteien, von zwei oder mehreren Kandidaten um die Stimmen der WählerInnen.

Jede Demokratie kann an einem Defizit an Konsens zugrunde gehen. Wenn die Spielregeln nicht mehr eingehalten werden, wird der Konflikt der verschiedenen gesellschaftlichen Interessen zu einem Kampf, dessen Regeln nicht mehr die der Demokratie sind; nicht der regiert, der die meiste Zustimmung findet, sondern der, der am stärksten ist. Jede Demokratie kann an einem Defizit an Konflikt zugrunde gehen – wenn der Unterschied zwischen den an der Macht interessierten Gruppen (Parteien, Kandidaten) nicht mehr erkennbar oder nur mehr scheinbar ist, dann ist der Konflikt, ist der Konkurrenzkampf nur mehr eine Nebelwand, die zur Abdeckung einer nicht mehr demokratischen Herrschaft einiger weniger dient.

Moderne politische Systeme neigen dazu, entweder stärker den Gesichtspunkt des Konfliktes oder aber stärker den Gesichtspunkt des Konsenses in den Mittelpunkt zu rücken. Im ersten Fall herrscht das Konkurrenzmodell der Demokratie, im zweiten Fall das Konkordanzmodell. Der Unterschied besteht in der Setzung der Schwerpunkte – das Konkurrenzmodell hat als Muster der Konfliktlösung primär den Konflikt um die Zustimmung des Volkes. Bezogen auf den gegenwärtigen Stand demokratischer Entwicklung heißt dies, dass das Konkurrenzmodell den Konkurrenzkampf mehrerer Parteien um die Wählerstimmen in den Mittelpunkt rückt. Es ist, wie aus den Arbeiten der wichtigsten Vertreter dieses Modells *(Joseph A. Schumpeter, Anthony Downs)* hervorgeht, vor allem an der Realität des britischen und des US-amerikanischen Zweiparteiensystems orientiert.

## 2. Demokratie als Herrschaftsform

Das Konkordanzmodell beginnt mit einer Kritik am Konkurrenzmodell. In vielen Ländern sind die Voraussetzungen grundsätzlich anders als in den angloamerikanischen Demokratien. Die Verteilung der WählerInnen ist nicht „normal", sondern „fragmentiert" – normal heißt, dass es bei einer Verteilung zwischen „rechts" und „links" eine Konzentration in der Mitte gibt; „fragmentiert" heißt, dass es in der Gesellschaft und auch in der Einstellung der WählerInnen tiefe Brüche gibt, die keine Konzentration in der Mitte zulassen. Die wichtigsten Vertreter des Konkordanzmodells *(Gerhard Lehmbruch, Arend Lijphart)* beziehen sich dabei auf die Erfahrungen kleinerer europäischer Länder (Niederlande, Schweiz, Österreich) und auch auf Erfahrungen von nichteuropäischen Ländern (Kolumbien, Libanon, Zypern).

Die Ursache der Fragmentierung – also der tiefen Brüche in einer Gesellschaft – steht immer im Zusammenhang mit der Geschichte, insbesondere mit der Erinnerung an die gewaltsame Austragung von Konflikten, vor allem an Bürgerkriege. Diese Konflikte bestimmen eine Wahrnehmung, die trennt und nicht verbindet – zum Beispiel die Erinnerung an die Kriege zwischen Katholiken und Protestanten in der Geschichte der Niederlande und der Schweiz, aber auch Irlands (speziell Nordirlands). Die etwa in Form der Schweizer „Zauberformel" (der permanenten Vier-Parteien-Koalition) garantierte Zusammenarbeit an der Spitze des Systems, zwischen den *Politischen Eliten*, soll (und kann) Gemeinsamkeiten herstellen, die diese Brüche allmählich überwinden helfen.

Das Konkurrenzmodell setzt eine Normalverteilung voraus – dann führt es zu einer Annäherung der Parteien, die, um Wahlen gewinnen zu können, sich in Richtung Mitte bewegen. Ist diese Normalverteilung nicht gegeben, führt der Wettbewerb zu keiner Annäherung, sondern zu einem Auseinander. Dann muss zwischen den Parteien, sofern sie Demokratie wollen, durch Kompromissformeln ein Konsens gefunden werden.

Der Konsens kann in der Verfassung verankert werden – oder aber nur in der politischen Praxis *(Verfassungswirklichkeit)* existieren. Viele Merkmale der Schweizer Konkordanzdemokratie sind beispielsweise nicht in der Verfassung niedergelegt, sie werden aber dennoch praktiziert. Wenn jedoch ein politisches System eine (neue) Verfassung beschließen will, dann werden meistens die Bestandteile, die den Konsens (und damit die Grundlage der Politik) bilden und als solche auch unumstritten sind, in die Verfassung hineingeschrieben – etwa in Form einer „Präambel", also einer am Beginn der Verfassung stehenden allgemeinen Erklärung; oder aber in Form eines „Grundrechtskatalogs", der festhält, was – im Sinne der politisch unveräußerlichen Rechte – außer Streit gestellt werden soll.

Die Entstehung der Verfassung der EU, die im „Verfassungskonvent" 2001 bis 2003 entworfen wurde, bietet ein gutes Beispiel dafür, dass auch über das gerungen werden kann, was Konsens ist oder sein soll: Soll in die Präambel der Verfassung der EU ein Bezug zu „Gott" aufgenommen werden – wie es etwa vor allem von katholischer Seite gefordert wurde? Oder soll überhaupt kein Bezug zu religiös bestimmten Werten in der Verfassung enthalten sein? Der Konsens über den Konsens war eine Zwischenlösung: ein Bezug zu religiösen Traditionen Europas, der so formuliert ist, dass sich möglichst niemand ausgeschlossen fühlt.

**Tabelle 3:**
Konkurrenzdemokratie und Konkordanzdemokratie

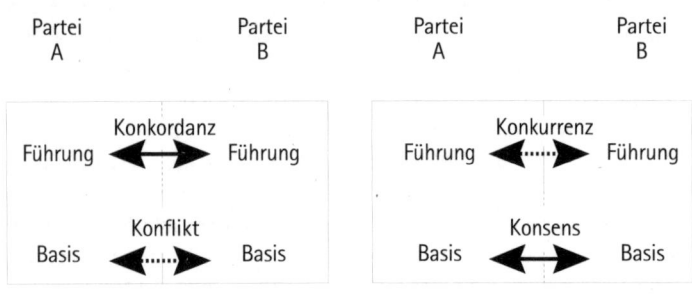

„Fragmentierte" Gesellschaft, an der Basis herrscht Konflikt, daher muss der Konsens an der Spitze ausgehandelt werden.

„Homogene" Gesellschaft, an der Basis herrscht Konsens, daher ist ein – nicht stabilitätsgefährdender – Konflikt an der Spitze möglich.

## 2.3. Wahl und Parlamentarismus

Das wichtigste Bindeglied zwischen den plebiszitären und den repräsentativen Elementen in der Demokratie bilden Wahl und Parlamentarismus. Das Volk, d.h. die BürgerInnen, d.h. die WählerInnen bestimmen VolksvertreterInnen – das Parlament. Die Grundsätze, nach denen die Wahl vor sich geht, müssen Bestandteil des Konsenses sein – über sie muss grundsätzlich Einigung zwischen den verschiedenen Interessen bestehen. Diese Einigung muss sich nicht auf das Wahlsystem beziehen, also nicht auf den Grundsatz, in welcher Form Stimmen in Mandate umgerechnet werden – hier sind unterschiedliche Auffassungen, ob etwa die Verhältniswahl oder die Mehrheitswahl vorzusehen sei, durchaus vorhanden. Die Einigkeit muss sich auf die Grundsätze des Wahlrechtes beziehen. Die Grundsätze sind:

- *Unmittelbar und direkt;* eine Wahl der Volksvertretung ist dann demokratisch, wenn die WählerInnen direkt, ohne Einschaltung einer Zwischeninstanz, die VertreterInnen bestimmen.

- *Frei und geheim;* eine Wahl ist dann demokratisch, wenn die WählerInnen ohne die Möglichkeit einer Beeinflussung (Stimmenkauf, Bedrohung etc.) abstimmen; und dies ist nur dann gegeben, wenn die Wahl garantiert geheim erfolgt.

- *Allgemein und gleich;* eine Wahl ist nur dann demokratisch, wenn alle Stimmen unabhängig von Merkmalen wie Geschlecht, „Rasse", Alter, Einkommen, Vermögen, Religion gleich wiegen.

Die Grundsätze „allgemein und gleich" gelten nicht nur für das *aktive* („Wer darf wählen?"), sondern auch für das *passive* Wahlrecht („Wer kann gewählt werden?"). Niemand darf wegen der Merkmale des Geschlechts etc. von der Möglichkeit ausgeschlossen werden, gewählt zu werden.

Die Grundsätze eines demokratischen Wahlrechtes sind erst allmählich selbstverständlich geworden. Dies gilt vor allem für den Grundsatz des gleichen Wahlrechtes. Erst schrittweise wurden Ungleichheiten beseitigt – etwa durch die Einführung des Frauenstimmrechtes (in der

Schweiz erst 1971), etwa durch die Aufhebung von Begünstigungen für wohlhabendere Bürger (in Österreich durch die Abschaffung des Kurienwahlrechtes, 1907). In vielen Ländern sind auch heute die Grundsätze des demokratischen Wahlrechtes nicht selbstverständlich – etwa in Ländern mit Rassentrennung (Südafrikas „Apartheid" bis 1994) oder in Ländern, in denen Frauen nach wie vor vom Wahlrecht ausgeschlossen sind (z.B. in einigen arabischen Staaten). Eine besondere Problematik ist auch der Ausschluss von „AusländerInnen" vom Wahlrecht dann, wenn der Zugang zur Staatsbürgerschaft besonders schwierig ist und deshalb viele Menschen, die legal in einem Staat wohnen, von der demokratischen Mitbestimmung ausgeschlossen bleiben.

Das allgemeine und gleiche Wahlrecht kann freilich nie verhindern, dass bestimmte Kriterien des Ausschlusses vom Wahlrecht immer definiert werden müssen. Z.B. das Kriterium des Alters: Es kann diskutiert werden, ob das aktive Wahlrecht ab 16 oder ab 18 oder ab 20 Lebensjahren gelten soll; oder ob das passive Wahlrecht dem aktiven entsprechen – oder höher angesetzt werden soll. Unbestritten aber ist, dass das Wahlrecht nicht ab der Geburt eines Menschen für diesen gelten kann. Ebenso ist unbestritten, dass bestimmte Kriterien existieren müssen, die etwa bestimmen, ab wann auf Grund einer schweren Behinderung und der damit verbundenen Wahrnehmungs- und Handlungsunfähigkeit einer Person der Ausschluss vom Wahlrecht erfolgen soll.

Wie immer auch diese unvermeidlichen Ausschlusskriterien festgelegt werden – angesichts der Erfahrungen mit dem politisch willkürlichen, in diesem Sinne missbräuchlichen Ausschlusses von Personen (z.B. faktischer Ausschluss der Afro-AmerikanerInnen vom Wahlrecht in weiten Teilen der USA bis 1965) muss eine Demokratie hier mit besonderer Sorgfalt agieren.

Das Wahlrecht bezieht sich auf die Grundsätze, die für die demokratische Bestellung der Volksvertretung, des Parlaments, zählen. Das Parlament, in England schon vor der Entwicklung der neuzeitlichen Demokratie vorhanden, ist der Brennpunkt der repräsentativen Demokratie. Nahezu alle politischen Systeme der Gegenwart kennen Parlamente – Parlamentarismus ist daher der Überbegriff für diese Systeme, gleichgültig, ob etwa nach dem Muster der USA Parlament (Legislative) und Präsident (Exekutive) getrennt sind, oder ob, nach dem Muster Großbritanniens, diese beiden „Gewalten" faktisch miteinander verbunden

## 2. Demokratie als Herrschaftsform

sind. Von einem demokratischen Parlamentarismus kann dann gesprochen werden, wenn folgende Kriterien gegeben sind:

- *direkte Bestellung* durch das Volk zumindest einer Kammer des Parlaments nach den Grundsätzen eines demokratischen Wahlrechtes;

- *Gesetzgebung:* Grundsätzlich muss die Entscheidung über Gesetze dem Parlament vorbehalten sein;

- *Kontrolle:* Grundsätzlich muss das Parlament die Kontrolle der Regierung ermöglichen;

- *Öffentlichkeit:* Grundsätzlich muss die Tätigkeit des Parlaments öffentlich vor sich gehen;

- *freies Mandat:* Grundsätzlich sind die einander gleichgestellten Abgeordneten an keine Aufträge gebunden und können auch nicht innerhalb einer Wahlperiode abberufen werden.

In der Praxis des Parlamentarismus sind die Grundsätze freilich vielfach relativiert:

- die direkte Bestellung gilt im Allgemeinen nicht den einzelnen VolksvertreterInnen, sondern den Parteien, die intern über die personelle Zusammensetzung des Parlaments entscheiden;

- die Gesetzgebung ist mehr (in parlamentarischen Systemen) oder weniger (in präsidentiellen Systemen) dem vorparlamentarischen Raum vorbehalten, das Parlament ist häufig auf eine formale Beschlussfassung reduziert;

- die Kontrolle der Regierung ist gerade in parlamentarischen Systemen nicht die Aufgabe des Parlaments, das mit der Regierung untrennbar verflochten ist, sondern die Aufgabe der Minderheit im Parlament, der Opposition;

- die Öffentlichkeit ist vom vorparlamentarischen Raum weitgehend oder zur Gänze ausgeschlossen, obwohl (oder gerade weil) dieser vorparlamentarische Raum vieles von dem bestimmt, was dann formal im Parlament beschlossen wird;

- das freie Mandat ist durch die Abhängigkeit der einzelnen Abgeordneten von den Parteien und von anderen Interessengruppen ausgehöhlt, ParlamentarierInnen verdanken ihr Mandat einer Partei oder anderen Interessengruppen, sie wissen auch ihre Zukunft davon abhängig.

Das Verhältnis zwischen Parlament und Regierung ist durch den Begriff der „Verantwortung" geprägt. Die Verantwortung der Regierung gegenüber dem Parlament kann freilich zwei Formen annehmen: Entweder ist sie eine (bloß) *rechtliche Verantwortung*, dann kann das Parlament gegen die Regierung nur vorgehen, wenn dieser ein rechtlicher (insbesondere strafrechtlicher) Vorwurf zu machen ist; oder es gibt eine *politische Verantwortung*, dann kann das Parlament auch bei jeder politischen Meinungsverschiedenheit gegen die Regierung vorgehen – insbesondere durch das *Misstrauensvotum*, das die Regierung „stürzt". Letzteres entspricht der Logik parlamentarischer Systeme und hebt die Trennung zwischen Parlament und Regierung faktisch auf.

## 2.4. Parlamentarischer Entscheidungsprozess und Opposition

Im modernen Parlamentarismus werden Entscheidungen auf verschiedenen Stufen arbeitsteilig getroffen. Im Parlament selbst ist die Trennung zwischen den Ausschüssen (die meistens nicht öffentlich sind) und dem (öffentlichen) Plenum ebenso wichtig wie die Differenzierung zwischen den einzelnen Parteigruppen (Fraktionen, Klubs). Vor allem aber ist die Trennung zwischen dem vorparlamentarischen Bereich und dem parlamentarischen Bereich wichtig – das Schwergewicht der Entscheidungen in der Gesetzgebung ist sehr deutlich im vorparlamentarischen Raum angesiedelt. Regierung und Verwaltung, Parteien und Verbände besitzen schon durch die ihnen zur Verfügung stehende Bürokratie ein

## 2. Demokratie als Herrschaftsform

deutliches Übergewicht. Das Parlament beeinflusst diese Entscheidungen zumeist jedoch indirekt: Eine Regierung muss sich etwa überlegen, welche Entscheidungen sie im Parlament von einer durch die Massenmedien vermittelten Öffentlichkeit und gegen eine an die Öffentlichkeit appellierende Opposition vertreten kann.

Das moderne Parlament lebt vom Spannungsfeld zwischen Regierung und Opposition. Nur die Opposition kann wirklich Öffentlichkeit herstellen, nur die Opposition kann wirklich im Parlament die Kontrolle der Regierung sichern. Ohne Opposition verliert das Parlament seine demokratische Rechtfertigung. Die Opposition hat im modernen Parlamentarismus verschiedene Erscheinungsformen. Sie kann sein:

- *Fundamentalopposition;* die Opposition lehnt nicht nur die regierende Mehrheit, sondern auch wesentliche Bestandteile des politischen Systems (z.B. Grundlagen der Verfassung) ab. Zwischen Regierung und Opposition gibt es keinen oder nur wenig Konsens.

- *Alternativopposition;* die Opposition versteht sich als potentielle Regierung, ihr Hauptziel ist es, unter Einhaltung der Spielregeln selbst zur Mehrheit und damit zur Regierung zu werden. Zwischen Regierung und Opposition besteht ein Gleichgewicht von Konkurrenz und Konsens.

- *Scheinopposition;* die Opposition will zwar grundsätzlich auch an die Regierung, aber ihre inhaltlichen Vorstellungen sind im Wesentlichen mit denen der gegenwärtigen Regierung identisch. Zwischen Regierung und Opposition besteht nur formal Konkurrenz, tatsächlich aber Kameraderie.

- *Bereichsopposition;* in einer Koalitionsregierung kontrolliert der eine Koalitionspartner im Parlament die vom jeweils anderen Koalitionspartner verwalteten Ressorts, und umgekehrt. Zwischen Regierung und Opposition kann nicht mehr unterschieden werden.

Welche Formen eine parlamentarische Opposition annimmt, hängt auch von den Merkmalen des politischen Systems ab. In präsidentiellen Systemen, in denen die Opposition im Besitz der Parlamentsmehrheit sein und diese etwa für Gesetzesbeschlüsse auch gegen die Interessen der Regierung nützen kann, findet eine Opposition andere Voraussetzungen vor als in parlamentarischen Systemen, in denen die Opposition begrifflich nur parlamentarische Minderheit sein kann.

**Tabelle 4:**
Vorparlamentarischer und parlamentarischer Bereich

| Vorparlamentarischer Bereich | Parlamentarischer Bereich | |
|---|---|---|
| Regierung beschließt Entwurf als Gesetzesvorlage (4. Stufe) | Parlament (Fraktionen und Ausschüsse) berät den Entwurf (5. Stufe) | |
| Bürokratie, verflochten mit der Regierung, arbeitet Entwurf aus (3. Stufe) | | |
| Regierung, beherrscht von der (den) Mehrheitspartei(en), gibt einen Entwurf in Auftrag (2. Stufe) | Parlament (Plenum), beherrscht von der (den) Mehrheitspartei(en), beschließt das Gesetz (6. Stufe) | Öffentlichkeit |
| Parteien und Verbände artikulieren Interessen (1. Stufe) | | |
| in-put (Eingabe) | out-put (Ausgabe) | |

Zwischen den Formen parlamentarischer Opposition gibt es in der politischen Praxis viele Übergänge. Vor allem ist eine Einordnung abhängig vom demokratischen Vorverständnis. Geht man von einer gewissen Vorrangigkeit der Konkordanz aus, dann erscheint ein oppositionelles Verhalten als Alternativ-, ja vielleicht sogar als Fundamentalopposition; dasselbe oppositionelle Verhalten ist nach einem eher die Priorität der Konkurrenz betonenden Urteil fast schon Scheinopposition. Grundsätzlich sind jedoch Fundamental- und Scheinopposition Gefahren für eine Demokratie, weil die Fundamentalopposition ein Defizit an Konsens, die Scheinopposition ein Defizit an Konflikt signalisiert. Die Aufgaben, die eine Opposition im Rahmen eines demokratischen Parlamentarismus zu erfüllen hat, sind zweifellos am besten bei einer Alternativopposition und – im Falle einer breiten Koalitionsregierung – einer Bereichsopposition aufgehoben. Diese Aufgaben beinhalten, durch die Kontrolle der Regierung und durch das Aufzeigen alternativer Entscheidungsmöglichkeiten, parlamentarische Öffentlichkeit herzustellen und so das Parlament zu mehr als bloß zu einem Verschleierungsorgan zu machen.

## 2.5. *Verfassung und Gewaltenteilung*

Die Ordnung der Machtzuweisung, der Machtkontrolle und der Machtablösung ist die Hauptaufgabe jedes politischen Systems. Dazu dient die Verfassung – die Summe der Spielregeln, die zur Ordnung der Macht dienen. Die Hauptaufgabe jeder Verfassung ist die Begrenzung von Macht. Auch in einer Demokratie sind jedoch Verfassung und Wirklichkeit niemals ganz zur Deckung zu bringen. Das Spannungsfeld zwischen dem, was die Verfassung formell ausmacht (Verfassungstheorie), und dem, was die politische Praxis ist (Verfassungswirklichkeit), bestimmt daher auch die Probleme moderner Verfassungen. Nach *Karl Loewenstein* sind folgende Arten der Verfassung zu unterscheiden:

- *Normative Verfassungen*. Verfassungstheorie und Verfassungswirklichkeit stimmen völlig überein.

- *Nominale Verfassungen*. Zwischen Verfassungstheorie und Verfassungwirklichkeit gibt es teilweise Übereinstimmung.

- *Semantische Verfassungen*. Verfassungstheorie und Verfassungswirklichkeit haben nichts oder fast nichts gemeinsam.

Normative Verfassungen sind ein Idealzustand, dem sich eine moderne Demokratie annähern kann, ohne ihn vollständig zu erreichen. Die Praxis der modernen Demokratie kann eine nominale Verfassung sein, wobei die semantische Verfassung eine reale Drohung ist. Eine semantische Verfassung ist deshalb letztlich mit der Demokratie nicht vereinbar, weil durch das weite Auseinanderklaffen von Theorie und Praxis die in der Verfassung festgelegten Spielregeln zur demokratischen Machtzuweisung, Machtkontrolle und Machtablösung überhaupt nicht mehr der Realität entsprechen würden.

Als Beispiele für den (aus der Sicht der Demokratie) negativen Charakter semantischer Verfassungen gilt die Verfassung der UdSSR zur Zeit Stalins *(Stalin-Verfassung)*. Diese Verfassung garantierte z.B. die Meinungs- und die Religionsfreiheit – obwohl in der Praxis des totalitären Systems des Stalinismus gerade diese Freiheiten völlig beseitigt waren. Ein weiteres Beispiel ist, dass die Deutschland während der 12 Jahre der totalitären Diktatur des Nationalsozialismus die demokratische Verfassung der Weimarer Republik formell nicht aufgehoben, sondern nur durch das *Ermächtigungsgesetz* von 1933 relativiert war. Die Politik des nationalsozialistischen Regimes hatte aber mit der „Weimarer Verfassung" keinerlei Übereinstimmung – diese war, anders als von 1919 bis 1933, von 1933 bis 1945, eine (bloß) semantische Verfassung.

Jede Demokratie braucht eine Verfassung – und die Verfassung einer Demokratie darf nicht semantisch sein. Denn die für die Demokratie essentielle Ordnung der Macht verlangt nach Regeln, die Politik berechenbar machen. Deshalb müssen Politik und Verfassung miteinander kausal verbunden sein, müssen Verfassungswirklichkeit und Verfassungsrecht zumindest teilweise einander entsprechen.

Die Entwicklung der modernen Verfassungen ist auch vom Gedanken der Gewaltenteilung geprägt. Die Gewaltenteilung ist deshalb mit der Demokratie verbunden, weil durch die Verteilung von Macht (Gewalt) auf mehrere Personen und Institutionen eine Konzentration in den Händen einer einzigen Person oder Institution vermieden werden soll. Geschichtlich freilich beginnt die moderne Gewaltenteilung mit einer historischen Pattsituation zwischen einem grundsätzlich nicht demokratischen Verfassungsorgan (Krone, Monarch) und einem potentiell demokratischen Verfassungsorgan (Parlament) als Ergebnis der „Glorreichen Revolution" in Großbritannien 1688. Diese Anfänge der modernen Gewaltenteilung, die von *John Locke* theoretisch überhöht und von *Charles Louis Montesquieu* weiterentwickelt worden sind, sind freilich gerade in Großbritannien im 19. Jahrhundert überholt worden. Durch den Siegeszug des (schrittweise demokratisierten) Parlaments im Wettbewerb mit der (nicht

## 2. Demokratie als Herrschaftsform

demokratisch legitimierten) Krone sank das politische Gewicht des Monarchen. Die Regierung und, an deren Spitze, der Premierminister waren letztendlich nicht mehr vom Monarchen, sondern von der Parlamentsmehrheit abhängig. Dadurch waren Legislative (Parlament) und Exekutive (Regierung) verbunden.

In der aktuellen Demokratie können drei Formen von Gewaltenteilung unterschieden werden:

- *Institutionelle* Gewaltenteilung. Zwischen der rechtsetzenden (legislativen) Gewalt (Parlament), der rechtvollziehenden (exekutiven) Gewalt (Präsident, Regierung) und der rechtsprechenden (judikativen) Gewalt (Gerichtsbarkeit) ist grundsätzlich eine gleichgewichtige Trennung. Diese Form der Gewaltenteilung charakterisiert das präsidentielle System der USA.

- *Zeitliche* Gewaltenteilung. Die Verbindung von Parlamentsmehrheit und Regierung (bewirkt durch Misstrauensvotum und Auflösungsrecht) hebt die Trennung zwischen Legislative und Exekutive auf. An die Stelle der institutionellen Gewaltenteilung tritt die Trennung zwischen Regierung (Parlamentsmehrheit) und Opposition (Parlamentsminderheit), wobei die Verteilung dieser Rollen nur auf Zeit besteht – die Opposition trachtet, möglichst rasch in die Rolle der Regierung zu kommen.

- *Föderative* (vertikale) Gewaltenteilung. Die politische Gewalt wird auf mehrere Ebenen (z.B. Bundesstaat, Gliedstaaten, Gemeinden) verteilt. Der so hergestellte Föderalismus ist sowohl mit der institutionellen als auch mit der zeitlichen Gewaltenteilung vereinbar.

Unabhängig von der in der zeitlichen Gewaltenteilung vorgesehenen (oder akzeptierten) Identität von Regierung und Parlament bzw. Parlamentsmehrheit kann und soll die Trennung (und damit weitgehende Unabhängigkeit) der Justiz von den anderen Gewalten nicht nur bei institutioneller, sondern auch bei zeitlicher Gewaltenteilung garantiert sein. Die Unabhängigkeit der Justiz von Regierung und Parlament bzw. von Regierung und Opposition beschränkt die anderen Gewalten und hilft mit, die Aufgabe jeder Verfassung zu erfüllen – die Kontrolle von Macht.

Das politikwissenschaftliche Konzept der Gewaltenteilung unterstreicht die Differenz zwischen Politik- und Rechtswissenschaft. Während die verfassungsrechtliche Lehre zumeist auch bei parlamentarischen Systemen davon ausgeht, dass die institutionelle Gewaltenteilung existiert und daher auch Parlament und Regierung getrennt sind – weil das z.B. in einer bestimmten Verfassung so (normativ, als ein Sollen) steht, muss die Politikwissenschaft das Sein betonen. Unter den Rahmenbedingungen von Misstrauensvotum und Auflösungsrecht, den entscheidenden Merkmalen eines parlamentarischen Systems, ist die politische Wirklichkeit von der Einheit zwischen Parlamentsmehrheit und Regierung bestimmt – deshalb widerspricht es der Wirklichkeit (und ist in diesem Sinn falsch), bei parlamentarischen Systemen eine Trennung zwischen Parlament und Regierung sehen zu wollen.

# 3. Mehrparteiensysteme

3.1. Typologie politischer Systeme
3.2. Parlamentarische Systeme
3.3. Präsidentielle Systeme
3.4. Gemischte Systeme

## 3.1. Typologie politischer Systeme

Politische Systeme, also die systematische Ordnung von dauernder Macht, also von Herrschaft, können nach mehreren Kriterien eingeteilt werden:

- *Sozioökonomische Infrastruktur:* Zwischen politischen Systemen in der industrialisierten Gesellschaft („Erste" und „Zweite" Welt – Letztere bis zum Zusammenbruch 1989, 1990 und 1991) und in der nicht industrialisierten Gesellschaft („Dritte" Welt) liegen so grundlegend unterschiedliche Voraussetzungen vor, dass auch die politischen Systeme nach diesem Kriterium unterteilt werden müssen. Innerhalb der industrialisierten Gesellschaften ist ferner zwischen den politischen Systemen zu unterscheiden, die das Privateigentum an Produktionsmitteln grundsätzlich akzeptieren („kapitalistisch"), und denen, die das Privateigentum an Produktionsmitteln grundsätzlich ablehnen oder abgelehnt haben („kommunistisch" oder „sozialistisch").

- *Soziopolitische Infrastruktur:* Politische Systeme, die zwei oder mehreren Parteien den offenen Wettbewerb um Wählerstimmen erlauben (kompetitive Systeme), die also durch Parteienpluralismus gekennzeichnet sind (Mehrparteiensysteme), sind von solchen politischen Systemen zu unterscheiden, die diesen Wettbewerb nicht zulassen, die also durch Parteienmonismus charakterisiert sind (offene oder versteckte Einparteiensysteme, Nullparteiensysteme).

- *Verfassungsstruktur:* Politische Systeme mit institutioneller Gewaltenteilung (präsidentielle Systeme) sind von solchen mit zeitlicher Gewaltenteilung (parlamentarische Systeme) zu unterscheiden, wobei hier verschiedene Mischformen existieren. Die Unterscheidung nach der Verfassungsstruktur ist freilich nur bei Mehrparteiensystemen sinnvoll.

Im Rahmen der industrialisierten Gesellschaft, also zunächst unter Ausklammerung der politischen Systeme der Dritten Welt, können für das 20. Jahrhundert insgesamt drei Systemtypen unterschieden werden. Liberale Systeme sind solche, die durch Parteienpluralismus und kapitalistische Wirtschaftsordnung gekennzeichnet sind; kommunistische (oder sozialistische) Systeme sind solche, die durch Parteienmonismus und sozialistische Wirtschaftsordnung gekennzeichnet sind; faschistische Systeme schließlich verbinden eine kapitalistische Wirtschaftsordnung mit einem Parteienmonismus. Überdies sind liberale und sozialistische Systeme noch durch ein grundsätzlich demokratisches Selbstverständnis gekennzeichnet – beide beanspruchen, Demokratien zu sein, beide gehen grundsätzlich von einer vorgegebenen Gleichheit der Individuen (Grundrechte im Sinne der Aufklärung) aus. Faschistische Systeme sind von vornherein in ihrem Selbstverständnis nicht demokratisch, sie sind a priori antiegalitär. In den letzten Jahren des 20. Jahrhunderts haben faschistische und kommunistische Systeme vollständig liberalen Systemen Platz gemacht – faschistische und kommunistische Systeme sind daher zu historischen Systemen geworden (siehe dazu *Tabelle 5*).

Neben diesen drei im 20. Jahrhundert in Europa entwickelten politischen Systemen ist auch noch eine vierte Kombination vorstellbar – die Verbindung von Parteienpluralismus und sozialistischer Wirtschaftsordnung. Diese prinzipiell mögliche Kombination von sozialistischem Wirtschaftssystem und pluralistischem Parteiensystem ist freilich (noch) nirgendwo verwirklicht, obwohl bestimmte Ansätze (CSSR 1968 – „Prager Frühling") bereits in diese Richtung gewiesen haben.

Alle politischen Systeme sind von einem Spannungsverhältnis (nicht von einem Widerspruch!) zwischen Legitimität (der Anerkennung eines politischen Systems durch die BürgerInnen) und Effektivität (der Leistungsfähigkeit des Systems) gekennzeichnet. Dieses Spannungsverhältnis kann nach *Lipset* zu einer weiteren Typologie politischer Sys-

## 3. Mehrparteiensysteme

teme genützt werden. Effektivität begünstigt Legitimität, garantiert sie aber nicht (Tab. 5, 2.Teil).

**Tabelle 5:**
Typologie politischer Systeme in der Industriegesellschaft

**„Liberale" Systeme:**
1. Parteiensystem – pluralistisch
2. Wirtschaftssystem – kapitalistisch
3. Ideologische Grundnorm – demokratisch, egalitär

*Gemeinsamkeit:*
Ideologische Grundnorm

*Gemeinsamkeit:*
Wirtschaftssystem

*Gemeinsamkeit:*
Parteiensystem

**„Kommunistische" Systeme:**
1. Parteiensystem – monistisch
2. Wirtschaftssystem – sozialistisch
3. Ideologische Grundnorm – demokratisch, egalitär

**„Faschistische" Systeme:**
1. Parteiensystem – monistisch
2. Wirtschaftssystem – kapitalistisch
3. Ideologische Grundnorm – antidemokratisch, antiegalitär

|  | Effektivität | |
|---|---|---|
|  | + | – |
| Legitimität  + | A | B |
| –  | C | D |

A – stabiles System, von den BürgerInnen akzeptiert und wirksam (stabile liberale Systeme); B – instabiles System, als demokratisch von den BürgerInnen akzeptiert, aber prinzipielle Kritik am Funktionieren des Systems (instabile liberale Systeme – Beispiel: Frankreich 1958, Italien 1993/94); C – funktionsfähiges, aber nicht als demokratisch akzeptiertes System (Beispiel: Jugoslawien unter Tito); D – funktionsunfähiges, nicht demokratisches System (Beispiel: Jugoslawien 1990/91)

## 3.2. Parlamentarische Systeme

Parlamentarische Systeme sind das Ergebnis der Verflechtung von Parlament und Regierung. In einem parlamentarischen System wird die Regierung direkt oder indirekt von der Parlamentsmehrheit legitimiert. Das Parlament ist nicht auf Gesetzgebungs- und Kontrollfunktionen beschränkt, zu seinen Aufgaben zählt auch die direkte Einflussnahme auf die personelle Zusammensetzung der Regierung.

Die Aufhebung der Trennung von Legislative und Exekutive führt zumeist nicht zu einer Aufwertung, sondern zu einer Abwertung des Parlaments. Eine sich zwar aus der Parlamentsmehrheit rekrutierende Regierung, die über den bürokratischen Apparat des Staates und über den bürokratischen Apparat der Regierungspartei(en) zugleich verfügt, kann – mittels Partei- und Fraktionsdisziplin – das Parlament dominieren. Die enge Bindung der Regierung an das Parlament erfährt in der politischen Wirklichkeit eine Umstülpung – nicht das Parlament beherrscht die Regierung, sondern die Regierung beherrscht (im Regelfall parlamentarischer Systeme) das Parlament. Die Verbindung der Gewalten begünstigt eine Entmachtung des Parlaments.

Die Merkmale parlamentarischer Systeme sind:

- Regierung und *Opposition* sind klar unterscheidbar: Letztere ist die an der Ablöse der regierenden Mehrheit interessierte Parlamentsminderheit. Daher ist es auch die Opposition, die alle Instrumente des Parlaments nützt, um die Stellung der Regierung zu schwächen.

- Politische Verknüpfung von Parlament und Regierung durch die Einrichtung des *Misstrauensvotums* – das Parlament kann durch Mehrheitsbeschluss die Regierung „stürzen"; diese ist daher gezwungen, die Mehrheitsverhältnisse im Parlament zu berücksichtigen.

- Politische Verknüpfung von Parlament und Regierung durch das *Auflösungsrecht* als Gegenstück zum Misstrauensvotum – die Regierung (oder der Regierungschef) kann im Regelfall durch die Auflösung des Parlaments vorzeitig dessen Neuwahl erzwingen.

## 3. Mehrparteiensysteme

- *Doppelmitgliedschaft* in Parlament und Regierung ist rechtlich zulässig, häufig politisch üblich und in Großbritannien sogar vorgeschrieben.

- Führungspositionen in Regierung und Regierungspartei(en) werden in *Personalunion* wahrgenommen – in Verbindung mit der Fraktionsdisziplin im Parlament erhält die Regierung so die Möglichkeit, das Parlament zu steuern und damit im Regelfall stabiler parlamentarischer Mehrheiten die Drohung eines Misstrauensvotums zu entwerten.

- Reduzierte Stellung des Staatsoberhauptes (Monarch oder Präsident) – die staatliche Macht ist in der Person des *Regierungschefs* (Premierminister, Kanzler, Ministerpräsident) gebündelt.

- Reduzierte Stellung der zweiten Kammer des Parlaments – Regierung und Regierungschef sind mit der *ersten, direkt gewählten* verflochten; die zweite (im Allgemeinen nicht direkt gewählte) Kammer muss gegenüber der ersten zurücktreten (Ausnahme: Italien).

Die wichtigste institutionelle Ursache für die Verklammerung von Parlament und Regierung ist die Einrichtung des Misstrauensvotums. Dieses zwingt die Regierung unabhängig davon, ob sie formal vom Staatsoberhaupt bestellt wird (wie in Großbritannien) oder vom Parlament gewählt wird (wie in der Bundesrepublik Deutschland), die Mehrheitsverhältnisse zu berücksichtigen. Das Misstrauensvotum zwingt Parlamentsmehrheit und Regierung zur politischen Identität.

In der Bundesrepublik Deutschland ist das Misstrauensvotum in Form des „konstruktiven Misstrauensvotums" verwirklicht. Im Gegensatz zu den anderen parlamentarischen Demokratien genügt es in der Bundesrepublik nicht, dass sich eine Mehrheit des Bundestages gegen den Bundeskanzler und damit gegen die Bundesregierung ausspricht; die Mehrheit des Bundestages muss einen neuen Bundeskanzler wählen. Mit dieser Verfassungsbestimmung sollen „negative Mehrheiten" wie am Ende der Weimarer Republik verhindert werden, als zwar NSDAP und KPD gemeinsam Regierungen stürzen konnten, aber keine gemeinsame Alternative zu bilden vermochten.

Das Auflösungsrecht der Regierung ist das Gegenstück zum Misstrauensvotum. Die Regierung erhält so die Möglichkeit, im Falle eines Konfliktes das Parlament nach Hause zu schicken und die Wähler aufzurufen, durch die Wahl eines neuen Parlamentes den Konflikt zu entscheiden. Im Regelfall klarer Mehrheitsverhältnisse ist das Auflösungsrecht jedoch nichts anderes als der Startvorteil der Regierungspartei(en), einen vorzeitigen Wahltermin dann festlegen zu können, wenn die Wahrscheinlichkeit eines eigenen Wahlsieges groß ist.

Parlamentarische Systeme sind durch den Vorrang des Regierungschefs gegenüber dem Staatsoberhaupt gekennzeichnet. Parteiführer in parlamentarischen Systemen drängen in das Amt des Regierungschefs. Sie begnügen sich nicht mit der Tätigkeit im Parlament, diese ist für sie nur die Vorstufe, um in die Regierung zu kommen. Im Regelfall parlamentarischer Systeme steht dem Führer (Vorsitzenden, Obmann) der Partei, die den Regierungschef zu stellen hat (Mehrheitspartei oder Führungspartei in einer Mehrheitskoalition), dieses Amt automatisch zu. Dadurch werden in parlamentarischen Systemen Parlamentswahlen praktisch zur Wahl der Regierung bzw. des Regierungschefs.

Die Vorrangigkeit des Regierungschefs gegenüber dem Staatsoberhaupt äußert sich vor allem in zwei Beschränkungen des Präsidenten oder Monarchen:

- Beschränkung bei der Bestellung des Regierungschefs auf die formale Bestätigung parlamentarischer Mehrheitsbildungen; der Regierungschef und die Regierung sind mit der Parlamentsmehrheit eins, die politische Einstellung des Staatsoberhauptes darf dieser Einheit nicht im Wege stehen.

- Beschränkung (oder Wegfall) traditioneller Notstandsmaßnahmen (Notverordnungsrechte) des Staatsoberhauptes; das Staatsoberhaupt darf auch bei außergewöhnlichen Umständen kein Organ sein, das grundsätzliche Entscheidungen zu treffen hat.

Die Vorrangigkeit einer Kammer in einem – meistens bestehenden – Zweikammer-Parlament ergibt sich aus der Notwendigkeit, eindeutige Mehrheitsbildungen herzustellen. Da die beiden Kammern zumeist unterschiedlichen Prinzipien folgen (britisches Unterhaus – direkte Volkswahl;

## 3. Mehrparteiensysteme

Oberhaus – ererbter oder ernannter Adel), würde eine Gleichgewichtigkeit beider Kammern die Möglichkeit eröffnen, dass die eine Kammer eine andere Regierung legitimiert als die andere. Deshalb ist nur die direkt gewählte Kammer durch Misstrauensvotum und Auflösungsrecht mit der Regierung verbunden, deswegen tritt die zweite Kammer teilweise (etwa Bundesrat in der Bundesrepublik Deutschland) oder vollständig (etwa britisches Oberhaus) hinter der direkt gewählten Kammer zurück. Die Ausnahme ist das parlamentarische System Italiens, in dem beide Kammern (Abgeordnetenhaus und Senat) direkt vom Volk gewählt werden, in denen daher die Mehrheitsbildungen praktisch immer gleich sind, die daher einander politisch kaum widersprechen können. In Italien ist die Regierung von beiden Kammern politisch abhängig.

Das Modell parlamentarischer Systeme ist Großbritannien, das auch als Vorbild für moderne parlamentarische Systeme anderswo gedient hat und noch dient. Das parlamentarische System Großbritanniens wird auch als „Kabinettsregierung" bezeichnet. Das Kabinett, die Regierung steht im Mittelpunkt des durch zeitliche Gewaltenteilung gekennzeichneten parlamentarischen Systems. Ihm steht das *Schattenkabinett* gegenüber, dem der *Oppositionsführer* vorsteht. Dem Kabinett gehören folgende Mitglieder an:

- der (die) *Premierminister(in)*, der (die) – als Wahlsieger(in) und Führer(in) der stärksten Partei – allein über die Zusammensetzung des Kabinetts entscheidet;

- das *innere Kabinett*, ein informeller Kreis von einigen MinisterInnen im Kabinettsrang, die vom Premier persönlich zur Beratung herangezogen werden;

- das *Kabinett*, dem alle MinisterInnen im Kabinettsrang angehören; die Zahl der MinisterInnen im Kabinettsrang beträgt im Allgemeinen rund zwanzig;

- die *Minister ohne Kabinettsrang*, die parlamentarischen StaatssekretärInnen gleichen; ihre Zahl ist im Allgemeinen größer als die der eigentlichen Kabinettsmitglieder.

Die Sitzordnung des britischen Parlaments drückt das Gegenüber von Regierung und Opposition besonders klar aus: Der (die) Premierminister(in) sitzt, mit den anderen Mitgliedern der Regierung, auf der ersten Bankreihe der für die Abgeordneten der Mehrheits-, also Regierungspartei vorgesehenen Sitzreihen. Ihm (ihr) gegenüber sitzt der (die) *leader of the opposition*, ebenfalls – mit den Mitgliedern des Schattenkabinetts – in der ersten Reihe *(front bench)*, die übrigen oppositionellen Abgeordneten in den Reihen dahinter *(back benches)*. Der Logik parlamentarischer Systeme entsprechend sitzen einander nicht Regierung und Parlament, sondern Regierung und Opposition im Parlament gegenüber.

## 3.3. Präsidentielle Systeme

Präsidentielle Systeme sind durch eine weitgehende Trennung von Regierung und Parlament gekennzeichnet, also durch institutionelle Gewaltenteilung. Regierung (Präsident) und Parlament werden von Anfang an auseinandergehalten – sie stützen sich auf voneinander unabhängige Bestellungsvorgänge. Neben die direkte Wahl des Parlaments durch das Volk tritt die direkte Volkswahl der Regierung bzw. des Präsidenten. Zwei grundsätzlich gleichwertige Wahlgänge schaffen zwei in ihrer demokratischen Legitimität grundsätzlich gleichwertige Organe. Die Merkmale präsidentieller Systeme sind:

- Trennung von Parlament und Regierung durch das *Fehlen einer politischen Verantwortlichkeit* der Regierung gegenüber dem Parlament – es gibt kein Misstrauensvotum.

- Trennung von Parlament und Regierung durch das *Fehlen eines Auflösungsrechtes* – die Regierung hat keine Möglichkeit, den Termin der Parlamentswahl zu fixieren.

- *Doppelmitgliedschaft* in Regierung und Parlament ist *ausgeschlossen*. Jede(r) Parlamentarier(in), der (die) ein Regierungsamt übernimmt, muss aus dem Parlament ausscheiden („*Inkompatibilität*").

- Staatliche Führungspositionen können nicht vollständig und geschlossen von der Regierungspartei gebündelt werden, da Regierung und parlamentarische Mehrheit nicht identisch sein müssen und das Parlament so eine *relative Eigenständigkeit* gegenüber der Regierung erhält.

- Die *Opposition* (grundsätzlich alle Parteien, die nicht den Präsidenten stellen) kann über die Mehrheit im Parlament verfügen, ohne dass dadurch die Existenz des Präsidenten und seiner Regierung gefährdet ist.

- Das Staatsoberhaupt ist gleichzeitig Regierungschef. Die Macht der Exekutive wird so maximal in einer Person konzentriert.

- Das Zweikammersystem kann insofern ein *echtes Zweikammersystem* mit zwei annähernd gleich starken Häusern sein, als es keine Fusion zwischen Regierung und einer Kammer und daher auch keine automatische Abwertung der anderen Kammern gibt.

Das Fehlen von Misstrauensvotum und Auflösungsrecht ermöglicht die relative Selbständigkeit von Parlament und Regierung. Dies bedeutet, im Vergleich mit dem parlamentarischen System, eine relative Aufwertung des Parlaments – es kann sich ohne und auch gegen den Präsidenten profilieren. Dadurch entstehen zwei voneinander weitgehend unabhängige Pole des politischen Systems *(Bipolarität)*.

Das wichtigste Modell präsidentieller Systeme ist das der USA, das auch als Vorbild für andere politische Systeme – insbesondere in Lateinamerika – gedient hat und noch dient. In den USA ist die strikte Trennung zwischen Legislative (Kongress: *Senat* und *Repräsentantenhaus*) und Exekutive (*Präsident* und das von ihm ernannte *Kabinett*) durch die Notwendigkeit einer gewissen Kooperation abgeschwächt. Insbesondere ist der Präsident auf die Gesetzgebung des Kongresses angewiesen, weil nur der Kongress die Einnahmen und Ausgaben der Regierung genehmigen kann (Budgetrecht). Darüber hinaus sind Präsident und Kongress auch auf folgende Formen der Zusammenarbeit angewiesen:

- Der Präsident hat gegenüber dem Kongress ein *Veto*, er kann die Unterschrift unter ein vom Kongress verabschiedetes Gesetz verweigern. Der Kongress kann jedoch durch eine Zweidrittel-Mehrheit das Veto des Präsidenten wieder außer Kraft setzen.

- Der Senat hat gegenüber dem Präsidenten eine Art von Veto, er kann einer vom Präsidenten vorgesehenen *Beamten- oder Richterbestellung* die Zustimmung verweigern und die Bestellung so verhindern.

- Senat und Präsident sind bei der Führung der Außenpolitik aneinander gebunden, da völkerrechtliche Verträge vom Präsidenten geschlossen und vom Senat mit Zweidrittel-Mehrheit ratifiziert werden.

Der Kongress ist ein echtes Zweikammersystem, beide Kammern werden durch Direktwahl bestellt. Freilich ist ein gewisses Übergewicht des Senates festzustellen – teilweise bedingt durch ein Plus von (etwa außenpolitischen) Kompetenzen, teilweise bedingt durch die dreifache Amtsdauer (Senat: 6 Jahre, Repräsentantenhaus: 2 Jahre), teilweise bedingt durch die geringere Zahl (Senat: 100 Mitglieder – jeder Staat entsendet 2; Repräsentantenhaus: 435 Mitglieder – jeder Staat entsendet Abgeordnete je nach Einwohnerzahl, mindestens aber einen).

Der Präsident wird von einer Versammlung von direkt gewählten Wahlpersonen *(electoral college)* gewählt, die auf jeweils eine(n) KandidatInnen für das Präsidentenamt festgelegt sind. Im Regelfall kommt dies einer Direktwahl des Präsidenten gleich. Da aber ein(e) Kandidat(in), der (die) in einem Bundesstaat die (relative) Mehrheit der Stimmen erhält, im *electoral college* alle Stimmen dieses Staates erhält, kann es vorkommen, dass die Stimmenmehrheit der Wählenden nicht der Mehrheit der Wahlpersonen entspricht – so 2000, als *George W. Bush* von einer Mehrheit im *electoral college* zum Präsidenten gewählt wurde, obwohl *Al Gore* eine Mehrheit der Stimmen gewonnen hatte.

Der Präsident wird für die Dauer von vier Jahren gewählt. Er kann einmal wiedergewählt werden. Scheidet der Präsident vor Ablauf seiner Amtszeit aus – durch Tod, Rücktritt oder Abberufung durch den Kongress („impeachment") –, dann folgt ihm der mit ihm gewählte Vizepräsident nach. Das Abberufungsverfahren darf nicht mit dem Misstrauen parlamentarischer Systeme verwechselt werden – Letzteres ist eine politische

Willensäußerung der Parlamentsmehrheit, die den sofortigen Rücktritt (Sturz) der Regierung zur Folge hat. Das *Impeachment* hingegen ist ein gerichtsähnliches Verfahren: Das Repräsentantenhaus klagt den Präsidenten wegen schwerer Vergehen an, und der Senat muss den Präsidenten – mit Zweidrittel-Mehrheit – schuldig sprechen, damit dieser sein Amt verliert. Dies entspricht nicht – wie beim Misstrauensvotum – einer politischen, sondern einer rechtlichen Verantwortlichkeit des Präsidenten und ändert nichts an der Trennung zwischen Exekutive und Legislative.

Eine Besonderheit des präsidentiellen Systems der USA ist die politische Macht der Gerichtsbarkeit. Der *Oberste Gerichtshof*, dessen Mitglieder vom Präsidenten auf Lebenszeit ernannt und vom Senat bestätigt werden müssen, nehmen durch eine ständige Interpretation der Verfassung der USA Einfluss auf gesellschaftspolitische Fragen – wie etwa in Fragen der Rassentrennung, der Todesstrafe, der Abtreibung etc. Weil in den USA eine Änderung der 1787 in Kraft getretenen Verfassung nur sehr schwierig zu vollziehen ist, wird die ständige Anpassung der Verfassung an die gesellschaftliche Wirklichkeit durch die Rechtsprechung des Obersten Gerichtshofes vollzogen – die Gerichtsbarkeit hat daher eine ungewöhnlich große politische Bedeutung.

## 3.4. Gemischte Systeme

Gemischte Systeme verbinden bestimmte Merkmale des parlamentarischen mit bestimmten Merkmalen des präsidentiellen Systems. Frankreich (5. Republik seit 1958), Deutschland (Weimarer Republik 1919–1933), Österreich (seit 1929), Finnland (seit 1919, insbesondere seit 1945), Portugal (seit 1976) und Russland (seit 1991) verbinden die Bipolarität des Wahlvorganges mit der Fusion von Legislative und Exekutive:

- *Bipolarität des Wahlvorganges:* Die Wähler wählen, voneinander unabhängig, wie in präsidentiellen Systemen ein Parlament und einen Präsidenten.
- *Fusion von Exekutive und Legislative:* Die vom Präsidenten zu ernennende Regierung (an der Spitze ein Regierungschef) ist sowohl vom Präsidenten als auch von der Parlamentsmehrheit abhängig

(Misstrauensvotum – aber nicht gegenüber dem Präsidenten – und Auflösungsrecht sind grundsätzlich gegeben).

Die Besonderheit der gemischten Systeme ist, dass ein Konfliktfall zwischen Präsident und Parlamentsmehrheit zu einer Pattstellung und möglicherweise zu einer Lähmung des gesamten politischen Systems führen kann. Wenn ein Präsident (wie der Präsident der Französischen Republik) und eine Parlamentsmehrheit (wie die Mehrheit der direkt vom Volk gewählten Kammer des französischen Parlaments, der Nationalversammlung) unterschiedliche politische Ziele verfolgen, ist von der Verfassungsstruktur her keine der beiden Seiten stark genug, den Widerstand der anderen legal zu überwinden. Diese mögliche Pattstellung kann nur dann vermieden werden, wenn entweder der Präsident oder aber die Parlamentsmehrheit auf die volle Nutzung ihrer Rechte verzichtet – wie dies etwa in Österreich durch den „Rollenverzicht" des Bundespräsidenten der Fall ist; und wie dies in Frankreich durch den Rückzug des Präsidenten 1986–1988, 1993–1995 und 1997–2002 („cohabitation") der Fall ist.

In Russland wurde die Pattstellung zwischen dem Präsidenten und dem Parlament *(Duma)* 1993 sogar gewaltsam gelöst, als der Präsident sich gegen das Parlament unter Einsatz des Militärs durchsetzte. Seither ist das parlamentarische gegenüber dem präsidentiellen Element in Russland geschwächt: Die Verfassung Russlands gibt im Konfliktfall des Präsidenten eine stärkere Position gegenüber dem Parlament.

Die Rolle des Regierungschefs (Premierminister in Frankreich, Reichskanzler in der Weimarer Republik, Ministerpräsident in Russland etc.) zeigt an, in welche Richtung sich ein gemischtes System entwickelt. Ist der Regierungschef der verlängerte Arm des Präsidenten (wie in den letzten Jahren der Weimarer Republik, wie in der fünften Französischen Republik bis 1986, wie in Russland seit 1991), dann dominieren die präsidentiellen Elemente. Das Parlament ist entweder in sich zerfallen (z.B. über weite Strecken in der Weimarer Republik) oder in seiner Mehrheit mit dem Präsidenten eng verbunden (Frankreich – mit Ausnahme der Phasen der „cohabitation", Russland seit 1993). Verselbständigt sich jedoch der Regierungschef gegenüber dem Präsidenten, so ist dies ein Zeichen für die Dominanz parlamentarischer Elemente. Die Gewichtsverteilung zwischen Präsident und Regierungschef wird aber weniger von der Konstruktion der Verfassung und mehr von der Struktur des Parteiensystems entschieden; davon, ob der Präsident oder aber der Regierungschef der Spitzenrepräsentant einer Mehrheitspartei oder Mehrheitskoalition ist.

**Tabelle 6:**
Parlamentarische Systeme, präsidentielle Systeme, gemischte Systeme – im Vergleich

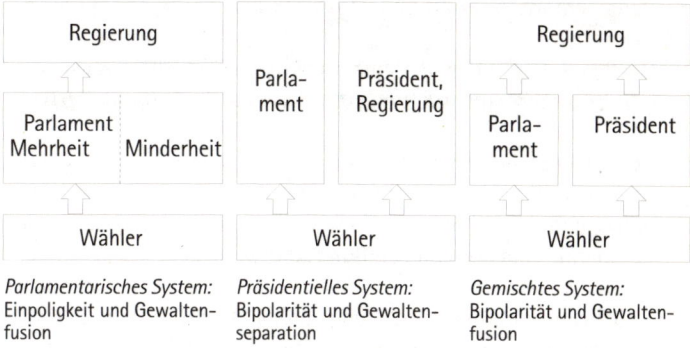

*Parlamentarisches System:* Einpoligkeit und Gewaltenfusion

*Präsidentielles System:* Bipolarität und Gewaltenseparation

*Gemischtes System:* Bipolarität und Gewaltenfusion

Eine besondere Entwicklung nimmt das politische System der Russischen Föderation. Die russische Verfassung von 1993 gleicht grundsätzlich der Verfassung der 5. Republik: Parlament (Duma) und Präsident werden voneinander unabhängig und direkt bestellt. Der Präsident ernennt eine Regierung, an deren Spitze ein Ministerpräsident steht. Die Regierung ist – anders als der Präsident – der Duma politisch verantwortlich. Allerdings ist diese Verantwortlichkeit durch einzelne Verfahrensbestimmungen so abgeschwächt, dass faktisch Ministerpräsident und Regierung – gestützt auf das Vertrauen des Präsidenten – auch ohne das ausdrückliche Vertrauen der Mehrheit der Duma regieren können. Das politische System der Russischen Föderation ist daher faktisch dem präsidentiellen System sehr verwandt.

Ein Sonderfall gemischter Systeme ist das politische System der Schweiz. Parlamentarische Elemente in der Schweiz sind:

- Die Regierung *(Bundesrat)* legitimiert sich aus dem Parlament heraus, es gibt keine eigenständige, vom Parlament unabhängige Legitimationsgrundlage des Bundesrates.

- Das Staatsoberhaupt *(Bundespräsident)* spielt keine effektive Rolle im politischen Prozess, es ist auf repräsentative Funktionen reduziert.

Präsidentielle Elemente sind:

- Parlamentarisches Amt und Regierungsamt sind unvereinbar.

- Die Regierung ist dem Parlament politisch nicht verantwortlich, es gibt kein Misstrauensvotum, ebenso wenig ein Auflösungsrecht.

- Der eidgenössische Parlamentarismus ist insofern ein echtes Zweikammersystem, als beide Kammern – der direkt gewählte Nationalrat und der indirekt (im Umweg über die Kantone) bestimmte Ständerat – gemeinsam den Bundesrat wählen.

In der Schweiz wird diese Mischung von parlamentarischen und präsidentiellen Elementen noch durch weitere Besonderheiten ergänzt:

- Besondere Einrichtungen der *direkten Demokratie*, die in der Schweiz nicht nur Verfassungstext, sondern auch Verfassungspraxis sind (eine Fülle von Initiativen und Plebisziten auf Gemeinde-, Kantons- und Bundesebene).

- Ausgeprägte *Konkordanzmechanismen*, die zu einer permanenten, vier Parteien umfassenden Konzentrationsregierung führen, die nicht nur die Parteien, sondern auch die Sprachgruppen und Konfessionen (Protestantismus und Katholizismus) verklammern soll.

- Kollegialitätsprinzip auf Regierungsebene – die sieben Mitglieder des Bundesrates sind untereinander gleich, es gibt keinen Regierungschef; der aus den Reihen des Bundesrates jeweils für ein Jahr gewählte Bundespräsident besitzt nur einen Ehrenvorrang.

# 3. Mehrparteiensysteme

Die Schweiz lässt sich – anders als die anderen gemischten Systeme – nicht im Zweifel eher dem parlamentarischen oder eher dem präsidentiellen Systemtypus zuordnen. Die Schweiz ist eine präsidentielles System ohne Präsidenten – oder ein parlamentarisches System ohne Misstrauensvotum, also ohne politische Verantwortung der Regierung gegenüber dem Parlament. In Verbindung mit den anderen Besonderheiten ist die Schweiz ein politisches System „sui generis", also einer besonderen Art.

# 4. Einparteiensysteme und Parteiensysteme in der „Dritten Welt"

4.1. Gemeinsamkeiten und Unterschiede
4.2. Kommunistische Einparteiensysteme
4.3. Faschistische Einparteiensysteme
4.4. Parteiensysteme in der „Dritten Welt"

## 4.1. Gemeinsamkeiten und Unterschiede

Grundsätzlich behaupten die Vertreter aller politischen Systeme, sie dienten nicht eigennützigen Interessen, sondern dem Gemeinwohl – also den Interessen aller Menschen, die im Rahmen des gegebenen politischen Systems leben. Mehrparteiensysteme gehen davon aus, dass das, was Gemeinwohl ist, nicht von vornherein feststeht; dass der größtmögliche Nutzen aller erst das Ergebnis eines demokratischen Prozesses ist. Deshalb sind Mehrparteiensysteme einem Pluralismus verpflichtet, der grundsätzlich alle Kräfte einladet, sich an der Definition, an der Festlegung des Gemeinwohls zu beteiligen. *Ernst Fraenkel* spricht in diesem Zusammenhang von einem „Gemeinwohl a posteriori", von einem erst im Nachhinein festzustellenden Gemeinwohl.

Diese Art des *Pluralismus* wirft freilich die Frage auf, ob wirklich alle Interessen am Wettbewerb beteiligt werden können – ob z.B. auch eindeutig antidemokratische Interessen, organisiert in eindeutig antidemokratischen Parteien, sich am offenen politischen Konkurrenzkampf beteiligen sollen. Die Grenze des Pluralismus ist somit immer eine offene Frage.

Einparteiensysteme gehen davon aus, dass das Gemeinwohl von vornherein feststeht – also ein „Gemeinwohl a priori". Das, was dem Volk, der Nation, der Klasse, der Menschheit nützt, ist grundsätzlich allgemein einsichtig – es braucht daher nicht erst in einem Wettbewerb zwischen unterschiedlichen Interessen und Wertvorstellungen definiert werden.

## 4. Einparteiensysteme und Parteiensysteme in der „Dritten Welt" 61

Einparteiensysteme sind nicht kompetitiv, sie kennen in diesem Sinn keine freie Bestellung, keine freie Kontrolle, keine freie Ablösbarkeit der Regierenden durch die Regierten. Alle Einparteiensysteme weisen folgende Merkmale auf:

- keine legale Ablösung der Einheitspartei;

- keine oder wenig Kontrolle der Regierenden, da es keinen Wettbewerb gibt;

- Neigung zum politischen Terror, da jede offene Opposition illegal ist.

Das Wesen der Einparteiensysteme und jeder Form von Diktatur drückt sich auch in der Unfähigkeit aus, die Weitergabe von Macht immanent zu regeln. Einparteiensysteme neigen daher dazu, beim Tod eines Diktators (UdSSR 1953 – nach dem Tod *Stalins;* China 1976 – nach dem Tod *Maos*) die Nachfolgefrage in Form eines gewaltsamen Machtkampfes auszutragen; oder dazu, dass der Tod des Diktators unmittelbar (Spanien 1976) oder mittelbar (Jugoslawien 1980) zum Ende des Systems führt. Die Unfähigkeit, die Nachfolgefrage befriedigend zu lösen, führt auch zu einer extremen Überalterung der herrschenden „politischen Klasse": so das Politbüro der sowjetischen KP in den 70er und 80er und das der chinesischen KP in den 80er und 90er Jahren.

Im 20. Jahrhundert haben sich in der Industriegesellschaft zwei Haupttypen von Einparteiensystemen herausgebildet – die kommunistischen und die faschistischen Einparteiensysteme. Je nach Betrachtungsweise, je nach theoretischem Zugang können die Gemeinsamkeiten oder die Unterschiede dieser beiden Einparteiensysteme hervorgehoben werden.

Die Faschismustheorie, die z.B. durch den deutschen Politologen *Reinhard Kühnl* formuliert worden ist, betont die Unterschiede zwischen kommunistischen und faschistischen Einparteiensystemen und hebt stattdessen die Gemeinsamkeiten zwischen faschistischen Einparteiensystemen und liberalen Mehrparteiensystemen hervor. Diese Theorie legt das Schwergewicht auf die sozioökonomische Infrastruktur – entscheidend ist, ob die Wirtschaftsordnung kapitalistisch oder sozialistisch ist. Ist sie kapitalistisch, so hängt es von relativ sekundären Faktoren ab, ob das politische System liberal oder faschistisch ist; ob es Parteienpluralismus oder (faschistischen) Parteienmonismus gibt. Dieser Theorie nach ist das faschistische Einparteiensystem nur die Folge von Krisenerscheinungen des Kapitalismus (Schlechtwetterphilosophie), das liberale Mehrparteiensytem die Folge von günstigen Rahmenbedingungen für den Kapitalismus (Schönwetterphilosophie).

Die Totalitarismustheorie, die etwa von der deutsch-amerikanischen Politologin *Hannah Arendt* vertreten wird, hebt die Gemeinsamkeiten zwischen faschistischen und kommunistischen Einparteiensystemen hervor und stellt diesen beiden das liberale Mehrparteiensystem als grundsätzlich verschieden gegenüber. Alle Einparteiensysteme, gleichgültig welcher Rechtfertigung sie sich bedienen, gleichgültig auch, welche ökonomischen Grundlagen sie haben, tendieren zur Unterdrückung Andersdenkender. Sie sind latent totalitär. In der Herrschaftspraxis bleibt, so diese Theorie, zwischen *Hitler* und *Stalin* letztlich kein signifikanter Unterschied.

Die Auseinandersetzung darüber, ob mehr die Gemeinsamkeiten oder mehr die Unterschiede zwischen faschistischen und kommunistischen Einparteiensystemen zu betonen sind, haben in den letzten Jahren durch verschiedene Debatten neue Akzente erhalten:

- durch den (vor allem deutschen) „Historikerstreit" der späten 80er Jahre, an dem vor allem *Ernst Nolte* auf der einen Seite, *Hans-Ulrich Wehler* und *Jürgen Habermas* auf der anderen Seite beteiligt waren;

- durch das in Frankreich 1997 von *Stéphane Courtois* und anderen publizierte „Schwarzbuch des Kommunismus", das von einigen Kritikern als faktische Gleichsetzung von Kommunismus und Nationalsozialismus verstanden wurde.

Einparteiensysteme in der Industriegesellschaft können nicht nur dem Gesichtspunkt der Wirtschaftsordnung nach unterschieden werden, sie sind auch nach der Intensität der politischen Unterdrückung zu differenzieren. *Autoritär* sind Einparteiensysteme dann, wenn zwar im engsten politischen Bereich, mit Bezug auf die Staatsorgane, auf Verwaltung, Polizei und Militär, keine Opposition, kein Freiraum geduldet wird, wenn aber außerhalb dieses engsten politischen Raumes, etwa im ökono-

## 4. Einparteiensysteme und Parteiensysteme in der „Dritten Welt" 63

mischen Bereich, etwa im kulturellen Bereich, etwa im religiösen Bereich, etwa im humanitären Bereich, weitgehende Freiheiten herrschen. *Totalitär* ist ein Einparteiensystem dann, wenn in allen gesellschaftlichen Bereichen, nicht bloß im engsten politischen Bereich, grundsätzlich jede Abweichung, grundsätzlich jedes Anderssein unterdrückt wird. Im totalitären Einparteiensystem gibt es nicht nur die Einheitspartei, sondern auch die Einheitskultur, die Einheitsreligion (oder den Einheitsatheismus), den von oben diktierten Arbeitsplatz, den von oben vorgeschriebenen Beruf.

In der Geschichte des 20. Jahrhunderts können Einparteiensysteme beobachtet werden, die die Merkmale „autoritär" und „totalitär" mit den Merkmalen „faschistisch" und „kommunistisch" verbinden. Die historische Entwicklung lässt es überdies ohne weiteres zu, dass eindeutig totalitäre Einparteiensysteme an Totalität verlieren und Züge autoritärer Einparteiensysteme annehmen – wie etwa in der Sowjetunion im Zuge der Entstalinisierung.

Die totalitären Systeme stützen sich auf bestimmte Lehren (Ideologien), die einen absoluten Wahrheitsanspruch vertreten. Diese „politischen Religionen" – etwa die von *Lenin* vertretene Interpretation des Marxismus *(Marxismus-Leninismus)* – beanspruchen, einer Religion ähnlich, für alle Aspekte des menschlichen, insbesondere des gesellschaftlichen Lebens Antworten zu besitzen. Abweichende Meinungen sind daher nicht einfach nur Ausdruck einer persönlichen Auffassung – sie sind Verrat an der Wahrheit. Der Monopolanspruch der einen Wahrheit dient der Rechtfertigung des politischen Terrors.

**Tabelle 7:**
Typologie der Einparteiensysteme in der Industriegesellschaft

|  |  | Formale Kategorie ||
|---|---|---|---|
|  |  | autoritär | totalitär |
| Inhaltliche Kategorie | faschistisch | *Musterfall:* Spanien 1975 | *Musterfall:* Deutschland 1940 |
|  | kommunistisch | *Musterfall:* Jugoslawien 1980 | *Musterfall:* Sowjetunion 1938 |

## 4.2. Kommunistische Einparteiensysteme

Kommunistische Einparteiensysteme haben sich durchwegs auf die Vorbildfunktion der russischen Oktoberrevolution und auf die Interpretation des Marxismus berufen, wie sie von *Wladimir I. Lenin* formuliert worden ist (Marxismus-Leninismus). Kommunistische Einparteiensysteme haben für sich Demokratie beansprucht – „sozialistische Demokratie" und „Volksdemokratie" waren für die Repräsentanten dieser Systeme eine höhere Form der Demokratie, grundsätzlich der „bürgerlichen Demokratie" liberaler Systeme überlegen.

Dieser Demokratieanspruch gründete sich auf folgende Merkmale:

- *Egalitärer Grundsatz;* die radikale Gleichheitsvorstellung des Marxismus ließ eine prinzipiell unterschiedliche Behandlung von Menschen nach rassischen oder nationalen Merkmalen nicht zu – Rassismus und Nationalismus konnten daher, ebenso wie innerhalb der liberalen Systeme, mit Berufung auf die theoretischen Grundlagen des eigenen Systems bekämpft werden.

- *Demokratischer Grundzug;* sowohl der Aufbau der Einheitspartei als auch der Aufbau von Staat und Gesellschaft sollten – etwa nach dem Prinzip des „demokratischen Zentralismus" – an sich von „unten" nach „oben" erfolgen. Oligarchische Erscheinungen und Führerkult konnten daher, ebenso wie in den liberalen Systemen, mit Berufung auf diesen Anspruch bekämpft werden.

Kommunistische Einparteiensysteme waren entweder *offene* oder *versteckte* Einparteiensysteme. Offen (wie etwa die UdSSR oder Jugoslawien) waren solche Einparteiensysteme, die offiziell, etwa in der Verfassung verankert, das Parteienmonopol der Kommunistischen Partei vertraten. Versteckte Einparteiensysteme (wie etwa die DDR und Polen) waren solche Einparteiensysteme, in denen neben der Kommunistischen Partei zwar andere Parteien legal existierten, ohne dass jedoch ein Wettbewerb um Wählerstimmen zugelassen wurde. Vielmehr akzeptierten die nichtkommunistischen Parteien die Vorherrschaft der Kommunistischen Partei

## 4. Einparteiensysteme und Parteiensysteme in der „Dritten Welt" 65

und erhielten im Gegenzug Minderheitenpositionen in den Parlamenten, Regierungen und Verwaltungen.

Die kommunistischen Parteien waren durch ein Nebeneinander von Staats- und Parteiorganisation gekennzeichnet. Die staatliche Organisation, orientiert an einer zumeist sehr demokratisch formulierten Verfassung, und die Organisation der Einheitspartei standen nebeneinander und waren vielfältig miteinander verflochten. In der UdSSR waren, in der Übergangsphase nach der Verfassung 1988, die wichtigsten Stufen dieser beiden Organisationen noch immer erkennbar. Bis dahin war das politische System wie folgt charakterisiert:

- Staat und Partei waren parallel aufgebaut. Der Oberste Sowjet als Parlament entsprach dem Parteitag als – formal – oberste Instanz der Kommunistischen Partei der Sowjetunion (KPdSU). Der Oberste Sowjet hatte faktisch seine Funktion an ein Präsidium (kollektives Staatsoberhaupt) und an einen Ministerrat (Regierung) abgetreten, der Parteitag an ein Zentralkomitee, das wiederum von einem Politischen Büro (Politbüro – phasenweise auch Präsidium genannt) geleitet wurde. Der Generalsekretär der Partei leitete das Politbüro. Er war in den letzten Jahrzehnten der UdSSR als Vorsitzender des Präsidiums des Obersten Sowjets gleichzeitig auch Staatsoberhaupt.

- Die in den sowjetischen Verfassungen garantierten Grundrechte, auch die der einzelnen Teilrepubliken, wurden durch die zentralistisch geführte Einheitspartei praktisch aufgehoben. Eine an sich demokratisch und föderalistisch formulierte Verfassung wurde so zur semantischen Verfassung. Das Einparteiensystem deckte die in der Verfassung postulierte Demokratie vollständig zu. Am deutlichsten kam dies in den Wahlergebnissen zum Ausdruck: Die Einheitskandidaten wurden in die Parlamente der Union der Teilrepubliken regelmäßig mit Mehrheiten zwischen 99 und 100 Prozent gewählt.

Die Organisation des Staates und der Partei waren eng verbunden. Doch durch die 1985 einsetzenden Reformen, insbesondere nach der Verfassung 1988 und den weitgehend freien Wahlen in den Kongress der Volksdeputierten 1989 löste sich der Staat allmählich von der Partei ab. Die Synchronisation von Staat und Partei hörte auf, selbstverständlich zu sein. Insbesondere auf der Ebene der Republiken übernahmen Vertreter nicht-kommunistischer, ja antikommunistischer Parteien oder Gruppierungen führende Funktionen.

In allen kommunistischen Einparteiensystemen waren Spitzenfunktionen des Staates (Ministerrat, Staatsrat) und Spitzenfunktionen der Partei (Generalsekretär, Erster Sekretär) verbunden. Staat und Partei waren siamesische Zwillinge – im Zweifel bestimmte jedoch, wie die politischen Karrieren der Spitzenfunktionäre zeigten, die Partei den Staat und nicht umgekehrt. Die 1989 in allen kommunistischen Einparteiensystemen Europas einsetzenden Veränderungen bewirkten, durch die Emanzipation des (demokratisierten) Staates von der Partei, das Entstehen liberaler Systeme in den vormals von kommunistischen Systemen beherrschten Ländern.

Kommunistische Einheitsparteien waren keineswegs ausgeprägte Massenparteien. Vielmehr war der Zugang zur Parteimitgliedschaft, durchaus in Übereinstimmung mit dem Prinzip der „Kaderpartei", an bestimmte Qualifikationen gebunden – in europäischen kommunistischen Einparteiensystemen waren zumeist etwa 5 bis 10 % der (erwachsenen) Bevölkerung in der Kommunistischen Partei organisiert, die dadurch einen Organisationsgrad hatten, der deutlich unter dem der bestorganisierten Parteien in liberalen Mehrparteiensystemen lag. Der Übergang vom kommunistischen Einparteiensystem zu liberalen Mehrparteiensystemen wurde, gerade auch in der UdSSR, durch einen Wettbewerb innerhalb der Kommunistischen Partei begleitet. So waren die weitgehend freien Wahlen in den Obersten Sowjet 1989 vor allem durch offene Konkurrenz zwischen kommunistischen Kandidaten gekennzeichnet. Aus dieser innerparteilichen Konkurrenz entwickelte sich dann in allen vormals kommunistischen europäischen Ländern ein Mehrparteiensystem.

Dieser Übergang zu liberalen Systemen wurde und wird durch das Aufleben *nationaler Konflikte* begleitet. Am Beispiel der UdSSR bedeutet dies:

- Offene Unabhängigkeitsbestrebungen der Teilrepubliken, beginnend im Baltikum, Transkaukasien und Moldawien.

- Innerhalb dieser Republiken vor und nach dem Ende der 1991 erreichten Unabhängigkeit heftige, bürgerkriegsähnliche Auseinandersetzungen zwischen verschiedenen Volksgruppen (z.B. Azeris und Armenier in Aserbaidschan, Georgier und Abchasen in Georgien, Moldawier und Russen bzw. Ukrainer in Moldawien).

- Der (gescheiterte) Putsch von August 1991 bedeutete das Ende aller Umgestaltungspläne der UdSSR. Die Kommunistische Partei verlor nun rasch ihre Führungsrolle, und Ende 1991 löste sich die Sowjetunion auf.

- Die meisten der nun unabhängig gewordenen, vormals sowjetischen Republiken schlossen sich zu einem Staatenbund, der „Gemeinschaft Unabhängiger Staaten" (GUS), zusammen, die durch teilweise noch gemeinsame Militär- und Wirtschaftsaufgaben verbunden ist und von Russland (der Russischen Föderation) dominiert wird.

- Drei Nachfolgerepubliken (Estland, Lettland, Litauen), die der GUS nie angehört haben, haben sich durch ihren Beitritt zu NATO und EU (2004) auch geopolitisch dem Einflussbereich der Russischen Föderation entzogen.

## *4.3. Faschistische Einparteiensysteme*

Faschistische Einparteiensysteme haben von vornherein immer auf demokratische Rechtfertigungen verzichtet. Sie waren, wie auch die faschistischen Strömungen (neofaschistische Parteien und Bewegungen) der Gegenwart, von einem starken antiegalitären Affekt getragen: von den Abstiegsängsten eines Kleinbürgertums, das sich mittels des Faschismus gegen die Proletarisierung stemmt; von den Modernisierungsängsten eines Bauerntums, dem vom Faschismus eine besondere Rolle versprochen wird (erster „Reichs- und Nährstand"); von ärmeren Schichten „weißer" US-AmerikanerInnen, die sich gegen die Rassenintegration stemmen; von der Mehrheit „weißer" SüdafrikanerInnen, die bis zum Ende der „Apartheid" (1994) durch eine demokratische Gleichheit wesentliche Privilegien einbüßt hätten.

Faschistische Einparteiensysteme waren von einer Ideologie geprägt, die sich mehr oder minder auch in gegenwärtigen faschistischen Strömungen findet:

- *Gemeinschaft;* faschistische Parteien setzen an die Stelle des Konfliktes der Parteien und der Klassen den Konflikt der Rassen und der Nationen. Faschistische Einparteiensysteme verstehen sich daher folgerichtig als Konkretisierung einer „Volksgemeinschaft"; jede Opposition gegen Führer und Einheitspartei ist daher Opposition gegen die Nation.

- *Führerprinzip;* faschistische Parteien sind von „oben" nach „unten" strukturiert, innerparteiliche Demokratie gibt es nicht einmal nach dem theoretischen Selbstverständnis. Faschistische Einparteiensysteme übertragen ihre innerparteilichen Strukturen auf den Staat und die Gesellschaft, das Führerprinzip gilt für die Regierung dann ebenso wie für die Wirtschaft.

- Ambivalenz zwischen *antikapitalistischer Ideologie und Aufrechterhaltung kapitalistischer Strukturen;* faschistische Parteien beginnen mit einer antikapitalistischen Programmatik – in der Praxis faschistischer Einparteiensysteme wird jedoch dann der Grundsatz des Privateigentums an Produktionsmitteln nicht nur nicht angetastet, sondern sogar besonders geschützt.

- *Nationalismus – Imperialismus;* vor dem Hintergrund der Gemeinschafts- und der Führerideologie, aber auch vor dem Hintergrund ungebremster ökonomischer Expansion neigen faschistische Systeme zu außenpolitischen Aggressionen.

- *Sündenbock;* Gemeinschaft und Führer werden von vornherein in Frontstellung gegen das personifizierte, absolut Böse gesehen. Um von tatsächlichen Konflikten abzulenken, werden Gegner konstruiert – das kann der „Jude" oder der „Freimaurer" ebenso wie der „Bolschewik" oder der „Jesuit" sein. Zwischen kollektiven irrationalen Vorurteilen und faschistischen Neigungen besteht jedenfalls ein enger Zusammenhang.

Die Sündenbock-Ideologie hat besonders im nationalsozialistischen Deutschland eine konkrete, schreckliche Umsetzung erfahren. Unabhängig von außenpolitischen Erfordernissen (unabhängig vom Kriegsverlauf) und unabhängig von innenpolitischen Bedürfnissen (unabhängig von der Stabilität der Diktatur) wurden Millionen Menschen nur deshalb ermordet, weil sie – im Sinne dieser Ideologie – durch ihre bloße Existenz als „Juden" oder „Zigeuner" schuldig waren.

Diese *Holocaust* oder *Shoa* genannten Verbrechen gegen die Menschheit unterscheiden den Nationalsozialismus wesentlich vom „gewöhnlichen" (z.B. italienischen) Faschismus. Die Debatte über die Einmaligkeit dieser Verbrechen wird auch mit aktuellen Bezügen geführt. Eine gewisse (keine vollständige) Parallele finden diese Verbrechen im massenmörderischen Charakter des Stalinismus – d.h. im politischen System der UdSSR von ca. 1929 bis 1953, in den „Killing Fields" der *Roten Khmer* in Kambodscha zwischen 1975 und 1979 und im Genozid in Ruanda 1994.

## 4.4. Parteiensysteme in der „Dritten Welt"

Die grundsätzlich anders gearteten Rahmenbedingungen politischer Systeme in nicht industrialisierten Gesellschaften lassen eine Übernahme der Typologie politischer Systeme, wie sie mit Bezug auf industrialisierte Gesellschaften entwickelt sind, auf die Länder der „Dritten Welt" nicht zu. Die gänzlich anders gearteten Rahmenbedingungen der „Dritten Welt" sind:

- die durchschnittliche Lebenserwartung ist deutlich geringer;

- das durchschnittliche Pro-Kopf-Einkommen ist deutlich geringer;

- die Analphabetismusrate ist deutlich höher;

- die Arbeitsproduktivität ist deutlich geringer;

- die Agrarquote ist deutlich höher;

- das Bevölkerungswachstum ist deutlich höher.

In einigen Ländern der „Dritten Welt" sind einige dieser Merkmale weniger oder überhaupt nicht mehr vorhanden. So ist es einigen Erdöl-exportierenden Ländern in den 70er Jahren gelungen, das Pro-Kopf-Einkommen auf den Stand zu bringen, der für die reichsten Industriestaaten gilt (z.B. Kuwait, Saudi-Arabien); und so ist es auch einigen Ländern gelungen, den Analphabetismus weitgehend zu beseitigen (z.B. Kuba).

Die politischen Systeme der „Dritten Welt" sind auch von der Geschichte des neuzeitlichen Kolonialismus bestimmt. Da ein Großteil der Staaten Amerikas, aber auch viele Staaten Afrikas und Asiens in ihrer staatliche Existenz, insbesondere in ihrer Grenzziehung ein Produkt des europäischen Kolonialismus sind, hat dieser auch die politische Entwicklung der nachkolonialen Ära bestimmt, die zumeist in der Mitte des 20. Jahrhunderts (in Amerika deutlich früher) begonnen hat. Der indische Parlamentarismus beispielsweise ist zwar auch von einer autochthonen indischen Tradition geprägt – aber gerade die Verfassungsstrukturen Indiens folgen dem Muster des britischen parlamentarischen Systems *(Westminster Demokratie)*.

Der europäische Kolonialismus hat die eigenständige Entwicklung der Gesellschaften und der politischen Systeme außerhalb Europas unterbrochen – die wichtigste Ausnahme davon ist Japan. Der Kolonialismus hat die Entwicklung beeinflusst – aber nicht im Sinne der Herstellung eines eindeutig dominanten politischen Systems, wie dies für die „Erste Welt" und für die Industriegesellschaft insgesamt seit dem Zusammenbruch der UdSSR gilt.

Das Ende der Systeme sowjetischen Typs in Europa hat freilich auch in der „Dritten Welt" die Häufigkeit eines liberalen politischen Systems mit Parteienpluralismus gesteigert: Ohne dass eine solches System – eine liberale Demokratie – in der „Dritten Welt" eindeutig dominant wäre, ist es am Beginn des 21. Jahrhunderts in der „Dritten Welt" stärker vertreten als drei Jahrzehnte davor.

In den politischen Systemen der Dritten Welt gibt es kein Parteiensystem, das dominierend wäre – neben das für die „Erste Welt" typische Mehrparteiensystem und das für die „Zweite Welt" typische (kommunistische) Einparteiensystem tritt, in der Dritten Welt, auch noch das Nullparteiensystem – ein politisches System, in dem überhaupt keine Partei existiert, sondern traditionellere Formen politischer Organisation

## 4. Einparteiensysteme und Parteiensysteme in der „Dritten Welt" 71

vorherrschen. Insgesamt können acht Typen politischer Systeme unterschieden werden:

- *Feudale Systeme* (Beispiele: Saudi-Arabien, Marokko). Hier finden sich Nullparteiensysteme ebenso wie Mehrparteiensysteme, dominierend sind jedoch die alten aristokratischen Strukturen.

- *Pseudorepublikanische Systeme* (Beispiele: Tunesien, Singapur). Hier überwiegen Mehrparteiensysteme mit demokratischem Anspruch, häufig auch mit einem der „Ersten Welt" entlehnten Verfassungsrahmen; der Wettbewerb zwischen Regierung und Opposition ist jedoch sehr reduziert.

- *Konservative Militärdiktaturen* (Beispiele: Chile bis 1989, Südkorea bis in die 80er Jahre). Hinter den verschiedensten Verfassungsformen und verbunden mit verschiedenen Formen des Parteiensystems dominieren Militärs, deren Ziel die Aufrechterhaltung bestehender wirtschaftlicher Machtverhältnisse ist. Demokratische Ansprüche werden überhaupt nicht oder nur zögernd gestellt.

- *Radikale Militärdiktaturen* (Beispiele: Algerien bis etwa 1990, Äthiopien bis 1991). Die dominierenden Militärs zielen hier – wiederum unter Benützung vielfältiger Formen der Verfassung und des Parteiensystems – auf eine grundlegende Veränderung ökonomischer Machtverhältnisse im Sinne einer sozialistischen Gesellschaftsordnung. Demokratische Ansprüche werden im Allgemeinen betont gestellt, teilweise im Anschluss an Befreiungskämpfe.

- *Mehrparteiensysteme* (Beispiele: Indien, Costa Rica). Die Formen der Verfassung und des Parteiensystems sind hier analog dem liberalen System. Der Anspruch, Demokratie zu sein, wird selbstverständlich gestellt.

- *Kommunistische Einparteiensysteme* (Beispiele: Kuba, Vietnam). Die Formen der Verfassung und des Parteiensystems gleichen hier denen, die die kommunistischen Einparteiensysteme in der Industriegesellschaft entwickelt haben. Nach dem Zusammenbruch dieser Systeme in Europa gibt es solche Systeme nur mehr in der „Dritten Welt".

- *Eigenständige Einparteiensysteme* (Beispiele: Uganda, Syrien). Offene Einparteiensysteme, mit Berufung auf spezifische Bedürfnisse und Traditionen des eigenen Landes, werden mit einem ausgeprägten Demokratie- und Modernisierungsanspruch versehen.

- *Fundamentalistische Systeme* (Beispiele: Iran, Sudan). Mit Berufung auf religiöse Traditionen und mit Rückgriff auf vergangene Herrschaftsformen (z.B. islamisches Strafrecht) wird das politische System konfessionellen Zielen unterstellt.

Zwischen diesen Formen sind viele Übergänge vorstellbar. Auffallend in den politischen Systemen der „Dritten Welt" sind die Versuche, Einparteiensysteme als Übergangsformen, im Sinne einer „Erziehungsdiktatur" zu gestalten – mit dem erklärten Ziel, diese Einparteiensysteme später aufzugeben. Beispiele dafür sind, nach 1945, die Türkei (Übergang zum Mehrparteiensystem nach der Diktatur der Republikanischen Partei *Kemal Pascha Atatürks*) und Mexiko (Übergang von der Einparteiendiktatur der Partei der Institutionalisierten Revolution – PRI).

Hinter diesem Modell der „Erziehungsdiktatur" steht die Frage, ob Demokratie für die Lösung der dringenden Probleme der nicht industrialisierten Gesellschaft geeignet ist. Die beiden mit Abstand bevölkerungsreichsten Länder der Erde, China und Indien, sind die wichtigsten Beispiele für die Aktualität dieser Frage: China als ein kommunistisches Einparteiensystem, Indien als liberales Mehrparteiensystem. Im (friedlichen) Wettbewerb dieser Systeme spiegelt sich die Frage, ob die Verwirklichung demokratischer Ansprüche im Einklang oder im Widerspruch zu den Ansprüchen auf Modernisierung steht. Gerade die aus der unmittelbaren Not heraus empfundene Notwendigkeit zur Lösung der dringendsten wirtschaftlichen Probleme wird zur Begründung eines „Gemeinwohls a priori" herangezogen und der mit dem „Gemeinwohl a posteriori" untrennbar verbundene offene Konflikt als hinderlich für die Modernisierung empfunden.

Das Spannungsfeld zwischen Legitimität und Effektivität wird auch hier spürbar: „Erziehungsdiktaturen" wollen die Effizienz verbessern und

## 4. Einparteiensysteme und Parteiensysteme in der „Dritten Welt" 73

nehmen Verluste an Legitimität notfalls in Kauf. Dahinter steht die (in Tabelle 8 einer „pessimistischen Erklärung" zugerechnete) Auffassung, dass ein Mehr an Demokratie für eine Verbesserung der Problemlösungskapazität der Systeme der „Dritten Welt" (v.a. Beseitigung des Massenelends) hinderlich sein kann. Die „optimistische Erklärung" sieht hingegen eine positive und kausale Korrelation zwischen Demokratie (also Legitimität) und Problemlösungskapazität (also Effektivität).

**Tabelle 8:**
Zusammenhang zwischen Demokratie und Problemlösungskapazität in der „Dritten Welt"

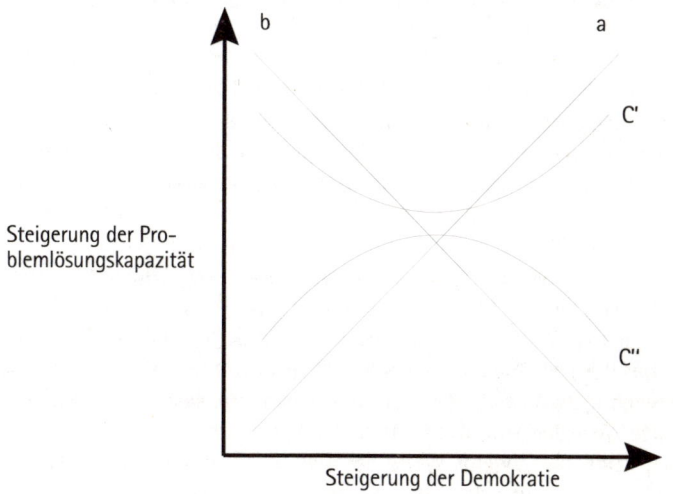

a: optimistische Erklärung; b: pessimistische Erklärung; c: gemischte Erklärung

Die jüngsten Entwicklungen der Volksrepublik China unterstreichen, dass die Typologie politischer Systeme mit der Politik in den noch nicht industrialisierten Gesellschaften besondere Probleme hat. Das ökonomische System Chinas wird – politisch bewusst gesteuert – immer weniger „sozialistisch". Die Privatisierung von Staatsbetrieben und die wachsende Bedeutung der Marktwirtschaft lassen eine Charakterisierung der Wirtschaft Chinas als marxistisch-leninistisch nicht mehr zu. Dennoch hat die Kommunistische Partei ihr (faktisches) Monopol im politischen System selbst zumindest vorläufig gesichert. Die Kombination marktwirtschaftlicher Elemente mit einem Parteienmonopol galt aber, jedenfalls in Europa, immer als Kennzeichen faschistischer Systeme.

Das Beispiel der Entwicklung Chinas unterstreicht nur, dass eine Typologie der politischen Systeme gerade in der „Dritten Welt" immer nur vorläufig ist. Die Entwicklungslinien der nicht industrialisierten Gesellschaften weisen am Ende des 20. Jahrhunderts aber auf einen Bedeutungsgewinn der Merkmale liberaler Systeme hin – sei es am Beispiel des Siegeszuges der Mehrparteiensysteme in Lateinamerika, sei es am Beispiel des Siegeszuges der Marktwirtschaft in China.

China ist – angesichts der weltweit wachsenden Attraktivität liberaler Systeme – eine besonders wichtige Ausnahme. Nach dem Tod *Mao Tse-tungs,* 1976, begann die Volksrepublik China unter der Führung von *Deng Xiao-ping* einen umfassenden Reformprozess, der eine ökonomische Liberalisierung und die Einführung der Marktwirtschaft brachte. Versuche, dieser ökonomischen auch eine politische Liberalisierung folgen zu lassen, scheiterten 1989, als die kommunistische Parteiführung sich entschied, gegen die politischen Reformer mit militärischen Mitteln vorzugehen. Seither ist China ein (nominell kommunistisches) Einparteiensystem mit einem marktwirtschaftlich-kapitalistisch organisierten Wirtschaftssystem.

Das Beispiel Chinas (und das ähnlich gelagerte Beispiel Vietnams) ist die wichtigste Ausnahme für die von *Samuel Huntington* festgestellte „dritte Welle der Demokratisierung". Gemeint ist damit, dass – nachdem nach 1945 die „zweite Welle der Demokratisierung" (vor allem in Westeuropa – Deutschland, Italien; aber auch Japan) stattgefunden hat –, in den letzten drei Jahrzehnten des 20. Jahrhunderts ein umfassender Demokratisierungsschub weltweit stattgefunden hat: Liberale Systeme haben sich nicht nur in Europa, sondern auch in der „Dritten Welt" weitgehend durchgesetzt:

- 1974 bzw. 1976 wurden die (spätfaschistischen) Systeme Portugals und Spaniens und die Militärdiktatur Griechenlands in liberale Systeme umgewandelt.

## 4. Einparteiensysteme und Parteiensysteme in der „Dritten Welt"

- Zwischen 1989 und 1991 gingen die kommunistischen Systeme Europas unter und wurden zumeist (Ausnahme: Belorussland) durch liberale Systeme ersetzt.

- In den 80er und 90er Jahren wurden zahlreiche Militärdiktaturen in Asien (Philippinen, Südkorea, Taiwan), in Lateinamerika (Brasilien, Argentinien, Chile) und in Afrika (Nigeria) ebenso wie das Apartheid-Regime in Südafrika in liberale Systeme transformiert.

Diese Transformation umfasst beim Übergang von kommunistischen zu liberalen Systemen nicht nur das politische, sondern auch das ökonomische System; nicht nur das (kommunistische) Einparteiensystem, sondern auch die zentrale Planwirtschaft muss von Grund auf geändert werden. Die Transformation faschistischer Systeme oder von Militärdiktaturen betrifft – da im Regelfall kapitalistische Strukturen und Marktwirtschaft grundsätzlich schon vorhanden sind – „nur" die Einführung eines Parteienpluralismus.

# 5. Wahlen und öffentliche Meinung

5.1. Wahlsysteme
5.2. Inhalte der Wahlforschung
5.3. Methoden der Wahlforschung
5.4. Probleme der Umfrageforschung
5.5. Medien (Exkurs)


## *5.1. Wahlsysteme*

Die Wahl der Parlamente erfolgt nach den Grundsätzen des Wahlrechtes, die außer Streit gestellt sind – direkt und unmittelbar, frei und geheim, gleich. In welcher Form die so abgegebenen Stimmen der Wähler jedoch in Mandate umgerechnet sind, ist keinesfalls unbestritten. Für Mehrparteiensysteme ist die Art der Umrechnung, also das Wahlsystem, von wesentlicher Bedeutung.

Zwei Wahlsysteme stehen einander gegenüber:

- Die *Verhältniswahl*. Der Grundgedanke der Verhältniswahl ist eine möglichst genaue, spiegelbildliche Umrechnung des Stimmenanteils, den eine Partei erhält, in einen Mandatsanteil dieser Partei im Parlament zu erreichen; n-Prozent an Stimmen soll n-Prozent an Mandaten sein.

- Die *Mehrheitswahl*. Der Grundgedanke der Mehrheitswahl ist, dass jeder der kleinen, möglichst gleich großen Wahlkreise, in die das gesamte Wahlgebiet unterteilt ist, eine(n) Vertreter(in) ins Parlament entsendet.

Die Verhältniswahl setzt die Existenz von Parteien voraus – nicht aber von Wahlkreisen, die mit der Verhältniswahl vereinbar sind, aber nicht

## 5. Wahlen und öffentliche Meinung

vorhanden sein müssen. Die Mehrheitswahl setzt die Existenz von Wahlkreisen voraus – nicht aber von Parteien, die sich freilich aus anderen Gründen dennoch bilden.

Die Mehrheitswahl begünstigt, da im Allgemeinen kleinere Parteien kaum Chancen haben, in den Wahlkreisen Mehrheiten zu erreichen, die größeren Parteien; die Verhältniswahl bietet demgegenüber für kleinere (und damit auch für neue) Parteien bessere Startbedingungen.

Die Verhältniswahl neigt daher auch dazu, eine größere Zahl von Parteien ins Parlament zu bringen. Dies wird oft als „Zersplitterung" des Parlaments und des Parteiensystems negativ bewertet – deswegen gibt es Abschwächungen der Verhältniswahl, die, bei aufrechtem Grundsatz der Verhältnismäßigkeit von Stimmen und Mandaten, eine Hürde für kleinere Parteien errichten. Diese Hürde kann in einem Mindestanteil an Stimmen bestehen, der übersprungen werden muss, um überhaupt in den Genuss der Verhältniswahl zu gelangen (Bundesrepublik Deutschland: 5 %; Schweden: 4 %). Diese Hürde kann auch in Form einer Einteilung des gesamten Wahlgebietes in kleinere Wahlkreise ausgerichtet werden, wobei die Verhältnismäßigkeit dann nur für diese kleineren Wahlkreise gilt – wodurch ebenfalls kleinere Parteien zunächst eine Schwelle zu überwinden haben (Österreich bis zur Wahlrechtsreform 1992).

Die Mehrheitswahl kann in Form der *relativen* Mehrheitswahl durchgeführt werden – dann ist jeweils der stimmenstärkste Kandidat gewählt (Großbritannien, USA). Diese „reine" Form der Mehrheitswahl kann jedoch abgeschwächt werden, und zwar in Form des *absoluten* Mehrheitswahlsystems (Frankreich). Gewählt ist nur, wer über 50 % der gültig abgegebenen Stimmen erhält; da in zahlreichen Wahlkreisen dann auch der stimmenstärkste Kandidat nicht gewählt ist, kommt es zu einem zweiten Wahlgang (Stichwahl), in dem dann entweder die relative Mehrheit genügt, oder aber nur mehr die beiden stärksten KandidatInnen des ersten Wahlganges antreten dürfen. Die *absolute* Mehrheitswahl ist für kleinere Parteien deshalb relativ günstiger als die relative Mehrheitswahl, weil durch die Notwendigkeit eines zweiten Wahlganges kleinere Parteien mit größeren Absprachen treffen können, die ihnen – im Austausch von Wahlempfehlungen – einige Wahlkreise durch die Unterstützung der stärkeren Parteien sichern.

Das wichtigste Argument für die Verhältniswahl ist die spiegelbildliche Gerechtigkeit, bezogen auf das Parlament. Das wichtigste Argument für die Mehrheitswahl, insbesondere für die relative Mehrheitswahl, ist – als Folge des Trends zum Zweiparteiensystem – die direkte Verbindung von Parlamentswahl und Regierungswahl. Bei der Verhältniswahl gibt es ein im Sinne der WählerInnen „gerecht" zusammengesetztes Parlament, bei der (insbesondere relativen) Mehrheitswahl gibt es, unter den Rahmenbedingungen eines parlamentarischen Systems, faktisch eine Direktwahl der Regierung. Eine Verhältniswahl führt hingegen, wegen der geringeren Hürden für kleinere und neuere Parteien, mangels eindeutiger Mehrheitsbildung für eine Partei viel häufiger zu Koalitionsbildungen.

In parlamentarischen Systemen setzt die Mehrheitswahl – insbesondere die relative – den Grundsatz „The winner takes all" konsequent um. Sieg und Niederlage werden zumeist eindeutig vergeben: Die siegreiche Partei erhält die gesamte Regierungsgewalt. Die Verhältniswahl (insbesondere in ihrer reinen Form) vergibt Sieg und Niederlage viel weniger eindeutig. Oft wird über Erfolg und Misserfolg wegen der Notwendigkeit von Koalitionsbildungen, die auch kleine (bzw. bei den Wahlen selbst nicht sehr erfolgreiche) Parteien zu entscheidenden Faktoren machen können, erst lange nach der Wahl selbst entschieden – im Zuge einer komplizierten Mehrheits- und Regierungsbildung durch Absprachen zwischen mehreren Parteien.

Die Bildung einer Regierung in parlamentarischen Systemen ist bei (vor allem relativer) Mehrheitswahl zumeist viel einfacher als bei (insbesondere reiner) Verhältniswahl. Dieser Unterschied kann in beide Richtungen bewertet werden:

- Die Mehrheitswahl kann als brutaler Ausschlussmechanismus gesehen werden, der sich gegen alle Parteien mit Ausnahme der siegreichen Partei richtet – nicht nur bei der Wahl selbst, sondern auch bei der unmittelbar anschließenden, zumeist sehr einfachen und raschen Regierungsbildung. Die Mehrheitswahl kann aber auch als das bestgeeignete Mittel gesehen werden, die Bildung einer Regierung unmittelbar an die Wahlentscheidung der WählerInnen zu knüpfen und so unabhängig von oft nicht durchschaubaren Parteiabsprachen zu machen.

- Die Verhältniswahl kann als lähmend und verzerrend empfunden werden – weil sie oft den Zusammenhang zwischen Wahlentschei-

## 5. Wahlen und öffentliche Meinung

dung und Regierungsbildung verschleiert bzw. einen solchen Zusammenhang kaum erkennen lässt. Die Verhältniswahl kann aber auch als wertvoller Garant dafür gesehen werden, der eine (Fast-)Allmacht allein regierender Parteien verhindert, die Basis der Regierung erweitert und so das gesamte politische System repräsentativer macht.

Neben der Frage Verhältniswahl oder Mehrheitswahl besteht die Frage Listen- oder Persönlichkeitswahl. Die *Listenwahl*, bei der die Namen der einzelnen Kandidaten dem Wähler (zumeist von einer Partei) geschlossen zur Wahl vorgelegt werden, ist zumeist mit der Verhältniswahl verbunden; die Mehrheitswahl ist grundsätzlich immer *Persönlichkeitswahl*. Es gibt jedoch Versuche, Verhältniswahl und Persönlichkeitswahl zu verbinden; auch Elemente der Listenwahl und Elemente der Persönlichkeitswahl zu vermischen.

Ein Beispiel für die Verbindung von Verhältniswahl und Persönlichkeitswahl ist die *personalisierte Verhältniswahl* in der Bundesrepublik Deutschland. Bei der Wahl des Deutschen Bundestages hat jede(r) Wähler(in) zwei Stimmen – mit der ersten Stimme wählt er (sie), nach den Grundsätzen der relativen Mehrheitswahl, in einem relativ kleinen Wahlkreis eine(n) Abgeordnete(n). Mit einer zweiten Stimmen wählt er (sie) die Liste einer Partei. Für die Verteilung der Mandate auf die einzelnen Parteien ist ausschließlich die zweite Stimme ausschlaggebend, die nach den Grundsätzen der Verhältniswahl (unter Einbeziehung einer 5-Prozent-Klausel) in Mandate umgerechnet wird. Bei der Verteilung der Mandate werden jedoch die in den Wahlkreisen von den einzelnen ParteivertreterInnen gewonnenen Mandate auf die endgültige Mandatszahl angerechnet – wobei die Zahl der Wahlkreise 50 % der Gesamtzahl der Mandate ausmacht. Dadurch herrscht zwar, bei der Vergabe der Mandate nach den Zweitstimmen selbst, der Grundsatz der Verhältniswahl – aber die WählerInnen haben durch die Erststimme einen gewissen Einfluss auf die personelle Zusammensetzung des Bundestages.

Ein Beispiel für die Vermischung von Elementen der Persönlichkeitswahl und der Listenwahl bietet das italienische Wahlsystem. 75 Prozent der Abgeordneten in beiden Kammern des Parlaments werden nach dem Grundsatz der (relativen) Mehrheitswahl gewählt, also nach der Persön-

**Tabelle 9:**
Wahlsysteme

Prinzip des „Vorrangs der Gerechtigkeit"

demokratische Wahlsysteme

## Verhältniswahl

- „reine Verhältniswahl" (1% der Stimmen = 1% der Mandate)
- mit „mehrheitsverstärkenden Effekten"
  - über ungleiche Wahlkreise
  - über Prozenthürden und Mandatsberechnungsverfahren

## Mehrheitswahl

- absolute Mehrheitswahl (zwingt z.B. zu Kompromissen im 2. Wahlgang)
- relative Mehrheitswahl (fördert Zweiparteiensysteme, GB, USA)

Prinzip des „Vorrangs der Regierungsbildung"

lichkeitswahl; 25 Prozent nach dem Grundsatz der Verhältniswahl, als Listenwahl.

## 5.2. Inhalte der Wahlforschung

Die Wahlforschung will Auskunft darüber geben, welche Zusammenhänge zwischen den gesellschaftlichen Faktoren, die den einzelnen Wähler beeinflussen, und seiner Stimmabgabe bestehen. In Mehrparteiensystemen, in denen die Parteien – aus Interesse am Wahlsieg – an diesen Zusammenhängen besonders interessiert sind, ist die Wahlforschung eine besonders wichtige Aufgabe der Politikwissenschaft. Letztlich will die Wahlforschung immer die Frage beantworten, wer wen warum wählt.

Die Wahlforschung will Bestimmungsfaktoren des Wahlverhaltens erheben, beschreiben und analysieren. Diese Bestimmungsfaktoren (Determinanten) können auf verschiedenen Ebenen festgestellt werden:

- *Sozioökonomische Determinanten.* Alle WählerInnen sind wesentlich von Lebensumständen beeinflusst, die direkt oder indirekt mit wirtschaftlichen Bedingungen zusammenhängen. Beruf, Einkommen, Vermögen – und zwar sowohl individuell als auch kollektiv (etwa als Familie) – können immer als eine Ursache für das Verhalten der Wähler vermutet werden.

- *Sozialpsychologische Determinanten.* Auch Lebensumstände, die nicht ökonomisch bedingt sind, beeinflussen immer die WählerInnen – dazu zählen konfessionelle Faktoren (Religion), Familientradition und die Loyalität mit bestimmten gesellschaftlichen Gruppen (Volksgruppen, „Rassen", Minderheiten etc.).

- *Institutionelle Determinanten.* Das Wahlsystem selbst beeinflusst die Stimmenabgabe. Grundsätzlich kann vermutet werden, dass ein für kleine und neue Parteien ungünstiges Wahlsystem, wie die Mehrheitswahl, WählerInnen davon abhält, für kleine und neue Parteien zu stimmen – aus Sorge, eine solche Stimme sei sinnlos („weggeworfen"); eine Verhältniswahl hingegen beeinflusst die WählerInnen eher, kleinere und neue Parteien zu wählen.

Ein Beispiel für den Zusammenhang von sozioökonomischen und sozialpsychologischen Determinanten liefert die bahnbrechende Studie, die *Lazarsfeld, Berelson* und *Gaudet* 1940 durchgeführt haben. Nach der Methode der Umfrageforschung wurde ein repräsentativer Querschnitt eines Bezirks des US-Bundesstaates Ohio (Erie County) mehrfach befragt (Panel-Technik); durch diese Mehrfachbefragung wurden nicht nur Momentaufnahmen gewonnen, es wurde auch die Entwicklung des Bewusstseins der WählerInnen im Zuge des Wahlkampfes vor der Präsidentschaftswahl aufgenommen. Um eine Beeinflussung der immer wieder befragten WählerInnen durch die Befragung selbst zu kontrollieren, wurde eine andere, ebenfalls repräsentative Gruppe von WählerInnen nur am Anfang und am Ende des Monate dauernden Befragungszeitraumes interviewt (Kontrollgruppe) – dadurch hätten bestimmte Abweichungen (Interviewereffekt) festgestellt werden können.

Die so vielfach befragten WählerInnen des Modellbezirks in Ohio wurden nach einem „Index der politischen Prädispositionen" geordnet – je nach Determinante wurden sie entweder als republikanisch oder als demokratisch geneigt eingeordnet. Je eindeutiger diese Determinanten in Richtung eine Partei neigen, desto wahrscheinlicher ist die Stimmabgabe für ebendiese Partei.

**Tabelle 10:**
Index der politischen Prädispositionen – Modellfall Erie County

| Faktoren, die beeinflussen | zugunsten der | |
|---|---|---|
| | Demokraten | Republikaner |
| Einkommen, Vermögen | niedrig | hoch |
| Beruf | „blue collar" | „white collar" |
| Konfession | katholisch, jüdisch | protestantisch |
| Bildung | niedrig | hoch |
| ethnische Herkunft | nicht angelsächsisch | angelsächsisch |

## 5. Wahlen und öffentliche Meinung

Ein Index der politischen Prädispositionen, der nach dem Muster der Studie von 1940 für alle Wahlvorgänge in Mehrparteiensystemen angelegt werden kann, zeigt Wahrscheinlichkeiten, aber keine Sicherheit der Stimmabgabe an. Eine Stimmabgabe ist bei solchen WählerInnen relativ leicht prognostizierbar, bei denen die Determinanten durchwegs eindeutig in Richtung einer Partei weisen.

Bei solchen WählerInnen hingegen, bei denen die Determinanten einander widersprechen („cross pressures" – Mehrfachbindungen), ist eine Vorhersehbarkeit kaum oder überhaupt nicht gegeben.

„Cross pressures" bedeuten (in diesem und in allen anderen Fällen):

- Die Wahrscheinlichkeit, dass ein(e) Wähler(in) überhaupt zur Wahl geht, sinkt.

- Die Wahrscheinlichkeit, dass ein(e) Wähler(in) im Wahlkampf seine Meinung ändert, steigt.

- Die Wahrscheinlichkeit, dass ein(e) Wähler(in) eine andere Partei (einen anderen Kandidaten) als bei der letzten Wahl wählt, steigt.

- Die Wahrscheinlichkeit, dass ein(e) Wähler(in) erst im letzten Augenblick seine Entscheidung trifft, steigt.

Je mehr WählerInnen unter „cross pressures" stehen, desto weniger vorhersehbar wird die Wahl; desto wichtiger ist die eigentliche Phase des Wahlkampfes; desto aussichtsreicher ist es, im Wahlkampf die WählerInnen beeinflussen zu können. Da die Häufigkeit und Intensität von „cross pressures" jedoch Ausdruck einer gesellschaftlichen Mobilität ist – eine wenig mobile Gesellschaft neigt dazu, einzelne Menschen erst gar nicht „cross pressures" auszusetzen –, bedeutet zunehmende gesellschaftliche Mobilität auch eine zunehmende Beweglichkeit der WählerInnen.

Ein wichtiger Inhalt der Wahlforschung ist immer auch die Antwort auf die Frage, wer warum überhaupt nicht wählt. Je geringer die Wahlbeteiligung, desto wichtiger die Erfassung der Gründe, die hinter dem Nicht-Wählen stehen.

Eine allgemeine Antwort darauf findet sich immer im Konzept der „cross pressures" – die Intensität der „cross pressures" ist mit der Wahlbeteiligung negativ korreliert. Gesellschaftliche Mobilität fördert politische Mobilität. Immer mehr Menschen leben und arbeiten in unterschiedlichen „Milieus". Sie sind immer häufiger unterschiedlichen, ja gegenläufigen politischen Beeinflussungen ausgesetzte. Nicht-Wählen ist eine mögliche Reaktion auf diese „Mehrfachbindungen" – ein Verhalten, das den gegensätzlichen „pressures" ausweicht, sie gleichsam unterläuft.

Die meisten Nicht-WählerInnen entziehen sich der Stimmabgabe nicht als bewusstes politisches Signal – etwa des Protests, sondern als mehr oder weniger unbewusster Ausdruck einer mangelnden Bindung an Parteien und PolitikerInnen. Nicht-Wählen ist jedenfalls eine legitime, für die Wahlforschung aber eine besonders interessante Spielart politischen Verhaltens.

Da das Nicht-Wählen nicht alle Parteien gleichmäßig trifft, kann es sein, dass eine Partei – im Wissen, dass eine hohe Wahlbeteiligung vor allem der (den) anderen Partei(en) nützt – durchaus ein Interesse daran hat, die Wahlbeteiligung eher gering zu halten und deshalb den Wahlkampf nicht zu intensivieren. Eine Partei hingegen, die davon ausgehen kann, dass eine hohe Wahlbeteiligung vor allem ihr zugute kommt, wird alles tun, um den Wahlkampf zu intensivieren, um durch Emotionalisierung und Polarisierung möglichst viele WählerInnen zur Stimmabgabe zu bewegen. Damit aber eine Partei weiß, welche der beiden Strategien – Beruhigung oder Intensivierung des Wahlkampfes – sie verfolgen soll, braucht sie möglichst schlüssige Ergebnisse der Erforschung des Nicht-Wählens.

Die Unterscheidung zwischen denen, die tatsächlich wählen gehen, und denen, die sich der Wahl entziehen, ist eine wichtige Differenzierung für die Wahlforschung. Formell sind alle WählerInnen gleich – ihre Stimme zählt immer gleich viel. Da aber die einzelnen WählerInnen mit unterschiedlicher Wahrscheinlichkeit dafür zu gewinnen sind, erstens wählen zu gehen und zweitens eine bestimmte Partei zu wählen, sind innerhalb der WählerInnen folgende weiteren Unterscheidungen zu treffen:

- Stamm- und WechselwählerInnen: WählerInnen, die einer Partei verbunden sind und mit extrem hoher Wahrscheinlichkeit diese Partei wählen, sind für alle Parteien (auch für die eigene) viel weniger interessant als WählerInnen, die ihre Entscheidung von Wahl zu Wahl immer aufs Neue treffen. Diese so immanent angelegte Konzentration auf die WechselwählerInnen führt oft auch dazu, dass Parteien sehr ähnlich agieren – im Kampf um dieselben WechselwählerInnen passen die Parteien sich den Interessen dieser Gruppe (und damit einander) an.

- MeinungsführerInnen, -trägerInnen und -übernehmerInnen: WählerInnen, die (durch ihre gesellschaftliche Position, durch ihr Interesse an Politik) als MultiplikatorInnen in der Lage sind, eine große Zahl von anderen zu überzeugen, sind für alle Parteien ungleich interessanter als solche, die eine Meinung anderer weitertragen; und erst recht interessanter als solche, die im Prozess des Meinungstransportes – als bloße MeinungsübernehmerInnen – am Ende der Kommunikationskette stehen. Auch aus diesem Grunde werden Parteien im Wahlkampf nicht alle WählerInnen gleich aufmerksam beobachten und behandeln.

## 5.3. Methoden der Wahlforschung

Die Wahlforschung kennt keine geschlossene Methodologie. Die verschiedenen Formen der Gewinnung von Daten lassen verschiedene, sich voneinander deutlich abhebende Methoden hervortreten:

- *Umfrageforschung*

- *Erhebung bei „Focus-Gruppen"*

- *Wahlökologie*

- *Wahlkampfmonographie*

- *Wahlstatistik*

Die *Umfrageforschung* ist eine Verhaltensforschung. Sie geht davon aus, dass durch die Befragung eines kleinen Teiles der Wählerschaft *(Stichprobe, sample)* Rückschlüsse über die Einstellung und das Verhalten der gesamten Wählerschaft gezogen werden können. Dabei muss die Stichprobe jedoch ein Spiegelbild der gesamten Wählerschaft sein. Insbesondere müssen die einzelnen, aufgrund der Erfahrung als wichtig eingestuften Determinanten des Wahlverhaltens in der Stichprobe grundsätzlich so verteilt sein, wie sie in der gesamten Wählerschaft verteilt sind – Geschlecht, Alter, Beruf, Einkommen, Wohnort, Religion etc.

Die *Befragung* ist deshalb die am häufigsten angewandte Form der Wahlforschung, weil sie kurzfristige Wahlprognosen zulässt. Sie ist damit ein unmittelbar zu verwendendes Hilfsmittel für politische Akteure, insbesondere für Parteien. Von weiterführender Bedeutung, über die bloße Prognose hinaus, ist die Umfrageforschung dann, wenn sie mit Zeitreihen arbeitet – wenn also Ergebnisse verglichen werden können, die zu unterschiedlichen Zeitpunkten erhoben worden sind. Eine Möglichkeit zur Herstellung von Zeitreihen ist die erwähnte Panel-Technik.

Die *Erhebung bei Fokusgruppen* ist meistens direkt im Dienste einer wahlkämpfenden Partei. Die verschiedenen Wünsche bestimmter Zielgruppen (Focus-Gruppen), die für den Wahlerfolg der Partei oder ihrer KandidatInnen wichtig sind (Beispiel: berufstätige Frauen unter 40 mit überdurchschnittlichem Bildungsniveau), werden mit qualitativen Methoden (z.B. intensive Gruppengespräche) besonders genau erhoben. Dadurch erhält die Partei besondere Hinweise für die Positivkampagne (zugunsten der eigenen KandidatInnen) und für Negativkampagnen (zuungunsten der anderen KandidatInnen).

*Die Wahlökologie* ist eine integrative Form der Wahlforschung. Alle nur denkbaren Umweltfaktoren werden auf ihren Erklärungswert für das Wahlverhalten überprüft. Ökologische Wahlforschung ist eigentlich keine Methode für sich, sondern eine Summe unterschiedlicher Methoden, die zur Beantwortung unterschiedlicher Fragestellungen herangezogen werden.

Die Anfänge der ökologischen Wahlforschung gehen auf die Zeit vor dem Ersten Weltkrieg zurück – der französische Wahlforscher *André Siegfried* versuchte, in einer regionalen Studie (über das Departement Ardeche) zwischen geographischen Gegebenheiten und dem Wahlverhalten eine Verbindung herzustellen (Wahlgeographie). Später wurden die geographischen Faktoren um andere Faktoren erweitert – so etwa in den USA, wo etwa Zusammenhänge zwischen der Stimmabgabe „weißer" WählerInnen und ihrer Nachbarschaft zu „schwarzen" WählerInnen hergestellt wurde; so etwa in Deutschland, wo der Aufstieg der NSDAP in enge Verbindung mit dem Faktor Konfession und Beruf, unter Nutzung von Ergebnissen der Volkszählung, gebracht wurde.

*Wahlkampfmonographien* sind in ihrem Schwerpunkt beschreibend, sie liefern die Darstellung einer kurzen Zeitspanne unmittelbar vor dem Wahlakt. Wahlkampfmonographien sind vor allem in Großbritannien eine wichtige Form der Wahlforschung, weil dort eine statistische Erfassung und Auswertung der Wahlergebnisse in kleinen Einheiten mit dem Hinweis auf den Grundsatz des Wahlgeheimnisses wesentlich erschwert ist. Die Wahlkampfmonographien, die etwa das Nuffield College erstellt *(David Butler)*, gelten als Modellstudien, die auch für andere Länder Beispielcharakter haben.

*Wahlstatistik* ist die Nutzung aller denkbarer Methoden der Statistik für die Wahlen. Wahlstatistik kann auch im Zusammenhang mit Wahlökologie oder mit Umfrageforschung verwendet werden. Je mehr Daten über die Zusammensetzung der Bevölkerung und der Wählerschaft vorhanden sind, desto umfangreicher sind die Möglichkeiten der Wahlstatistik. Eine besondere Form der Wahlstatistik ist die in Österreich von *Gerhart Bruckmann* entwickelte Methode, aus den vorliegenden Ergebnissen kleiner Wahleinheiten auf das Endergebnis der gesamten Wahl hochzurechnen.

## 5.4. Probleme der Umfrageforschung

Da die Wahlforschung für die politischen Akteure, insbesondere für die Parteien, von besonderem und unmittelbarem Interesse ist, besteht die Versuchung, Ergebnisse der Wahlforschung selbst zum Instrument des Wahlkampfes zu machen. Insbesondere Ergebnisse der *Umfrageforschung (Demoskopie)* werden immer wieder dazu benutzt.

Grundsätzlich ist davon auszugehen, dass Parteien, die Wahlforschung betreiben, aus Eigeninteresse möglichst genaue – und nicht etwa durch Wunschdenken beeinflusste – Ergebnisse brauchen. Da aber die Wahlforschung immer nur Wahrscheinlichkeiten anzeigt, und da die Genauigkeit der Wahlforschung auch von der Exaktheit der Durchführung abhängt, kommt es immer wieder vor, dass einander entgegengesetzte oder auch sonst wenig glaubwürdige Ergebnisse der Umfrageforschung in die Öffentlichkeit dringen.

Diese (vorzeitige) Veröffentlichung von Meinungsforschung im Wahlkampf kann mit unterschiedlicher Absicht geschehen. Grundsätzlich sind zwei mögliche Effekte einer solchen vorzeitigen, einseitig gefärbten Veröffentlichung von Wahlforschungsergebnissen vorstellbar:

- Der *Mitläufereffekt* („bandwagon"). Eine Partei, die für sie besonders günstige Ergebnisse in der Öffentlichkeit präsentiert, hofft auf eine Sogwirkung – Wähler neigen oft bewusst oder unbewusst dazu, sich dem (vermeintlich) Stärkeren anzuschließen.

- Der *Mitleidseffekt* („underdog"). Parteien, die mit eher ungünstigen Ergebnissen in die Öffentlichkeit gehen, hoffen auf ein gewisses Gleichgewichtsdenken der Wähler; auch darauf, dass die Wähler der anderen Partei in Sicherheit gewiegt werden.

Um ein Bild von der Seriosität der in die Öffentlichkeit gelangten Umfrageforschung zu bekommen, ist es notwendig, Einzelheiten über die methodische Grundlage der Erhebung zu erhalten. Grundsätzlich ist davon auszugehen, dass bestimmte Techniken (etwa telefonische Umfrage) von vornherein nur mit Vorsicht anzuwenden sind; auch, dass ein kleines „sample" (in Österreich – alles, was nicht etwa mindestens 1.000 Wähler umfasst) grobe Fehlerquellen beinhaltet.

Jedes „sample" kann nur Annäherungswerte liefern – doch je größer die Stichprobe, desto größer der Annäherungswert an die Einstellungen und das Verhalten der gesamten Wählerschaft. Auf Grund von Erfahrungen kann das Ausmaß, mit dem das Wahlergebnis von dem Ergebnis der Erhebung abweichen kann, im Voraus angegeben werden – die „Bandbreite" der möglichen Abweichungen. Daher ist es besonders wichtig, die Größe der Stichprobe zu erfahren, um die Aussagekraft einer repräsentativen Befragung der WählerInnen beurteilen zu können.

## 5. Wahlen und öffentliche Meinung

Ein wichtiges methodisches Problem der Umfrageforschung sind die Antwortverweigerungen: Eine bestimmte Zahl von WählerInnen wird bei jeder Befragung nicht sagen, welche Partei sie wählen wollen. Im ersten, unmittelbaren Ergebnis der Befragung („Rohdaten") wird daher eine mehr oder weniger große Zahl von Antworten aufscheinen, die keiner Partei zugeordnet sind, obwohl man aus der Erfahrung weiß, dass dennoch sehr viele dieser Verweigerer wählen werden. Daher müssen die Rohdaten auf Grund der Erfahrungen früherer Erhebungen den Parteien (KandidatInnen) „zugerechnet" werden. Eine solche – notwendige – Umsetzung der Rohdaten in ein – wahrscheinliches – Wahlergebnis birgt aber wiederum Fehlerquellen; insbesondere dann, wenn aufgrund einer besonders großen Beweglichkeit der WählerInnen die Erfahrungen mit Erhebungen der Vergangenheit nur sehr eingeschränkt als Grundlage der Umsetzung der Rohdaten herangezogen werden können.

Eine besondere Form der Umfrageforschung sind die *exit polls*. Bei diesen wird noch am Wahltag eine Stichprobe der WählerInnen befragt, wie sie gerade gewählt haben. Solche Befragungen erfüllen zwei Aufgaben:

- Noch bevor die Stimmen ausgezählt sind und ein Ergebnis vorliegt, erhält man einen – je nach der Sorgfalt der Methode (v.a. Größe der Stichprobe) – unter Umständen schon sehr genauen Hinweis auf das wahrscheinliche Ergebnis.

- Auf der Basis der *exit polls* können rasch Analysen über die Ursachen des Wahlverhaltens angestellt werden – welche WählerInnen in welchem Ausmaß welche Partei gewählt haben, das Wechselwählerverhalten *(Wählerstromanalysen)* etc.

*Exit polls* werden wegen der Möglichkeit einer raschen Nutzanwendung sowohl von Parteien als auch von der parteiunabhängigen Wahlforschung eingesetzt.

Der wichtigste Garant für die Seriosität einer Umfrageforschung, die sich nicht nur der Analyse im Nachhinein, sondern auch der vorausschauenden Prognose dient, ist die leichte Überprüfbarkeit: Der wissenschaftliche Ruf eines Instituts, das sich mit prognostischer Umfrageforschung beschäftigt, leidet, wenn die Forschungsergebnisse vom tatsächlichen Verhalten der WählerInnen stark abweichen. Daher müssen die Institute aus Eigeninteresse bemüht sein, die Fehlerquellen so weit wie möglich zu berücksichtigen und auszuschalten.

## 5.5. Medien (Exkurs)

Medien erfüllen eine *Informationsfunktion* (Streuung von Wissen), eine *Artikulationsfunktion* (Beeinflussung der politischen Entscheidungen) und eine *Kontrollfunktion* (Aufzeigen von Entwicklungen, insbesondere von Missständen). Für moderne politische Systeme sind vor allem die Medien von Bedeutung, die massenhaft konsumiert werden – die Massenmedien.

Massenmedien sind entweder *elektronische* Medien (Hörfunk, Fernsehen, Internet) oder *gedruckte* Medien (Zeitungen, insbesondere Tageszeitungen). Da die Massenmedien immer für das politische System von Bedeutung sind, kann die Politik die Massenmedien nicht einfach einer für unpolitisch erklärten Privatsphäre überlassen.

In der Industriegesellschaft sind, entsprechend dem Grundverständnis der dort herrschenden Mehrparteiensysteme, Medien grundsätzlich „frei" im Sinne der Marktwirtschaft. Freilich gibt es als Ergänzung zu den prinzipiell gewinnorientierten Massenmedien auch Organisationsformen von Medien, die neben dem Grundsatz des Privateigentums auch den Grundsatz des öffentlichen (staatlichen) Eigentums an Massenmedien verwirklichen. Dieses oftmalige Nebeneinander von privaten und öffentlichen (staatlichen) Medien hängt mit dem Problem *Eigentum* und *Demokratie* zusammen.

Privat sind grundsätzlich in allen Mehrparteiensystemen die Printmedien; staatlich sind hingegen teilweise die elektronischen Medien in Europa – nicht in den USA. Privates Eigentum der Massenmedien hat den Vorteil der Vielfalt – aber gleichzeitig den Nachteil ökonomischer Abhängigkeit von bestimmten, finanziell potenten Privateigentümern und von bestimmten, finanziell potenten Kunden der Werbung. Das staatliche Eigentum hat den Nachteil möglicher Monopolbildungen und der Versuche unmittelbarer politischer Einflussnahme, insbesondere von Regierungsseite, jedoch den Vorteil einer möglichen inneren Vielfalt und Autonomie, unabhängig vom Druck finanziell mächtiger Interessen.

## 5. Wahlen und öffentliche Meinung

Damit steht auch das Demokratieproblem in Verbindung. Eine private Eigentumsstruktur im Bereich der Massenmedien erlaubt äußere Demokratie – in Form einer Pluralität eines Angebots, in Form des Wettbewerbs verschiedener Medien. Die äußere Demokratie ist jedoch durch den Startvorsprung dominanter ökonomischer Interessen relativiert. Eine staatliche Eigentumsstruktur bietet wiederum einer inneren Mediendemokratie mehr Vorteile – vor allem dann, wenn innere Pluralität gesichert ist; wenn insbesondere auch der Freiraum der die Medien gestaltenden MitarbeiterInnen (JournalistInnen – Redakteursstatute) garantiert ist. Die innere Demokratie ist jedoch ebenfalls relativiert – durch das Interesse der politisch Herrschenden (z.B. der regierenden Partei), Einfluss auf ein im öffentlichen Eigentum stehendes Massenmedium auszuüben.

Das Internet bedeutet eine andere, zusätzliche Herausforderung für die Demokratie. Das Wesen des Internets ist seine Fähigkeit, staatliche und andere Grenzen unkontrolliert zu überschreiten. Das Internet ist daher der mediale Ausdruck der Globalisierung – jenes Umfassenden Trends, der Grenzen aufhebt und traditionelle Kontrollen sinnlos macht. (Positives Beispiel: Das Internet beeinflusst, grenzüberschreitend, ein autoritäres politisches System im Sinne einer schrittweisen Demokratisierung – das autoritäre Regime verliert die Kontrolle über den Fluss auch der politischen Information. Negatives Beispiel: Das Internet hilft, extreme Botschaften der Gewaltverherrlichung an allen rechtsstaatlichen Kontrollen vorbei an bestimmte Adressaten zu bringen.)

Das Internet kann auch als Chance für einen verbreiterten Zugang zur Gestaltung von Massenmedien gesehen werden: Es ist technisch und auch finanziell viel einfacher, eine *website* als ein Fernsehprogramm oder eine Wochenzeitung zu produzieren. Das Internet verbreitert auch den Zugang zur Nutzung von Massenmedien: Z.B. können Tageszeitungen über das Internet weltweit gelesen werden.

Das Internet ist nicht nur ein Medium, das eine neue Form der Kommunikation eröffnet hat. Es ist auch ein Instrument, das den Zugang zur Politik verbreitert und damit Politik beeinflusst: Mit den Begriffen *e-voting* und *cyber democracy* werden die Effekte des Internets auf die Demokratiequalität beschrieben: Das Internet ermöglicht speziell neue Formen der Beteiligung, z.B. an Wahlen; und das Internet verleiht der Demokratie generell eine neue Dimension. Allerdings werfen neue – elektronische – Beteiligungsformen, die auch schon versuchsweise (in den

USA, in Europa) praktiziert werden, besondere Kontrollprobleme auf: Wer garantiert z.B. das Wahlgeheimnis, wenn bei einer Wahl eine Stimme im Internet abgegeben wird? Wer kontrolliert z.B., dass das im *cyber space* vermittelte Bild der Wirklichkeit real und nicht bloß virtuell ist?

Die politische Bedeutung der Medien ist unbestritten. Umstritten ist, in welcher Form die Massenmedien Einfluss nehmen. Dabei sind zwei grundsätzliche, einander widersprechende Annahmen zu unterscheiden:

- „Verursacherhypothese": Die Medien können Bewusstsein und Meinung „erzeugen".

- „Verstärkerhypothese": Die Medien können Bewusstsein und Meinung zwar nicht „machen", aber vorhandene Bewusstseinsinhalte und Meinungen wesentlich abschwächen oder wesentlich verstärken.

Die „Verstärkerhypothese" wird im Allgemeinen deshalb für aussagekräftiger gehalten, weil die Wirkung der Medien an bestimmte Voraussetzungen gebunden ist. So kann eine Medienkampagne zum Schutz des Waldes gegen Eingriffe in das Grünland nur dann erfolgreich sein, wenn ein gewisses Bewusstsein für Fragen des Umweltschutzes schon vorhanden ist. Und die mediale Darstellung des Unrechts der Rassentrennung im Süden der USA war in den 50er und 60er Jahren deshalb erfolgreich, weil in der öffentlichen Meinung eine bestimmte Vorstellung von „Recht" und „Unrecht" im Sinne der Menschenrechte vorhanden war. Die „Verursacherhypothese" kann jedoch im Einzelfall die Wirkung der Medien erklären – wenn z.B. objektiv Falsches (von den Tagebüchern *Adolf Hitlers* bis zu den Gewinnchancen eines albanischen Pyramidenspiels) so vermittelt wird, dass es eine großen Zahl von Menschen für wahr hält.

Die Medien-Wirkungsforschung – die Suche nach der Antwort auf die Frage, wie Medienkonsum sich auswirkt – wird neben der bewussten auch die unbewusste und neben der den Verstand erfassenden (der *kognitiven*) Wirkungsebene auch die das Gefühl erfassende, die *affektive* Ebene berücksichtigen müssen. Medien-Wirkungsforschung ist diesbezüglich der Politikforschung generell, der Wahlforschung speziell nicht unähnlich: Das politische Verhalten von Menschen ist nicht nur „Kopf"-, es ist immer auch „Bauch"-gesteuert.

# 6. Parteien und Parteiensystem

6.1. Funktion und Typologie politischer Parteien
6.2. Innerparteiliche Demokratie
6.3. Parteiprogramme und Personalisierung
6.4. Parteienfinanzierung
6.5. Parteiensysteme

## *6.1. Funktion und Typologie politischer Parteien*

Wer Demokratie will, muss ein Parlament wollen; wer ein Parlament will, muss Parteien wollen. Die Geschichte der Demokratie und des Parlamentarismus ist mit der Geschichte der Parteien ursächlich verbunden. Es gibt kein Beispiel einer stabilen Demokratie in einem modernen Flächenstaat ohne Parteien.

Parteien in einem allgemeinen Sinn hat es schon immer gegeben – darauf weist der Begriff Partei („pars" – der Teil). Im antiken Rom sind einander Patrizier und Plebejer gegenübergestanden, in Byzanz „grüne" und „blaue" Parteien – benannt nach den Farben populärer Wagenlenker. Doch die Parteien der Gegenwart kommen aus den Parlamenten, die am Beginn der Neuzeit sich in Verbindung mit der Durchsetzung der Gewaltenteilung herausgebildet haben. Die modernen Parteien sind ein Produkt der modernen Parlamente: Abgeordnete, die ähnliche Interessen und Meinungen vertreten, schließen sich zu Gruppen *(Fraktionen)* zusammen. Diese werden zu Parteien bzw. sind Parteien. Der britische Ausdruck für eine Fraktion – *party in parliament* – hält diesen Zusammenhang fest.

Das kann auch aus der aktuellen Entwicklung auf europäischer Ebene abgelesen werden: Das Europäische Parlament gliedert sich in Fraktionen, denen sich die Abgeordneten der auf nationaler Ebene gewählten Parteien zuordnen – christlich-demokratische oder konservative Abgeordnete der Fraktion der *Europäischen Volkspartei (EVP)*, sozialdemokratische oder sozialistische Abgeordnete der Fraktion der *Partei der Europäischen So-*

*zialisten (PES)*, liberale Abgeordnete der liberalen, grüne der grünen Fraktion bzw. Partei. Der nächste Schritt ist, dass dieser lose Zusammenschluss im Parlament zu einem auch nach außen hin erkennbaren Parteiensystem werden soll: Bei der Wahl des Europäischen Parlaments 2009 ist geplant, dass nicht mehr nationale Parteien (z.B. *Forza Italia* oder *SPD*) in den einzelnen Mitgliedstaaten zur Wahl stehen, sondern europäische Parteien.

Politische Parteien erfüllen folgende Aufgaben:

- *Integration*. Parteien machen aus einer unübersehbaren Zahl von Interessen und Wertvorstellungen eine überschaubare Größe.

- *Rekrutierung*. Parteien wählen Personen aus, die in Parlamenten, Regierungen und in anderen Positionen Entscheidungen treffen.

- *Legitimation*. Parteien sorgen dafür, dass bloße Machtanwendung allgemein akzeptiert, also zur (legitimen) Herrschaft wird.

Die Integrationsfunktion bringt es mit sich, dass eine Partei nicht einfach mit einem einzigen Interesse identifiziert werden kann. Parteien neigen – vor allem aus Gründen des Wettbewerbs – dazu, möglichst viele Interessen und Wertvorstellungen zu verbinden. Parteien sind daher – unter den Bedingungen eines liberalen Systems – in ihrer Selbstdarstellung nicht von einem scharfen, sondern von einem weichen Profil bestimmt: Sie wollen im Zweifel möglichst viele ein- und möglichst wenige ausschließen.

Die Rekrutierungsfunktion unterscheidet Parteien von allen anderen politischen Organisationsformen (Verbänden, Bewegungen etc.): Das Wesen der Parteien ist, dass sie für Wahlen KandidatInnen aufstellen; dass sie also das politische Führungspersonal auswählen. In modernen politischen Systemen sind Parteien die entscheidenden *gate keeper*, die den Zugang zu politischen Funktionen kontrollieren und regeln.

Die Legitimationsfunktion ist in Mehrparteiensystemen an die Beteiligung an Wahlen gebunden. Die wichtigste Aufgabe von Parteien in Mehrparteiensystemen ist es, sich dem Wettbewerb um Wählerstimmen zu

## 6. Parteien und Parteiensystem

stellen; eben dadurch verschaffen sie dem Mehrparteiensystem demokratische Legitimation.

Die Geschichte der modernen Parteien beginnt mit den *Tories* und *Whigs* im britischen Parlament des 17. Jahrhunderts. Aus den Tories entwickelten sich im 19. Jahrhundert die Konservativen, aus den Whigs die Liberalen. Diese Parteien entsprachen dem Typus der *Honoratiorenpartei* – eine Partei, die im Wesentlichen bloßer Wahlverein war, der von den sozial angesehenen Mitgliedern der Gesellschaft vertreten wurde, der auch deren Interessen wiederum repräsentierte.

Mit der Ausweitung des Wahlrechtes zum allgemeinen und gleichen Wahlrecht (spätes 19., frühes 20. Jahrhundert) entwickelte sich in Europa der Typus der *Massenpartei*. Die Massenpartei war mehr als bloß Wahlverein, sie benötigte eine permanente Organisation auch zwischen den Wahlen. Die ständige Parteimitgliedschaft und der hauptamtlich tätige Parteifunktionär (Parteisekretär) entstanden parallel mit der Massenpartei. Da die gesellschaftlichen Grundlagen der Massenpartei nicht mehr die der ökonomisch privilegierten Minderheit, sondern der ökonomisch nicht privilegierten großen Mehrheit war, musste sie sich auch anders finanzieren – vor allem durch die Mitgliedsbeiträge der möglichst großen Zahl ihrer Mitglieder.

Im 20. Jahrhundert dominierte und dominiert allgemein der Typus der Massenpartei. Grundsätzlich kann innerhalb dieses Typus zwischen zwei Organisationsformen unterschieden werden:

- Die *Mitgliederpartei*. Der Anteil der Mitglieder an der Zahl der Wähler der Partei ist relativ groß.

- Die *Wählerpartei*. Der Anteil der Mitglieder an der Zahl der Wähler der Partei ist relativ klein.

Um den Unterschied zwischen Mitglieder- und Wählerpartei messen zu können, gibt es das Kriterium der *Organisationsdichte* (des *Organisationsgrades*). Der Prozentsatz der Mitglieder, in Relation zu der Zahl der WählerInnen, erlaubt einen Vergleich zwischen den Organisationsformen unterschiedlicher Parteien.

Abweichend vom Typus der Massenpartei wurde von *Lenin*, zunächst für die russische Sozialdemokratie, dann nach der Oktoberrevolution von

1917 für die Kommunistischen Parteien, der Typus der *Kaderpartei* entwickelt. Die Kaderpartei war vor allem dadurch gekennzeichnet, dass weniger die Zahl und mehr die (politische) Qualität der Mitglieder maßgeblich war; dass die Mitgliedschaft nicht ohne besondere Qualifikationen und Vorleistungen verliehen wurde. Der Typus der Kaderpartei war vor allem für den illegalen Kampf entwickelt worden – Kommunistische Parteien in Mehrparteiensystemen heute sind zumeist nicht mehr Kader-, sondern Massenparteien.

Parteien können entweder beanspruchen, die Gesamtzahl der Wählerschaft zu repräsentieren – als *Volksparteien* oder „Allerweltsparteien"; oder sie können ein spezielles Interesse, eine spezielle Wertvorstellung in den Mittelpunkt rücken – als Klassenparteien oder als Weltanschauungsparteien. Beispiele für Klassenparteien sind Arbeiterparteien oder Bauernparteien, Beispiele für Weltanschauungsparteien sind christliche (z.B. auch katholische) Parteien.

Tabelle 11:
Entwicklung der Parteientypologie – am Beispiel Österreichs

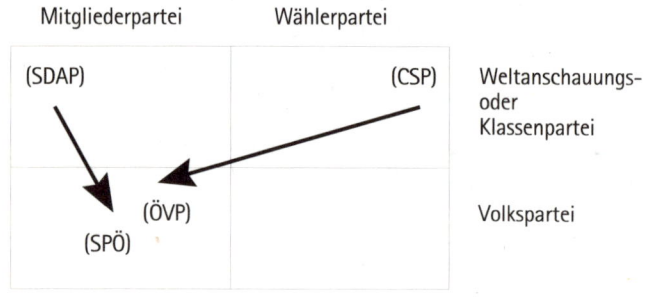

SDAP – Sozialdemokratische Arbeiterpartei (bis 1934)
CSP – Christlichsoziale Partei (bis 1934)

In einem Mehrparteiensystem besteht vor allem bei größeren Parteien eine Neigung, die Zahl der Interessen und Wertvorstellungen, die zu vertreten beansprucht wird, ständig auszuweiten – es entsteht ein Sog in

Richtung Volkspartei. Stabile Mehrparteiensysteme sind dadurch gekennzeichnet, dass die in diesen Systemen dominierenden Großparteien mehr oder minder Volksparteicharakter haben.

Diese Entwicklung zu Volks- und Allerweltsparteien ist vor allem unter zwei Voraussetzungen zu beobachten:

- Mehrheitswahl: Die Mehrheitswahl erschwert die Existenz von Parteien, die (wie Weltanschauungs- und Klassenparteien) nur ein ganz bestimmtes Segment der WählerInnen (z.B. nur KatholikInnen oder nur ArbeiterInnen) ansprechen wollen. Daher begünstigt die Mehrheitswahl den Trend zur Volks- und Allerweltspartei.

- Homogenität: Das Fehlen tiefer gesellschaftlicher Brüche (Fragmentierungen oder „cleavages" – Beispiel: Nordirland, der Gegensatz zwischen Protestantismus und Katholizismus) begünstigt ebenfalls diesen Trend. Parteien, die primär bestimmte Sonderinteressen vertreten, haben in einer relativ homogenen Gesellschaft weniger Chancen.

Diese Entwicklung führt auch zu einer Konzentration der Parteien und des Parteiensystems auf den Wahlkampf. Dieser rückt in den Mittelpunkt der gesamten Orientierung der Parteien. Der Wahlerfolg wird zum eigentlichen Ziel der Parteien. Die Konsequenz ist, dass den Techniken des Wahlkampfes *(politisches Marketing)* immer mehr Aufmerksamkeit zukommt.

## 6.2. *Innerparteiliche Demokratie*

Nahezu alle Parteien beanspruchen, bei der innerparteilichen Entscheidungsfindung Grundsätze der Demokratie zu berücksichtigen. Es gibt jedoch kein allgemein akzeptiertes Modell innerparteilicher Demokratie. Die verschiedenen Modelle innerparteilicher Demokratie lassen sich jedoch auf zwei Grundformen zurückführen: auf die *mitglieder*- und auf die *wählerorientierte* innerparteiliche Demokratie. Der erste Typus macht das Parteimitglied zum Parteibürger, zum Souverän des innerparteilichen Entscheidungsprozesses – der zweite Typus verleiht diese entscheidende Rolle dem Wähler (der Wählerin) der Partei.

Das Modell der mitgliederorientierten innerparteilichen Demokratie geht von einer gestuften Teilnahme am Entscheidungsprozess aus und weist eine deutliche Analogie zum Parlamentarismus auf: Die Parteimitglieder entsenden auf den Parteitag (das Parteiparlament) ihre Vertreter, die dort die Parteiexekutive (Parteiregierung) bestellen. Die Parteidelegierten besitzen ebenso wie die Mitglieder der Parteiexekutive ein freies Mandat.

Diese Analogie zum Parlamentarismus ist jedoch begrenzt. Parteitage weisen nicht jenen Professionalisierungsgrad auf wie moderne Parlamente, sie treten auch nur selten zusammen – ihre Bedeutung ist schon deshalb geringer als die von Parlamenten. Parteitage sind im Regelfall auch nicht von der offenen Konkurrenz mehrerer, deutlich voneinander unterscheidbarer Fraktionen beherrscht, die – in Form des Gegensatzes von Regierung und Opposition – den demokratischen Stellenwert moderner Parlamente bestimmen. Der relative Mangel an offener Konkurrenz verringert aber auch die Bedeutung der demokratischen Bestellung der Parteiführung – zu oft sind Parteitage nur Akklamationskulisse für bereits getroffene Entscheidungen.

Die entscheidende Schwäche der mitgliederorientierten innerparteilichen Demokratie ist jedoch, dass sie das zentrale Interesse der Gesamten Partei in einem Mehrparteiensystem überhaupt nicht berücksichtigt: Das Hauptinteresse einer solchen Partei ist primär der Wahlsieg. Der Wahlsieg ist jedoch letztlich nicht von der Wahl der Mitglieder abhängig, sondern von der Wahl mobiler GrenzwählerInnen – und diese GrenzwählerInnen sind gerade nicht die Kernschichten, die die Parteitage beherrschen. Das Modell der mitgliederorientierten innerparteilichen Demokratie geht an der Realität des Mehrparteiensystems vorbei.

Das Modell der wählerorientierten innerparteilichen Demokratie ist in den *Vorwahlen* konkretisiert, wie sie vor allem in den USA im Gesamten praktiziert werden. Politiker, die von ihrer Partei als KandidatInnen für eine Wahl aufgestellt werden wollen, bewerben sich bei den Vorwahlen in Konkurrenz zu Bewerbern derselben Partei um Stimmen. Bei geschlossenen Vorwahlen sind nur die WählerInnen, die offiziell als Anhänger dieser Partei registriert sind, für ebendiese Partei aktiv wahlberechtigt. Bei den offenen Vorwahlen sind hingegen alle WählerInnen für alle Parteien wahlberechtigt.

Die demokratische Qualität von Vorwahlen besteht in der Öffentlichkeit innerparteilicher Konflikte. Die Mitglieder und WählerInnen erhalten durch die Vorwahlen einen Einblick in alternative Entscheidungssituationen; die für eine moderne Großpartei von vornherein nur als Fiktion mögliche Behauptung unbedingter Geschlossenheit kann erst gar nicht aufgestellt werden. Das demokratische Defizit von Vorwahlen besteht in der Verstärkung der finanziellen Abhängigkeit der PolitikerInnen – KandidatInnen, die in einer Vorwahl bestehen wollen, benötigen für die Finanzierung des Vorwahlkampfes zusätzliche Geldquellen.

Das Vorwahlsystem führt dazu, dass in den USA die Auslese der KandidatInnen – insbesondere bei der Präsidentschaftswahl – immer früher erfolgt. Das bedeutet eine Verlängerung (und damit Verteuerung) des gesamten Wahlkampfes. Die Parteitage *(Conventions)* werden immer mehr zur bloßen Bestätigung von Entscheidungen, die in den Vorwahlen schon längst gefallen sind.

Grundsätzlich kann davon ausgegangen werden, dass in Mehrparteiensystemen die innerparteiliche Demokratie nicht besser und nicht schlechter funktioniert als in Einparteiensystemen. Der Unterschied zwischen Einparteien- und Mehrparteiensystemen besteht in der zwischenparteilichen Demokratie: Eine Partei, die sich dem Wettbewerb um Wählerstimmen mit anderen Parteien zu stellen hat, ist – anders als eine Einheitspartei – gezwungen, auf bestimmte Interessen Rücksicht zu nehmen. Allerdings handelt es sich bei dieser Rücksichtnahme im Rahmen der zwischenparteilichen Demokratie nicht primär um die Berücksichtigung der Interessen der eigenen oder der fremden StammwählerInnen, sondern um die Berücksichtigung der Interessen und Wertvorstellungen jener WählerInnen, die als gewinnbar oder verlierbar eingeschätzt werden – eben der mobilen Grenz- oder WechselwählerInnen.

## *6.3. Parteiprogramme und Personalisierung*

Alle Parteien haben Programme, alle Parteien versuchen in diesen Programmen zu formulieren, was ihre Ziele, was ihre konkreten politischen Vorhaben sind. In Mehrparteiensystemen muss zwischen zwei Typen von Programmen unterschieden werden:

- *Grundsatzprogramme*. Sie sind langfristig orientiert, bei ihnen steht die Innenfunktion neben der Außenfunktion.

- *Aktionsprogramme*. Sie sind kurzfristig orientiert, bei ihnen dominiert die Außenfunktion eindeutig gegenüber der Innenfunktion.

Die *Außenfunktion* eines Programms ist die Aufgabe, durch entsprechende Zielformulierungen und Absichtserklärungen bestimmte WählerInnen anzusprechen, einen bestimmten Teil der Öffentlichkeit für die Partei zu gewinnen. Außenfunktion heißt Schaufensterfunktion.

Die *Innenfunktion* betrifft die Aufgabe der Programme, möglichst viele in der Partei vertretene Gruppierungen und Strömungen durch ein gemeinsames Programm zu integrieren. Alle für wichtig gehaltenen Teile der Partei sollen sich mit dem Parteiprogramm identifizieren können, sollen das Programm als gemeinsame Plattform akzeptieren.

Das Nebeneinander von Außen- und Innenfunktion bewirkt, dass Parteiprogramme keinesfalls die Richtschnur der tatsächlichen Politik sind. Parteiprogramme, insbesondere kurzfristige Aktionsprogramme, sind Teil eines ständigen Wahlkampfes, einer Strategie, eine möglichst große Zahl von WählerInnen für die Partei zu gewinnen. Bei Aktionsprogrammen – z.B. Wahlprogramme, z.B. Spezialprogramme (etwa Wirtschaftsprogramme etc.) – ist dies besonders deutlich. Aber auch bei Grundsatzprogrammen ist immer wieder festzustellen, dass Parteien ihre Entscheidungen nicht nach programmatischen Äußerungen richten, sondern vielmehr programmatische Äußerungen das Ergebnis bereits getroffener Entscheidungen sind. Ein Beispiel dafür ist das Godesberger Programm der SPD von 1959, das die theoretische Grundlage einer Aussöhnung der deutschen Sozialdemokratie mit der von der CDU/CSU betriebenen Politik der Westintegration der Bundesrepublik Deutschland signalisierte. Die Weichenstellung für diese Aussöhnung war dem Programm vorausgegangen, das Programm signalisierte der Öffentlichkeit die bereits getroffene Grundsatzentscheidung.

In Mehrparteiensystemen ist jedenfalls davon auszugehen, dass – wie *Anthony Downs* formuliert – Parteien nicht Wahlen gewinnen wollen, um ihre programmatischen Grundsätze zu verwirklichen; dass Parteien vielmehr Programme formulieren, um damit Wahlen zu gewinnen.

Ein Erscheinungsbild der Parteien, das mit Parteiprogrammen konkurriert bzw. – im weiteren Sinne – Teil von Parteiprogrammen ist, ist die *Personalisierung* von Parteien: Personen überstrahlen nur zu oft Programme oder treten auch an die Stelle von Programmen – sie werden selbst zum Programm:

- Ein Beispiel bietet das italienische Parteiensystem (bis 1993/94) und das japanische Parteiensystem. Insbesondere die italienische *Democrazia Cristiana (DC)* und die japanische *Liberal-Demokratische Partei (LDP)* bestanden bzw. bestehen aus innerparteilichen Gruppierungen („correnti"), die sich um einzelne Personen scharen. Diese „correnti" sind primär einer Person und nicht einem bestimmten Programm oder einem bestimmten (z.B. wirtschaftlichen) Interesse zugeordnet. Die (historische) DC und die (aktuelle) LDP sind Beispiele für Parteien, die einer Allianz zwischen personenbezogenen Gruppierungen gleichen.

- Ein weiteres Beispiel ist das indische Parteiensystem. Nach dem Ende der Ära des Premierministers *Pandit Nehru* (1947–1964) ging die Dominanz der von ihm geführten *Kongress-Partei* allmählich zurück. Dem versuchte die Partei durch die Betonung persönlicher Kontinuität in Form der Führung durch die „Nehru-Dynastie" (durch Nehrus Tochter und Enkel, dann Witwe des Enkels) zu begegnen. Die anderen Parteien Indiens ordnen sich ebenfalls meistens primär Personen zu, die häufig Parteien wechseln bzw. neue Parteien gründen. Loyalitäten beziehen sich oft primär auf Personen und nicht auf Parteien – und wechseln mit den Personen von Partei zu Partei.

## 6.4. *Parteienfinanzierung*

Parteien benötigen Geld – vor allem, um Wahlen zu organisieren und erfolgreich zu führen; aber auch, um die ständige Parteiorganisation aufrechtzuerhalten. Parteien erhalten dafür aus den verschiedensten Quellen finanzielle Unterstützung, wobei hier zwischen *Eigenfinanzierung* und *Fremdfinanzierung* zu unterscheiden ist. Zur Eigenfinanzierung zählen:

- *Mitgliedsbeiträge.* Mitglieder steuern berechenbar und regelmäßig zur Parteienfinanzierung bei, ein hoher Organisationsgrad einer Massenpartei stärkt die Einnahmen aus diesem Titel.

- *Parteisteuern.* Parteien erhalten von FunktionärInnen, die durch die Partei in bestimmte, bezahlte Schlüsselfunktionen (Parlamente, Regierungen, Wirtschaftsfunktionen) kommen, einen bestimmten Prozentsatz rückvergütet – wodurch indirekt der Staat, der ja diese FunktionsinhaberInnen bezahlt, die Partei finanziert.

- *Parteibetriebe.* Parteien besitzen Unternehmungen, entweder zur Verminderung von Abhängigkeiten (Druckereien, Verlage) oder zur Erzielung von Einnahmen (Firmen, die – oft zur Umgehung von bestimmten legalen Hindernissen – mit besonderen Aufträgen bedacht werden).

Zu den Fremdfinanzierungen zählen:

- *Spenden.* Spenden können entweder individuell (durch einzelne Personen oder Unternehmungen) oder kollektiv (durch Verbände) aufgebracht werden. Im Gegensatz zu den Mitgliedsbeiträgen sind Spenden weniger berechenbar und begründen eine größere Abhängigkeit der Partei vom Geldgeber.

- *Staatliche Finanzierung.* Der Staat kann den Parteien entweder direkt aus Budgetmitteln Geld geben (direkte staatliche Finanzierung), oder aber indirekt, indem er nicht direkt die Partei, sondern bestimmte Aufgaben (Politische Bildung, Zeitungen etc.) finanziert.

Die Parteienfinanzierung ist für die Startbedingungen, die Parteien in einem Mehrparteiensystem vorfinden, sehr wichtig. Parteien, die bestimmte, wirtschaftlich starke Interessen vertreten, haben im Allgemeinen bessere Aussichten, zusätzliche, besondere Finanzierungsquellen aufzutun. Deshalb sind auch die Spenden der Einnahmetitel, der am stärksten unterschiedliche Startbedingungen herstellt. Spenden sind auch die Einnahmen, die am schwierigsten öffentlich kontrollierbar sind – im Ge-

## 6. Parteien und Parteiensystem

gensatz zu den Mitgliedsbeiträgen und zur staatlichen Parteienfinanzierung, die relativ leicht öffentlich kontrollierbar sind.

Um die Parteienfinanzierung öffentlich kontrollierbar zu machen, sind grundsätzlich zwei Wege möglich – die *Beschränkung der Einnahmen* und die *Beschränkung der Ausgaben* der Parteien. Will man die Einnahmen beschränken, so sind verschiedene Formen der Finanzierung gesetzlich zu verbieten – wie etwa in den USA, wo Wirtschaftsverbände (z.B. Gewerkschaften) Parteien und Kandidaten nicht oder nur sehr eingeschränkt finanzieren dürfen. Zur Beschränkung der Einnahmen zählt auch, dass Spenden öffentlich gemacht werden müssen. In allen Fällen ist jedoch zu beobachten, dass immer wieder Techniken gefunden werden, die Einnahmenbeschränkungen mehr oder weniger legal zu umgehen.

Beschränkung der Ausgaben bedeutet, dass den Parteien bestimmte Funktionen des finanziellen Aufwandes untersagt werden, insbesondere im Zusammenhang mit Wahlkämpfen. Dieses vor allem in Großbritannien praktizierte Modell hat den Vorzug, dass grundsätzlich die Ausgabenseite leichter als die Einnahmenseite kontrolliert werden kann – da Ausgaben im Wahlkampf ihrem Wesen nach öffentlich sein müssen, kann durch eine gesetzliche Beschränkung der Ausgaben eher für eine relative Gleichheit der Startbedingungen gesorgt werden.

Die Entwicklung der Parteienfinanzierung in den USA ist durch eine Explosion der Wahlkampfkosten gekennzeichnet. Die 1974 unter dem Eindruck der *Watergate-Affäre* eingeführten Kontrollen der Einnahmen können – drei Jahrzehnte später – nicht verhindern, dass auch ganz legal die Kosten einer Kandidatur außer Kontrolle geraten. Das bedeutet, dass finanzkräftige Personen bzw. die mit KandidatInnen verbundenen finanzkräftigen Interessen einen oft entscheidenden Startvorsprung haben. Die durch das System der Vorwahlen bedingten langen Wahlkämpfe (für Präsidentschaftswahlen faktisch eineinhalb Jahre) stärken zusätzlich den Vorteil von KandidatInnen, die von Anfang an finanziell besonders gut ausgestattet sind. Dies erklärt, warum in der US-Politik so viele Personen so erfolgreich tätig sind, die über ein hohes persönliches Vermögen verfügen.

Das britische (z.B. auch in Kanada praktizierte) Modell der Kontrolle der Ausgaben hingegen bewirkt, auch in Verbindung mit kurzen Wahlkämpfen, dass der Parteienwettbewerb verhältnismäßig „billig" bleibt. Dadurch wird der in den (und an den) USA kritisierte unmittelbare und starke Zusammenhang zwischen ökonomischen Interessen und Politik relativiert.

## 6.5. Parteiensysteme

Parteiensysteme werden nach der Zahl der in einem politischen System relevanten Parteien geordnet – nicht die Zahl der tatsächlich vorhandenen, sondern der wichtigen Parteien ist ausschlaggebend. Deshalb gilt, beispielsweise, das britische Parteiensystem nach wie vor als Muster eines Zweiparteiensystems, obwohl in Großbritannien viel mehr als zwei Parteien existieren und sich auch an Wahlen beteiligen.

Zwischen Ein- und Mehrparteiensystemen sind Übergänge ebenso zu beobachten wie zwischen den verschiedenen Typen der Mehrparteiensysteme. So ist Mexiko zwar eindeutig schon seit Jahrzehnten kein Einparteiensystem, dennoch aber war die bis 2000 gleichsam selbstverständliche Dominanz durch die Partei der Institutionalisierten Revolution (PRI), insbesondere bei den Präsidentschaftswahlen, weit über die Dominanz hinausgehend, die etwa die Sozialdemokratische Arbeiterpartei Schwedens im schwedischen Parteiensystem ausüben kann.

Die verschiedenen Typen des Mehrparteiensystems sind:

- *Zweiparteiensysteme*. Sie sind durch den zumeist Kopf-an-Kopf-Wettbewerb zweier großer Parteien bei gleichzeitiger Chancenlosigkeit dritter Parteien gekennzeichnet.

- *Zweieinhalb-Parteiensysteme*. Wie im Zweiparteiensystem besteht ein Kopf-an-Kopf-Wettbewerb zweier Großparteien, eine dritte, deutlich kleinere Partei spielt jedoch aktuell oder latent die Rolle des „Züngleins an der Wage". Diese Rolle kann entweder von immer derselben Partei (Beispiele: früher FPÖ in Österreich oder FDP in Deutschland) wahrgenommen werden, oder aber von verschiedenen kleineren Parteien abwechselnd (wie in Irland).

Tabelle 12:
Parteiensysteme – Überblick

| Nullparteien-systeme | Einparteien-systeme | Mehrparteiensysteme ||||
|---|---|---|---|---|---|
| | | Zweiparteien-systeme | Zweieinhalb-parteiensysteme | Vielparteiensysteme ||
| | | | | mit dominanter Partei | ohne dominante Partei |
| *Beispiele:* Saudi-Arabien Chile (bis 1989) | *Beispiele:* UdSSR (bis 1989) China | *Beispiele:* USA Großbritannien | *Beispiele:* Österreich (bis 1986) Irland | *Beispiele:* Japan (Liberal-Demokratische Partei) Schweden (Sozialdemokratie) | *Beispiele:* Schweiz Niederlande |

- *Vielparteiensystem mit dominierender Partei.* Im politischen System sind mehr als drei Parteien von Bedeutung, einer von ihnen kommt jedoch eine traditionell führende Rolle zu (wie etwa der Liberal-Demokratischen Partei Japans oder der Sozialdemokratischen Arbeiterpartei Schwedens).

- *Vielparteiensysteme ohne dominierende Partei.* Mehr als drei Parteien haben eine relevante Position im politischen System, keiner von ihnen kommt eine Führungsrolle zu – wie etwa in der Schweiz, in der vier große Parteien (Freisinnige Demokratische Partei, Sozialdemokratische Partei, Schweizerische Volkspartei, Christlichdemokratische Volkspartei) jeweils über einen annähernd gleichen Stimmenanteil verfügen.

Innerhalb der Mehrparteiensysteme wird die Neigung zu größerer Konzentration (Zweiparteiensystem) oder geringerer Konzentration (Vielparteiensystem) auch und wesentlich vom Wahlsystem bestimmt. Die Mehrheitswahl, insbesondere die relative Mehrheitswahl, begünstigt einen Trend in Richtung Zweiparteiensystem – deshalb sind auch die Zweiparteiensysteme der USA und Großbritanniens mit der relativen Mehrheitswahl verbunden. Die Verhältniswahl hingegen, insbesondere dann, wenn sie nicht abgeschwächt ist, begünstigt die Entstehung von Vielparteiensystemen – kleine und neue Parteien finden gute Startvoraussetzungen vor, das Parteiensystem neigt zur Dekonzentration.

Der Aufbau eines stabilen Mehrparteiensystems ist – etwa im Zuge der „dritten Welle der Demokratisierung" (siehe Kapitel 4.4) – eine zentrale Aufgabe der Transformation politischer Systeme in Richtung liberale Demokratie. In vielen (vor allem afrikanischen) Ländern reibt sich die Integrationsfunktion von Parteien mit der *Ethnisierung* von Politik. Durch die vorgegebenen ethnischen (sprachlichen und kulturellen, oft auch religiösen) Strukturen stößt die Entwicklung eines Parteiensystems, das nicht einfach nur die ethnischen Gegensätze ausdrückt, auf große Schwierigkeiten.

In Nigeria wurde daher der Versuch gestartet, nur Parteien zu Wahlen zuzulassen, die nicht nur von einer Ethnie (einem Volk) unterstützt werden bzw. nicht nur KandidatInnen aus einer einzigen Ethnie rekrutieren. Damit soll ein Parteiensystem geschaffen werden, das die Bruchlinien der

Gesellschaft nicht verstärkt, sondern überbrückt – also die Gesellschaft integriert.

Eine ähnliche Aufgabe erfüllt die Entwicklung eines europäischen Parteiensystems, das mehr ist als die Summe der vorhandenen traditionellen nationalen Parteien. Die europäische Integration in Gestalt der EU wird befördert, wenn jenseits der letztlich immer am Nationalstaat (am nächsten Wahltermin des nationalen Parlaments) orientierte Logik nationaler Parteien ein europäisches Parteiensystem etabliert wird. Dieses wäre dann mehr als die fraktionelle Gliederung des Europäischen Parlaments, wenn das Verhalten der einzelnen Parteien nicht mehr im Zweifel automatisch nationale Loyalitäten zum Ausdruck bringt; wenn etwa die niederländische Arbeiterpartei *(PvdA)* sich als Teil der PES verhält – und die finnischen Konservativen als Teil der EVP; wenn also die VertreterInnen nationaler Parteien auch die Interessen der mit ihnen in einer europäischen Partei verbundenen anderen Parteien nicht nur mitdenken, sondern dies auch in ihrem Verhalten berücksichtigen.

Das entscheidende Merkmal, das in der Gegenwart Demokratie und Diktatur unterscheidet, ist die Existenz eines Mehrparteiensystems. Ob ein bestimmtes politisches System Demokratie genannt werden kann, hängt letztlich nicht vom Zustand der Demokratie in den einzelnen Parteien ab, sondern vom Zustand der zwischenparteilichen Demokratie. *Zwischenparteiliche Demokratie* bedeutet Wettbewerb zwischen zwei oder mehreren Parteien, die – aus dem Interesse am Wahlerfolg heraus – einander die Stimmen der WählerInnen streitig machen. Die Demokratie setzt Parteien voraus – und ein Mehrparteiensystem.

# 7. Verbände und Bürokratie

7.1. Funktion und Typologie der Verbände
7.2. Adressaten der Verbände
7.3. Neokorporatismus und Mitbestimmung
7.4. Bürokratie

## 7.1. Funktion und Typologie der Verbände

Parteien und Verbände sind in den politischen Systemen der Gegenwart die beiden wichtigsten Organisationsformen, die Interessen und Meinungen bündeln, artikulieren und in den politischen Entscheidungsprozess einbringen wollen. Wie Parteien versuchen auch Verbände, die eigentlichen Entscheidungsträger – Regierungen, Parlamente – zu einem bestimmten Handeln oder Unterlassen zu bringen. Aber während Parteien in die Entscheidungszentralen selbst hineingehen – Parteien entsenden ja eigens VertreterInnen in Parlamente und Regierungen –, halten Verbände eine gewisse Distanz zu diesen Zentralen.

Verbände erfüllen, ähnlich wie Parteien, eine Integrationsfunktion. Eine Rekrutierungs- und Legitimationsfunktion erfüllen Verbände grundsätzlich nicht – jedenfalls nicht direkt. Der wesentliche Unterschied zwischen Parteien und Verbänden in liberalen Systemen ist, dass sich Erstere zwingend an Wahlen beteiligen. Deshalb ist die Rolle der Verbände bei der Legitimation des politischen Systems und bei der Auswahl von Entscheidungsträgern in Mehrparteiensystemen nur eine indirekte. In Einparteiensystemen ist, mangels eines Wettbewerbscharakters des Wahlvorganges, diese Unterscheidung zwischen Verbänden und der Einheitspartei nicht so eindeutig festzustellen.

In Mehrparteiensystemen ist somit die fehlende Beteiligung an Wahlen das entscheidende Abgrenzungsmerkmal der Verbände gegenüber den Parteien. Ein Verband, der sich an Wahlen in Parlamente beteiligt, hört auf, Verband zu sein – er wird unweigerlich Partei.

## 7. Verbände und Bürokratie

Eine weitere Unterscheidung zwischen Parteien und Verbänden ist, dass Parteien tendenziell dazu neigen, die von ihnen vertretenen Interessen und Wertvorstellungen möglichst weit zu definieren *(Allerweltsparteien)*; Verbände hingegen sind eindeutiger abgegrenzt, sie haben eine klarere Trennlinie zwischen Interessen und Werten, die sie vertreten, und solchen, die von ihnen nicht vertreten werden. Gewerkschaften etwa vertreten eindeutig Arbeitnehmer-, aber eben keine Arbeitgeberinteressen.

Verbände sind zunächst nach ihrem Zweck zu differenzieren. Ist der primäre Zweck des Verbandes die Vertretung wirtschaftlicher Interessen, dann handelt es sich um einen *wirtschaftlichen Verband*; Verbände, die nicht primär wirtschaftliche Interessen repräsentieren, sind „ideelle Verbände". Innerhalb der Wirtschaftsverbände ist abermals zwischen *grundlegenden* Verbänden zu unterscheiden, die entweder eindeutig Arbeitgeber- oder aber eindeutig Arbeitnehmerinteressen wahrnehmen; und *nicht grundlegenden* Verbänden, die sich nicht in dieses Spannungsverhältnis von Arbeit (Arbeitnehmer) und Kapital (Arbeitgeber) einordnen lassen. Diese von *Stanislaw Ehrlich* getroffene Einteilung entspricht einem marxistischen Vorverständnis, das den wichtigsten Interessengegensatz eben zwischen (Lohn-)Arbeit und Kapital sieht. Die wichtigsten Verbände, insbesondere in liberalen politischen Systemen, sind im Allgemeinen grundlegende Wirtschaftsverbände – Gewerkschaften auf der einen Seite, Arbeitgeberverbände auf der anderen Seite.

Ideelle Verbände können in folgende Gruppierungen unterteilt werden:

- *Konfessionelle Verbände.* Dazu zählen Religionsgemeinschaften, die im politischen System voll akzeptiert sind (Beispiel: staatlich anerkannte Religionsgemeinschaften in Österreich), ebenso wie bestimmte, sich innerhalb der einzelnen Konfessionen (Kirchen) ansiedelnde Vereinigungen.

- *Einzweckverbände* („Single issue groups"). Dabei handelt es sich um Verbände, die ein einziges Ziel verfolgen und deren Berechtigung auch bei der Erreichung dieses Ziels erlischt – dazu zählen insbesondere die Bürgerinitiativen.

- *Sonstige* humanitäre, sportliche und andere *Verbände*. Eine Fülle von Vereinen und Gesellschaften (Dachverbände von bestimmten Sportarten, Rotes Kreuz etc.) ist in dieser Gruppe zu berücksichtigen.

Zwischen den einzelnen Verbandstypen gibt es fließende Übergänge. So ist etwa bei Bürgerinitiativen nicht immer eindeutig, welcher der primäre Verbandszweck ist – Bürgerinitiativen können durchaus auch in erster Linie wirtschaftliche Ziele verfolgen, dann werden sie eben zu wirtschaftlichen Einzweckverbänden. Auch konfessionelle Verbände können gelegentlich wirtschaftliche Zwecke verfolgen – etwa im Zusammenhang mit der steuerlichen Behandlung von Beiträgen und Spenden. Dennoch wird der primäre Verbandszweck nicht im Ökonomischen bestehen.

Das Wirken der Verbände im politischen System ist, anders als das der Parteien, stärker als Druckausübung von außen und weniger als Entscheidungsfindung innen zu sehen. Eben weil sich Verbände nicht an Wahlen beteiligen, sind sie – jedenfalls in liberalen Systemen – als *Druckgruppen* („pressure groups") zu sehen. Sie organisieren die Interessen, die auf die (auch und wesentlich von Parteien besetzten) Entscheidungsorgane Druck ausüben. Gleichzeitig helfen die Verbände aber auch mit, eine Pluralität, ein Gleichgewicht des gesamten politischen Systems zu sichern – in liberalen Systemen etwa ersichtlich am Nebeneinander von Arbeitgeber- und Arbeitnehmerverbänden (siehe dazu *Tabelle 13*).

Unabhängig von der auf den Zweck der Verbände abgestellten Einteilung muss auch die Organisationsform bei einer Typologie berücksichtigt werden. In einigen politischen Systemen (z.B. auch in Österreich) ist für manche Verbände die Mitgliedschaft gesetzlich vorgeschrieben (Pflichtmitgliedschaft). Deshalb kann nach der Organisationsform noch folgende Einteilung getroffen werden:

- *Freie Verbände*. Dazu gehören alle Verbände, bei denen die Mitgliedschaft durch freiwilligen Beitritt erworben und durch Austritt aus freiem Entschluss wieder verloren werden kann.

- *Pflichtverbände*. Dazu zählen alle Verbände, bei denen die Mitgliedschaft automatisch, insbesondere im Zusammenhang mit einer bestimmten Berufstätigkeit, erworben wird und auch nur parallel mit

# 7. Verbände und Bürokratie

**Tabelle 13:**
Typologie der Verbände

```
                                    Verbände
                      ┌────────────────┴────────────────┐
            Wirtschaftliche                         Ideelle
               Verbände                             Verbände
         ┌────────┴────────┐                  ┌────────┼────────┐
   grundlegende      nicht grundlegende  Konfessionelle  Einzweck-   Sonstige
    Verbände            Verbände           Verbände     verbände    Verbände
   ┌────┴────┐
Arbeitgeber- Arbeitnehmer-
 verbände     verbände
 (Kapital)    (Arbeit)
```

*Beispiel:* Unternehmerverband

*Beispiel:* Gewerkschaft

*Beispiel:* Konsumgenossenschaft

*Beispiele:* Evangelische Kirche, Katholische Aktion

*Beispiele:* Bürgerinitiativen (können auch ökonomische Verbände sein!)

*Beispiele:* Fußballverband, Amnesty International

diesen Voraussetzungen (Berufstätigkeit) wieder verloren gehen kann. (Beispiel: Kammern in Österreich).

Eine besondere Rechtsform können konfessionelle Verbände auf der Grundlage von speziellen Rechtsvorschriften erhalten. Diese sind häufig in Verbindung mit *Konkordaten* formuliert – mit den Verträgen, die der „Heilige Stuhl" (d.h. der Papst) mit einzelnen Staaten zur Regelung des Status der Katholischen Kirche abschließt. Im Sinne eines weltanschaulichen Pluralismus dient dann diese Regelung häufig auch als Muster für den Status anderer Religionsgemeinschaften.

Unabhängig von der Frage nach der Form, die konfessionelle Verbände haben können, wirft deren Tätigkeit dann für ein liberales System bestimmte Probleme auf, wenn solche Verbände eine besondere, den anderen Religionsgemeinschaften vorgeordneten Stellung beanspruchen. Die liberalen Systemen eigene Neigung, Religionen grundsätzlich gleich zu behandeln, wird so herausgefordert. Der *Fundamentalismus*, der dieser Neigung widerspricht, findet sich in christlicher (katholischer und protestantischer) wie jüdischer, moslemischer wie hinduistischer Form.

## 7.2. Adressaten der Verbände

Die Tätigkeit der Verbände wird in dem englischen Begriff deutlich, der für Verbände verwendet wird: *Pressure groups*, also Druckgruppen. Diesem Begriff entspricht das Bild, dass Verbände – wirtschaftliche wie ideelle – von außen auf das politische System Druck ausüben. Das politische System und seine Entscheidungszentralen sind die Adressaten dieses Drucks. Die Entscheidungsfindung innerhalb des politischen Systems scheint so die Resultante des primär von Verbänden ausgeübten Drucks und Gegendrucks zu sein. Verbände agieren – das politische System (im engeren Sinn) reagiert.

Dieses Bild, das eine wichtige Erklärung über die Tätigkeit der Verbände liefert, kann freilich auch umgekehrt werden: Politische Systeme entwickeln die Verbände, die sie zur Wahrung ihrer gesellschaftlichen Stabilisierungsaufgabe benötigen. Wenn – wie in Großbritannien im 19. Jahrhundert – die „soziale Frage" zur Verelendung der Mehrheit der

## 7. Verbände und Bürokratie

Bevölkerung, des „Proletariats" führt und so den gesellschaftlichen Zusammenhalt bedroht, dann entstehen Verbände (Gewerkschaften), die das Elend mildern, indem sie eine Sozialgesetzgebung initiieren. Das politische System (im weiteren, gesamtgesellschaftlichen Sinn) agiert – Verbände reagieren.

Verbände üben Druck aus. Dieser Druck richtet sich an die Einrichtungen des politischen Systems, die in der Lage sind, entsprechend den von den Verbänden vertretenen Interessen Entscheidungen herbeizuführen. Die wichtigsten Adressaten der Verbände, insbesondere in liberalen Systemen, sind:

- *Parlamente*

- *Regierungen und Verwaltung*

- *Parteien*

Verbände wenden sich an Parlamente dann, wenn sie von diesen Parlamenten bestimmte Handlungen oder Unterlassungen erwarten können. Parlamente sind insbesondere dann für Verbände wichtig, wenn sie relativ eigenständig sind – also insbesondere in präsidentiellen Systemen. Deshalb sind auch die USA das Musterbeispiel für das Zusammenspiel von Verbänden und Parlament (Kongress).

In den USA wurde für die Verbände deshalb auch der Ausdruck *Lobbies* entwickelt, weil die Vorhalle des Parlaments (Lobby) der (mehr symbolische als tatsächliche) Treffpunkt der VerbandsvertreterInnen und der ParlamentarierInnen ist. Das Zusammenspiel von Verbänden und Parlament, der Lobbyismus, ist grundsätzlich in zwei Arten vorstellbar:

- *Externer* Lobbyismus. Verbände und Parlamentarier bleiben grundsätzlich getrennt, die VerbandsvertreterInnen üben von außen Druck auf die ParlamentarierInnen aus.

- *Interner* Lobbyismus. Die Trennung zwischen Verbänden und Parlament wird durchlässig, VerbändevertreterInnen gelangen – als ParteienvertreterInnen – ins Parlament.

Für den externen Lobbyismus lassen sich insbesondere in den USA Beispiele finden, der interne Lobbyismus ist typisch für den europäischen Parlamentarismus. Der externe Lobbyismus ist das Ergebnis des Versuches, durch bestimmte gesetzliche Maßnahmen – etwa Verbote von bestimmten Spenden an Politiker und Parteien – das Parlament vom Druck der Verbände freizuhalten; der interne Lobbyismus ist eine (realistische, zynische?) Resignation gegenüber der Druckkapazität der Verbände.

Diese Unterscheidung ist grundsätzlich auch im Verhältnis Verbände – Regierung, Verbände – Verwaltung vorstellbar. Der interne Lobbyismus führt dazu, dass Verbändevertreter auch in Schlüsselpositionen von Regierung und Verwaltung einziehen. Ein Beispiel dafür sind die Agrarministerien vieler liberaler Systeme in Europa, in denen – politisch (Minister) und administrativ (Spitzenbeamte) – Repräsentanten der Agrarverbände oft tonangebend sind. Der interne Lobbyismus gibt den Verbänden jedenfalls eine – mittelbare – Rekrutierungsfunktion.

Der Einfluss der Verbände auf Regierung und Verwaltung wird oft durch bestimmte institutionelle Einrichtungen verrechtlicht – so ist in der Bundesrepublik Deutschland den Verbänden ausdrücklich ein Anhörungsrecht auf Regierungsebene eingeräumt; und so ist in Österreich die Beteiligung der Verbände am Begutachtungsverfahren im vorparlamentarischen Raum der Gesetzgebung ausdrücklich vorgesehen.

Das Verhältnis der Verbände zu den Verfassungsorganen (Parlamente, Regierungen) beinhaltet immer auch das Verhältnis der Verbände zu den Parteien, die ja, im Zuge ihrer Rekrutierungsfunktion, die personelle Besetzung dieser Verfassungsorgane bestimmen. In Mehrparteiensystemen jedenfalls kann grundsätzlich von drei möglichen Modellen der Beziehung von Verbänden (insbesondere Wirtschaftsverbänden) und Parteien ausgegangen werden. Dargestellt am Beispiel der Gewerkschaften handelt es sich um folgende Formen:

- *Ein einziger Verband* mit Monopolcharakter arbeitet mit *einer einzigen Partei* zusammen (Beispiel: Britischer Gewerkschaftsverband TUC und britische Labour Party).

## 7. Verbände und Bürokratie

- *Ein* mit Monopolcharakter ausgestatteter *Verband* arbeitet mit *mehreren Parteien* zusammen (Beispiel: der ÖGB und seine Beziehungen primär zur SPÖ, aber auch zur ÖVP, zur FPÖ und zu den Grünen).

- *Mehrere Verbände* arbeiten mit *mehreren Parteien* zusammen (Beispiel: Richtungsgewerkschaften in Italien – CGIL in Kooperation mit Linksdemokraten, CISL in Kooperation mit den Christlich-Demokraten, UIL in Kooperation mit Sozialdemokraten und Republikanern).

Für den Einfluss eines Verbandes ist sicherlich das zweite Modell deshalb am günstigsten, weil der Verband, ohne in Konkurrenz mit anderen Verbänden zu sein, mehrere Möglichkeiten der Beeinflussung von Parteien hat. Das dritte Modell ist für einen Verband deshalb das ungünstigste, weil er zu einer Art Vorfeldorganisation einer Partei wird und kaum Möglichkeiten besitzt, alternative Einflussmöglichkeiten aufzutun.

Die Instrumente, mit denen Verbände an ihre Adressaten herantreten und Einfluss nehmen wollen, sind letztlich auf zwei Ebenen:

- *Geld.* Verbände versuchen, mehr oder weniger in Übereinstimmung mit der Rechtslage, Parlamente und Parlamentarier, Regierungsvertreter und Beamte, insbesondere aber Parteien durch die Zuwendung oder aber auch durch den Entzug von Geld zu beeinflussen.

- *Masse.* Verbände versuchen, vor allem im Hinblick auf bevorstehende Wahlen, mit dem Hinweis auf die von ihnen vertretene große Zahl von Wählern politische Akteure zu beeinflussen.

In einem liberalen System wird der Einfluss der Verbände letztlich immer davon abhängen, wie sehr sie glaubhaft machen, dass sie den Ausgang von Wahlen beeinflussen können – sei es durch Parteien- oder KandidatInnenfinanzierung, was wiederum die Fähigkeit der Parteien und KandidatInnen fördert oder behindert, Wahlen zu gewinnen; sei es durch erfolgreiche Mobilisierung einer großen Zahl von WählerInnen für oder gegen eine bestimmte Partei. Verbände, denen solche Fähigkeiten nicht zugetraut werden, werden sich gegenüber anderen, denen eine solche Stärke zugeschrieben wird, nicht durchsetzen.

## 7.3. Neokorporatismus und Mitbestimmung

Verbände nehmen nicht nur durch Druckausübung auf bestimmte Adressaten Einfluss. Verbände neigen auch dazu, durch Zusammenarbeit mit anderen Verbänden Interessen durchzusetzen. In liberalen Systemen hat insbesondere die Kooperation von Arbeitgeber-, Arbeitnehmerverbänden und Staat („Neokorporatismus") den grundlegenden Wirtschaftsverbänden wichtige Einflussmöglichkeiten eröffnet.

Der Neokorporatismus unterscheidet sich vom historischen Korporatismus faschistischer (vor allem italienischer) Prägung dadurch, dass er nicht gegen die, sondern mit den Gewerkschaften entstanden ist; und dass er sich nicht gegen den Parlamentarismus stellt, sondern den Parlamentarismus ergänzen will. Im Neokorporatismus arbeiten drei Akteure („Tripartismus") zusammen:

- *Staat* (vertreten vor allem durch die Regierung);

- *Arbeit* (vertreten durch Gewerkschaften);

- *Kapital* (vertreten durch Arbeitgeberverbände).

Die Aufgabe des Neokorporatismus in liberalen Systemen ist es, durch die Abstimmung der Interessen von Arbeit und Kapital wirtschafts- und sozialpolitische Entscheidungen herbeizuführen, die als Kompromisse von den grundlegenden Verbänden akzeptiert werden können. Der Neokorporatismus und seine Einrichtungen (Kommissionen, Agenturen, Beiräte etc.) hat auch die Aufgabe, das auch in liberalen Systemen grundsätzlich angelegte Spannungsfeld von Arbeit und Kapital zu mildern. Tatsächlich kann beobachtet werden, dass die Arbeitskonflikte (Streiks) in Ländern mit stark entwickeltem Neokorporatismus (Österreich, Bundesrepublik Deutschland, Schweden, Norwegen, Dänemark) im Allgemeinen weniger häufig auftreten als in Ländern mit gering entwickeltem Neokorporatismus (Italien, Frankreich, Großbritannien).

Das politische System, das den am stärksten entwickelten Neokorporatismus aufweist, ist Österreich. In Österreich haben die Arbeitgeber- und Arbeitnehmerverbände in Form der Paritätischen Kommission für

Lohn- und Preisfragen eine Einrichtung entwickelt, die den Tripartismus fast schon wieder überwindet – der Staat, die Bundesregierung, ist als Partner eigentlich nicht mehr vorgesehen. Träger der Paritätischen Kommission sind die grundlegenden Verbände allein.

**Tabelle 14:**
Paritätische Kommission für Lohn- und Preisfragen in Österreich, Ende des 20. Jahrhunderts

| | | | | |
|---|---|---|---|---|
| *formelle Entscheidung* | \multicolumn{4}{c|}{Vollversammlung der Paritätischen Kommission**} |
| *informelle Entscheidung* | \multicolumn{4}{c|}{"Präsidentenvorbesprechung" der Präsidenten der vier Verbände} |
| *Vorentscheidung* | Lohnunterausschuss (1957) | Preisunterausschuss (1957)* | Beirat für Wirtschafts- u. Sozialfragen (1963) | Unterausschuss für internationale Fragen (1992) |

| | |
|---|---|
| Bundeskammer für Arbeiter und Angestellte | Präsidentenkonferenz der Landwirtschaftskammern |
| Österreichischer Gewerkschaftsbund | Wirtschaftskammer Österreich |

\* Das Sozialpartnerabkommen 1992 hat den Preisunterausschuss in einen Wettbewerbsausschuss umgewandelt, weil die sozialpartnerschaftliche Preiskontrolle als Konsequenz der Europäisierung und Globalisierung der Wirtschaft nicht mehr funktionsfähig ist.
\*\* Die Vollversammlung wurde in den 90er Jahren überhaupt nicht mehr einberufen. Die in der Vollversammlung vertretenen Regierungsmitglieder haben das Interesse an der Paritätischen Kommission verloren und das signalisiert deren Bedeutungsrückgang.

Diese – Sozialpartnerschaft genannte – Form des Neokorporatismus in Österreich ist auch unter dem Gesichtspunkt der *Mitbestimmung* zu sehen. Mitbestimmung ist der Versuch, im Rahmen liberaler Systeme – bei grundsätzlicher Aufrechterhaltung des Privateigentums an Produktionsmitteln – den ArbeitnehmerInnen eine Mitsprache auf mehreren Ebenen zu gewähren:

- Mitbestimmung am *Arbeitsplatz* (durch die ArbeitnehmerInnen selbst oder durch gewählte VertreterInnen, etwa Betriebsräte);

- Mitbestimmung auf *Betriebsebene* (vor allem durch Betriebsräte);

- Mitbestimmung auf *Unternehmensebene* (durch Betriebsräte und Gewerkschaften);

- *Überbetriebliche* Mitbestimmung (durch Gewerkschaften).

Im Rahmen liberaler Systeme ist Mitbestimmung bis zum Schwellwert der Parität vorstellbar. Wenn die Arbeitnehmer das gleiche Maß an Mitsprache wie die Arbeitgeber haben (Parität), dann ist eine Grenze erreicht, die gerade noch Privateigentum zulässt – über die Parität hinaus würde das Privateigentum entscheidend ausgehöhlt werden. Die in liberalen Systemen bisher entwickelten Formen der Mitbestimmung sind aber zumeist unterhalb des Schwellwertes der Parität – die ArbeitnehmerInnen besitzen auf den verschiedensten Ebenen im allgemeinen ein Mitspracherecht, das signifikant geringer ist als die Einflussmöglichkeiten der Eigentümer. In zwei Fällen ist jedoch die Paritätische Mitbestimmung erreicht:

- Die *Montan-Mitbestimmung* in der Bundesrepublik Deutschland hat auf Unternehmensebene in der Eisen- und Stahlindustrie die Gleichberechtigung der Arbeitnehmer verankert.

- Die *Paritätische Kommission für Lohn- und Preisfragen* in Österreich ist eine Form überbetrieblicher Paritätischer Mitbestimmung.

## 7. Verbände und Bürokratie

Neokorporatismus und Mitbestimmung hatten ihre große Zeit in der zweiten Hälfte des 20. Jahrhunderts – in den USA schon vor dem Zweiten Weltkrieg, als Präsident *Franklin D. Roosevelt* sein politisches Reformprogramm des „New Deal" umsetzte, das neokorporative Züge trug. Gegen Ende des 20. Jahrhunderts war aber die Bedeutung von Neokorporatismus und Mitbestimmung im Schwinden.

Dieser Bedeutungsverlust äußert sich darin, dass die Konzepte eines Ausbaus der Mitbestimmung ebenso steckengeblieben bzw. zurückgenommen wurden wie bestimmte Formen des (mit den Verbänden abgestimmten) Intervenierens von Staat und Regierung in die Wirtschaft. Das erklärte Ziel des Neokorporatismus – die Herstellung eines Gleichgewichts zwischen „Arbeit" (Gewerkschaften) und „Kapital" (Unternehmerverbände) – wurde immer mehr von den Regierungen den Verbänden überlassen. Damit ging einer der drei Akteure – der Staat – dem „Tripartismus" verloren.

Die Ursache dieser Verschiebung sind die mit dem Phänomen der ökonomischen Globalisierung – der Aufhebung von Grenzen für das Kapital – verbundenen Rückzugstendenzen der Regierungen aus der Sozialpolitik. Im Zusammenhang mit dem Begriff „Neoliberalismus" werden Politikfelder, die in Europa nach 1945 einvernehmlich zwischen den Verbänden und dem Staat gestaltet wurden, dem freien Spiel der Kräfte des Marktes überlassen. Dieser Trend setzte zuerst und besonders nachhaltig in den USA („Reagonomics") und in Großbritannien („Thatcherismus") in den 80er Jahren ein.

Damit steht auch ein Rückgang der Organisationskraft der meisten Gewerkschaften weltweit als Folge des Wandels der Arbeitswelt in Zusammenhang. Den ArbeitnehmerInnen im „tertiären Sektor", der Dienstleistungswirtschaft, sind Sinn und Nutzen gewerkschaftlicher Organisation offenkundig weniger einsichtig als den ArbeitnehmerInnen des „sekundären (industriellen) Sektors". Durch diese Entwicklung verliert die Zusammenarbeit mit den Gewerkschaften auch für die Unternehmerverbände teilweise ihren Sinn. Die Unternehmerverbände setzen verstärkt auf Direktkontakte mit dem politischen System in Form des Lobbyismus, ohne besondere Absprachen mit Gewerkschaften. Der Rückgang des Neokorporatismus stärkt jedenfalls – im Innenverhältnis der grundlegenden wirtschaftlichen Verbände – die Unternehmerverbände zulasten der Gewerkschaften.

Dennoch hat der Neokorporatismus auch weiterhin Bedeutung – vor allem in Form der *Lohnpolitik*. Es macht offenkundig nach wie vor für alle Beteiligten Sinn, dass die Entwicklung der Löhne durch Vereinbarungen zwischen Arbeitgeber- und Arbeitnehmerverbänden geregelt wird – durch „Kollektivverträge" oder „Tarifverträge".

## 7.4. Bürokratie

Entsprechend den Grundannahmen des traditionellen Verfassungsdenkens haben Regierungen bürokratische Hilfsapparate zur Verfügung, die grundsätzlich den politischen Willen der jeweils Regierenden zu erfüllen haben. In diesem Sinn ist die Verwaltung, ist die Bürokratie unpolitisch – ein neutrales Instrument, das sich grundsätzlich beliebig für alle legitim herrschenden politischen Interessen, grundsätzlich für jede jeweils regierende politische Partei einsetzen lässt.

In der Praxis zeigt sich jedoch, durchaus in Übereinstimmung mit der Kritik am dezisionistischen Modell, dass eine vollständige Neutralität des Beamtenapparates nicht vorstellbar ist. <u>Bewusst oder unbewusst beeinflussen Beamte politische Entscheidungen – durch die von ihnen weitergegebenen Informationen, durch die von ihnen vorgenommenen Entscheidungen.</u> Der politische Charakter der Verwaltung wird auch dadurch deutlich, dass im Parlamentarismus der vorparlamentarische Raum, in dem die Verwaltung eine wichtige Rolle spielt, die Gesetzgebung wesentlich beeinflusst. Eine moderne Verwaltung gibt sich zu einem Großteil die Gesetze selbst, auf die sie sich bei der Vollziehung dann beruft.

Das traditionelle Verfassungsdenken, das der Bürokratie die Aufgabe eines objektiven und wertfreien Gesetzesvollzuges zugeschrieben hat, wird der politischen Bedeutung der Verwaltung nicht gerecht. Diese ist vielmehr als eigenständige Größe zu sehen – im Zusammenspiel mit der Regierung, mit dem Parlament, mit der Justiz, mit den Parteien. Die Verwaltung hat eine eigene politische Rolle zu erfüllen – unabhängig davon, dass sie diese nach juristischen Kategorien nicht haben sollte.

Dennoch ist die Verwaltung – anders als die Justiz – der Regierung direkt untergeordnet. Während die Gerichte im Sinne des Prinzips der richterlichen Unabhängigkeit der Politik (d.h. der Regierung) gegenüber

## 7. Verbände und Bürokratie

weisungsungebunden sind, ist die Verwaltung den Weisungen der Regierung unterstellt. Dieser offen deklarierte Primat der Politik über die Verwaltung reibt sich aber an der politischen Rolle der Verwaltung – an der faktischen Mitwirkung der Bürokratie an der Gesetzgebung; und am Ermessensspielraum, den die Bürokratie unvermeidlich hat und dessen Wahrnehmung (etwa bei der Interpretation der Gesetze und der Verordnungen) ebenso unvermeidlich politisch ist.

Auf dieses Problem lassen sich zwei Antworten beobachten – die US-amerikanische Antwort eines *politischen Beamtentums* und die europäische, insbesondere britische Antwort eines *unpolitischen Beamtentums*.

Die Bürokratie der USA ist von dem Gesichtspunkt beherrscht, dass unpolitisches Beamtentum letztlich nicht vorstellbar ist. Deshalb hat jeder Präsident das Recht, die Spitzenpositionen der Verwaltung nach seinem politischen Willen zu besetzen. Dadurch ist sichergestellt, dass jeder Präsident (jede Regierung) die Beamten hat, die ihm politisch nahe stehen. Gleichzeitig aber sind die Spitzenbeamten immer nur BeamtInnen auf Zeit, auf Abruf.

Das System des *unpolitischen Beamtentums* basiert auf dem Versuch, die politische Beeinflussung durch das Beamtentum und des Beamtentums möglichst gering zu halten. Insbesondere im britischen „Civil Service" sind bestimmte parteipolitische Funktionen und Beamtenpositionen unvereinbar. Das Beamtentum wird zum Berufsbeamtentum, möglichst frei von jeweiligen (partei-)politischen Interessen der jeweiligen Regierung.

Das *politische Beamtentum* der USA bietet dem Präsidenten den Vorteil, Personen seiner Wahl in Spitzenpositionen der Verwaltung zu bringen. Dies erhöht die Möglichkeiten des Präsidenten, Personalpolitik nach eigenem Gutdünken und zum Vorteil seiner Anhänger zu betreiben. Da Präsidenten dazu neigen, attraktive Positionen (etwa Botschafterposten) an solche Personen zu vergeben, die ihn im Wahlkampf (auch finanziell) besonders unterstützt haben, ist diese Art des Beamtentums von der Käuflichkeit manchmal nicht weit entfernt.

Das *Berufsbeamtentum* (wie etwa das britische „Civil Service") verhindert zwar diese Aspekte der Käuflichkeit, gleichzeitig aber bildet es oft ein Hindernis für eine neue Regierung, sich auf die wichtigen Beamten voll verlassen zu können – da deren Ernennung ja zumeist auf vorhergehende Regierungen, also oft auf andere Parteien, zurückgeht.

Um diesem Dilemma zu entgehen, neigen in Europa Regierungen dazu, die politische Spitze eines Ministeriums (MinisterInnen) mit einigen faktisch politischen BeamtInnen (Ministerbüro) zu umgeben, die zwischen dem Minister und die Berufsbeamten treten und so das für jeden Minister wichtige politische Vertrauensklima herstellen. Auf diese Weise wird auch das „unpolitische" Berufsbeamtentum nochmals und zusätzlich politisiert.

In der Praxis kommen also Elemente des *Politischen Beamtentums* in das an sich „unpolitisch" konzipierte System des *Berufsbeamtentums*. Diese Entwicklung ist wohl unvermeidlich – weil die Fiktion eines garantiert unpolitischen Beamtentums den Primat der Politik (also der Regierung) über die Verwaltung viel stärker bedroht als politisch und auf Zeit ernannte Verwaltungsbedienstete. Denn diese kommen und gehen mit der Regierung – Berufsbeamte hingegen bleiben unabhängig vom demokratisch bestimmten politischen Wechsel und entziehen sich somit viel eher dem Primat der Politik.

Unabhängig von der Gestaltung der Beziehung zwischen Politik und Bürokratie kommen auf die Verwaltung unter dem Begriff *e-government* neue Herausforderungen und Aufgaben zu. Die Öffentlichkeit fordert von Regierungen zunehmend, dass die Verwaltung sich der Techniken des Internets bedient, um so effektiver (vor allem rascher und kostengünstiger) zu arbeiten. Dadurch wird der Dienstleistungscharakter der Verwaltung betont. Die traditionell oft „Parteien" genannten BürgerInnen, die die Dienste der Verwaltung in Anspruch nehmen, sollen so stärker als KundInnen definiert und behandelt werden.

Diese Entwicklung, Verwaltung verstärkt als Dienstleistung zu sehen, kann aber nicht darüber hinwegtäuschen, dass der politische – der machtrelevante – Charakter der Verwaltung davon nicht betroffen ist. Jenseits der Frage nach der Effizienz einer Bürokratie im Umgang mit den Personen, die eine Verwaltungsstelle als Dienstleistung in Anspruch nehmen, bleibt die Herausforderung an die Gestaltung eines politischen Systems: Dass die Bürokratie generelle politische Entscheidungen (v.a. informell durch den Entwurf von Gesetzen im vorparlamentarischen Raum) trifft, macht sie zu einem politischen Faktor auch zu Zeiten des *e-government*.

# 8. Die zentralen Konfliktlinien Internationaler Politik

8.1. Internationale Beziehungen allgemein
8.2. Der Ost-West-Konflikt und die Folgen
8.3. Der Nord-Süd-Konflikt und die Globalisierung
8.4. Neutralität und Blockfreiheit

## *8.1. Internationale Beziehungen allgemein*

Internationale Beziehungen (*Internationale Politik*) als wichtiges Teilgebiet der Politikwissenschaft umfassen alle Formen der Kooperation und der Konfrontation zwischen politischen Systemen. Zu den Internationalen Beziehungen zählen sowohl die zwischenstaatlichen (intergouvernementalen) Beziehungen, als auch die nichtstaatlichen (transgouvernementalen) Beziehungen; also die Beziehungen etwa zwischen der Volksrepublik China und Russland ebenso wie etwa die Beziehungen zwischen den konservativen und christlich-demokratischen Parteien Europas, die in der Europäischen Demokratischen Union (EDU) und in der Europäischen Volkspartei (EVP) zusammengeschlossen sind.

Die Internationalen Beziehungen beschäftigen sich mit der *Bilateralität* und mit der *Multilateralität* – mit den Beziehungen zwischen zwei Akteuren (z.B. Staaten) der Internationalen Politik, wie auch mit den Beziehungen mehrerer Akteure zueinander (also etwa mehrerer Staaten). Vor allem die Internationalen Organisationen sind das Feld der multilateralen Beziehungen – im Rahmen des Warschauer Paktes (bis 1991) ebenso wie im Rahmen der NATO, im Rahmen der Vereinten Nationen ebenso wie im Rahmen der Europäischen Union.

Gegenstand der Internationalen Beziehungen ist auch die *Außenpolitik*, ist der außenpolitische Entscheidungsprozess einzelner Akteure (Staaten). Wie etwa die USA Außenpolitik betreiben, welche Ziele sie dabei verfolgen, ist nicht bloß Ausdruck des innenpolitischen Entscheidungsprozesses, sondern auch Ausdruck des Beziehungsgeflechtes zwischen den USA und Russland oder China, aber auch zwischen den USA und anderen Akteuren, insbesondere den in der NATO verbündeten. Die Außenpolitik ist die Nahtstelle zwischen den Internationalen Beziehungen und den einzelnen politischen Systemen – durch die Außenpolitik wirken die politischen Systeme als internationale Akteure auf die Internationalen Beziehungen ein, gleichzeitig wird durch die Außenpolitik jedes einzelne politische System von den Internationalen Beziehungen seinerseits beeinflusst. In der Lehre der Internationalen Politik können verschiedene „Schulen" unterschieden werden: So vor allem die *(neo)realistische Schule*, die von der Macht als dem zentralen Merkmal auch der Internationalen Beziehungen ausgeht; und die *(liberal)institutionalistische Schule*, die das Instrument der Kooperation zwischen Mächten und durch Institutionen betont. Diese in viele spezielle Richtungen verästelten Denkansätze sind nicht als einander ausschließende, sondern einander ergänzende Zugänge zur Internationalen Politik zu verstehen.

Für die Analyse der Internationalen Beziehungen sind einige Konzepte und Begriffe von besonderer Bedeutung:

- *Geopolitik*

- *Gleichgewicht der Mächte*

- *Nationales Interesse*

- *Integration*

Politik generell, insbesondere aber Internationale Politik wird wesentlich von geographischen Faktoren mitbestimmt. Das internationale Handeln bestimmter Staaten wird wesentlich von ihrer geographischen Lage geprägt. So kann das außenpolitische Verhalten Großbritanniens oder Japans im 19. und 20. Jahrhundert nicht ohne Berücksichtigung der Insellage verstanden werden, und so war die europäische Neutralität Finnlands und Österreichs auch und wesentlich ein Ergebnis der Lage dieser beiden Länder zwischen Ost und West.

Gleichgewicht der Mächte ist ein bestimmtes Denkmodell, dem die Außenpolitik verschiedener Länder in bestimmten Abschnitten folgt und

## 8. Die zentralen Konfliktlinien Internationaler Politik

das für die Analyse der Internationalen Beziehungen wichtig ist. Die „Heilige Allianz" *Metternichs* (1815–1848) war von diesem Konzept ebenso geprägt wie die Entspannungspolitik zwischen der UdSSR und den USA im Vorfeld der Gipfelkonferenz von Helsinki (1975), eine Politik, die vom Sicherheitsberater und Außenminister der USA, *Henry Kissinger*, praktisch geprägt und theoretisch untermauert wurde. Eine von einer solchen Gleichgewichtstheorie geprägte Außenpolitik akzeptiert die Interessen anderer Akteure als legitim und versucht, unter Berücksichtigung der wichtigsten Interessen der wichtigsten Akteure, ein stabiles System des internationalen Status quo zu etablieren.

Nationales Interesse ist ein Begriff, der die internen Antriebskräfte internationaler Akteure umschreibt. Dieses oft für die Rechtfertigung expansiver, aggressiver Außenpolitik verwendete Konzept akzeptiert die Tatsache, dass verschiedene Akteure unterschiedliche Fähigkeiten zur Durchsetzung ihrer Interessen haben; es akzeptiert somit ein Ungleichgewicht internationaler Macht. Das Verständnis von nationalem Interesse wird jedoch zunehmend von der faktischen Einschränkung nationaler Souveränität beeinflusst: Phänomene wie *Globalisierung* und *Supranationalität* beschränken den faktischen Handlungsspielraum von Nationalstaaten. Überdies haben die gewaltsam ausgetragenen ethnischen Konflikte am Ende des 20. Jahrhunderts (z.B. Ruanda, Ex-Jugoslawien) die dem Gedanken des nationalen Interesses entsprechende Konzept der *Selbstbestimmung* relativiert: Selbstbestimmung führt in der Realität häufig nur zur Umdrehung von Mehrheits- und Minderheitsrollen (z.B. die russischen Minderheiten in den vormals der UdSSR angehörenden Republiken Litauen, Lettland und Estland).

Integration ist der Versuch, aus unterschiedlichen nationalen Interessen gemeinsame Interessen zu entwickeln, wobei letztlich die am Integrationsprozess beteiligten Akteure miteinander verschmelzen. Das letzte, jedoch selten erreichte Ziel der Integration ist die Bildung eines neuen, international handlungsfähigen Akteurs, der an die Stelle der alten, miteinander integrierten Akteure tritt – also im Bereich der Staaten eine supranationale Organisation als neuer Bundesstaat, im Bereich der Parteien oder Gewerkschaften etwa ein handlungsfähiger, internationaler Dachverband, der Entscheidungen für die beteiligten Parteien oder Gewerkschaften trifft.

## 8.2. Der Ost-West-Konflikt und die Folgen

Der Ost-West-Konflikt war von 1945 bis 1990 der die Internationalen Beziehungen beherrschende Konflikt. Auch nach dem Ende dieses Konfliktes sind die wichtigsten Erscheinungsformen Internationaler Politik nicht ohne Analyse dieses Konfliktes verständlich. Der Ost-West-Konflikt war ein Konflikt auf vielen Ebenen:

- *Militärisch*; dem Nordatlantik-Pakt (NATO) des Westens stand der Warschauer Pakt des Ostens gegenüber.

- *Politisch-strukturell*; dem relativ einheitlich gestalteten Systemtypus des Westens (liberales System) stand der besonders einheitlich gestaltete Systemtypus des Ostens (kommunistisches System) gegenüber.

- *Ideologisch*; der Anspruch des Westens, für eine „freie Welt" zu stehen, war mit dem Anspruch des Ostens konfrontiert, im Zuge einer „Weltrevolution" alle Formen der Klassenherrschaft aufzuheben.

- *Ökonomisch*; westlichen Formen wirtschaftlicher Kooperation (OECD, insbesondere aber EG) traten östliche Formen wirtschaftlicher Zusammenarbeit entgegen (Rat für gegenseitige Wirtschaftshilfe – COMECON).

Der Ost-West-Konflikt entwickelte sich aus der weltpolitischen Situation des Jahres 1945. Die gemeinsame Frontstellung gegen die Achsenmächte hatte die tief greifenden Interessengegensätze zwischen dem Westen (insbesondere den USA) und der UdSSR überdeckt. Nach der bedingungslosen Kapitulation Deutschlands und Japans begannen sich diese Interessengegensätze bemerkbar zu machen – die UdSSR versuchte in den sie umgebenden Staaten ihr freundlich gesinnte politische Systeme zu installieren (europäische Volksdemokratien; 1949 Sieg der Kommunisten im chinesischen Bürgerkrieg), die USA unterstützten zunehmend antikommunistische Parteien und Strömungen (*Truman-Doktrin* 1947, Politik der „Eindämmung").

## 8. Die zentralen Konfliktlinien Internationaler Politik

Von 1947 weg entwickelten sich die Beziehungen zwischen Ost und West in einer Abfolge von Phasen extremer *Spannung* („Kalter Krieg") und (relativer) *Entspannung* („Détente"). Die erste Phase des Kalten Krieges dauerte von 1947 bis 1953 und hatte ihre Höhepunkte mit der Blockade Berlins 1948/49 durch die Sowjetunion sowie im Korea-Krieg, 1950 bis 1953. In dieser Phase des Konfliktes, der in Ostasien auch militärisch ausgetragen wurde, festigten sich die Einflusssphären der USA und der UdSSR vor allem in Europa, teilweise auch in Asien. In dieser Zeit verhärteten sich auch die politischen Systeme im Osten (Einparteiensysteme und die Unterdrückung von Opposition) und teilweise auch im Westen (Diskriminierung missliebiger Intellektueller).

Ab 1953 setzte, beeinflusst durch den Tod *Stalins*, eine erste Entspannungsphase ein – der Krieg in Korea wurde beendet, verschiedene europäische Streitfragen (Triest, Österreich – Abschluss des Staatsvertrages vom 15. Mai 1955) wurden einvernehmlich beigelegt. Das militärische Eingreifen der UdSSR in Ungarn 1956, aber insbesondere das Berlin-Ultimatum *Chrustschows* 1958 leiteten zu einer neuen Phase des Kalten Krieges über. Der Höhepunkt dieser Phase war die Kubakrise 1962, die die beiden Supermächte an den Rand eines Atomkrieges führte. Unmittelbar im Anschluss an die Kubakrise folgte eine Entspannungsphase, die die ersten größeren internationalen Abkommen im Rüstungsbereich einleitete – das Atomtestabkommen 1963, dem 1968 der Atomsperrvertrag, 1972 SALT I und der ABM-Vertrag sowie 1979 SALT II folgten.

Das Merkmal dieser zweiten Phase der Entspannung war, dass die Entspannung regional differenziert wurde – der Détente in Europa widersprach nicht, dass die USA (voll einsetzend 1965) bis 1973 in Vietnam Krieg führten.

Den Höhepunkt dieser Detente bildete die Unterzeichnung der „Schlussakte von Helsinki" 1975. In diesem Dokument der *Konferenz für Sicherheit und Zusammenarbeit in Europa (KSZE)* verpflichteten sich alle europäischen Staaten (einschließlich USA und Kanada, ohne Albanien), im militärischen, im wissenschaftlich-technischen und im humanitären Bereich („3 Körbe") enger zusammenzuarbeiten.

Obwohl die KSZE mit den Nachfolgekonferenzen von Belgrad, Madrid und Wien weiterging, verschärfte sich bald nach 1975 der Ost-West-Konflikt neuerlich. Wichtige Stationen dieses Spannungszustandes waren der Bürgerkrieg in Afghanistan (Einmarsch sowjetischer Truppen 1979) und die neuerliche Drehung der Rüstungsspirale in Ost und West (NATO-„Nachrüstung").

Mit der radikalen Änderung sowjetischer Politik ab 1985 wurde eine Entwicklung eingeleitet, die zum Ende des Ost-West-Konfliktes führte:

- *Erfolgreiche Abrüstungsverhandlungen* (INF-Vertrag 1987, START-Verträge 1991 und 1993)

- *Rückzug sowjetischer Truppen* aus den mit der UdSSR im Warschauer Pakt verbündeten Staaten

- *Deutsche Vereinigung* 1990 mit Zustimmung der UdSSR

- *Weltpolitische Kooperation* zwischen USA und UdSSR am Beispiel des Golf-Krieges 1991

- *Auflösung* des *Warschauer Paktes*, des *COMECON* und schließlich der UdSSR 1991

Der Ost-West-Konflikt war zwar wesentlich ein Konflikt zwischen USA und UdSSR, er war aber nicht vollständig mit dem Konflikt der Supermächte gleichzusetzen. Innerhalb des auch nach dem Ende des Ost-West-Konfliktes weiterhin bestehenden westlichen Bündnissystems gibt es seit langem bestimmte Formen der Abweichung – so ist Frankreich seit 1966 zwar weiterhin Mitglied der zivilen, nicht aber der militärischen Organisation der NATO. Frankreich ist zwar Teil des westlichen Verteidigungsbündnisses, seine Truppen sind aber nicht dem Oberkommando der NATO unterstellt.

Trotz dieser Abweichungen kann aber von einer wesentlich gefestigten Integration des westlichen Bündnisses gesprochen werden. Folgende Einrichtungen sind Teile dieses westlichen Bündnisses im weitesten Sinne:

- Die *OECD*, die sich aus dem 1947 begonnenen Marshall-Plan entwickelt hat, eine internationale Organisation zur wirtschaftlichen

## 8. Die zentralen Konfliktlinien Internationaler Politik 129

Zusammenarbeit aller westlichen Industriestaaten einschließlich der europäischen Neutralen und Japans.

- Die 1949 gegründete *NATO*, die seit dem Ende des Kalten Krieges zusätzlich zu ihrer militärischen Organisation in einer unverbindlichen, keine militärischen Verpflichtungen einschließenden Form (NATO-Konsultativrat bzw. „Partnerschaft für den Frieden") nun auch Staaten des früheren Warschauer Paktes (auch als Mitglieder) sowie neutrale Staaten umfasst.

- Die 1951 beginnende wirtschaftliche und politische europäische Integration (Vorstufe: Marshall-Plan ab 1947) mit den verschiedensten Institutionen der *Europäischen Union* (EU).

- Die 1954 gegründete *Westeuropäische Union* (WEU), der die meisten EU-Mitgliedsstaaten angehören und der nach den Verträgen von Maastricht und Amsterdam eine wichtige Rolle in der zukünftigen „Gemeinsamen Außen- und Sicherheitspolitik" (GASP) der EU zukommen soll.

Diese Einrichtungen des westlichen Bündnisses werden ergänzt durch die ganz Europa (einschließlich der asiatischen Nachfolgestaaten der UdSSR) sowie die USA und Kanada umfassende Konferenz für Sicherheit und Zusammenarbeit in Europa (KSZE), die seit 1991 auch ein spezielles Konfliktlösungsverfahren kennt und seit 1995 Organisation für Sicherheit und Zusammenarbeit in Europa (OSZE) heißt. Die OSZE ist die einzige Einrichtung auf europäischer Ebene, die die Interessen des (als Bündnissystem nach wie vor bestehenden) Westens mit den im früheren östlichen Bündnissystem zusammengeschlossenen Staaten verknüpft. Die OSZE hat freilich ebenso wenig wie das westliche Bündnis das Ausbreiten von Kriegen in Europa seit 1991 verhindern können.

Seit dem Ende des Ost-West-Konfliktes lassen sich neue Entwicklungen beobachten, die zu verschiedenen Deutungen geführt haben:

- „Das Ende der Geschichte" *(Fukuyama)*: Der Westen hat endgültig „gesiegt", daher ist die Welt nun frei von tief greifenden strukturellen Widersprüchen. Allen noch beobachtbaren Konflikten und Kriegen zum Trotz werden sich weltweit liberale Demokratie und Frieden durchsetzen.

- „Die neue Weltordnung" *(Bush)*: Die einzige verbleibende Supermacht USA kann noch, in Kooperation mit den Vereinten Nationen, eine globale Friedensordnung garantieren, die Aggressionen wirksam entgegentritt (Beispiel: Zweiter Golf-Krieg 1990/91 – die von den USA geführte, von der UNO legitimierte Allianz).

- „Der Konflikt der Zivilisationen" *(Huntington)*: Der Ost-West-Konflikt hat einem neuen, umfassenden Konfliktmuster Platz gemacht – dem (ebenfalls friedensbedrohenden) Gegensatz zwischen einer immer fundamentalistischeren islamischen und einer säkularisierten westlichen Zivilisation.

- „Neuer Multipolarismus" *(Kissinger)*: Der bipolare Ost-West-Konflikt als Ausnahme wird nunmehr wieder von der Normalität der internationalen Beziehungen abgelöst, die durch eine Mehrzahl von Akteuren und dem Problem des Gleichgewichts gekennzeichnet sind. Nach *Kissinger* sind die wahrscheinlichen Großmächte des beginnenden 21. Jahrhunderts: USA, Europa, Russland, Japan, China und möglicherweise Indien.

Unabhängig von den verschiedenen Deutungsmustern wird die Internationale Politik am Beginn des 21. Jahrhunderts von der Dominanz der USA bestimmt. Die mit oder ohne Zustimmung des UN-Sicherheitsrates durchgeführten Militärschläge und Kriege (mit Zustimmung: 1991 Golf-Krieg, 1995 militärisches Eingreifen in Bosnien-Herzegowina; ohne Zustimmung: 1999 militärisches Eingreifen im Kosovo, 2003 Krieg im Irak) und der 2001 in Afghanistan geführte „Krieg gegen den Terrorismus" zeigen eine wachsende Bereitschaft und Fähigkeit der USA, militärisch zu agieren – nötigenfalls ohne UN, nötigenfalls auch ohne Unterstützung der NATO-Partner.

# 8. Die zentralen Konfliktlinien Internationaler Politik

**Tabelle 15:**
Erklärungsmuster der Internationalen Politik nach Ende des Kalten Krieges

|  | Selbstverständnis der Perspektive | Wahrscheinlichkeit von Kriegen | Primäre Konfliktursachen |
|---|---|---|---|
| Fukuyama: | optimistisch | sehr gering | kulturelle Entwicklung |
| Bush: | realistisch-optimistisch | gering | Aggressivität von Außenseitern |
| Huntington: | pessimistisch | groß | religiöse Polarisierung |
| Kissinger: | realistisch | eher groß | militärisch-wirtschaftl. Interessen |

Dieser US-amerikanische Unilateralismus und die damit verbundene „Pax Americana" – die Bereitschaft und Fähigkeit der USA, bestimmten Regionen der Welt Bedingungen zu diktieren und diese auch durchzusetzen – wird von einigen Analysen als relativ kurzfristige Ausnahme, von einigen hingegen als langfristiger Zustand eingeschätzt.

- *Ernst-Otto Czempiel* („Weltpolitik im Umbruch", 2003) geht davon aus, dass sowohl UNO als auch NATO dauerhaft an Bedeutung eingebüßt haben („UNO ade, NATO passé"), weil die USA weltpolitisch ohne Partner agieren können und dies auch tun. Mangels Symmetrie wird in der Internationalen Politik die Dominanz der USA von langer Dauer sein.

- *Robert Kagan* („Of Paradise and Power, 2003) sieht ebenfalls eine wahrscheinlich lange Dominanz der USA, solange Europa (die EU) nicht die Sicht der USA („die Welt ist Mars, nicht Venus") übernimmt und durch geschlossenes Auftreten für mehr militärische Balance und Symmetrie in der Internationalen Politik sorgt.

- *Emmanuel Todd* („Weltmacht USA. Ein Nachruf", 2003) geht hingegen von einem nahen Ende der US-Dominanz aus, weil die politischmilitärische Hegemonie der USA nicht durch eine entsprechende wirtschaftliche und demographische Dominanz abgesichert ist und die USA ihre Macht überdehnen müssen bzw. schon überdehnt haben.

Die Überlegenheit der USA ist somit von zwei Faktoren abhängig: von der Fähigkeit anderer Akteure (insbesondere der EU), die bestehende Asymmetrie in der Internationalen Politik auszugleichen – vor allem durch die Vertiefung der Gemeinsamen Außen- und Sicherheitspolitik (GASP) der EU; und von der Fähigkeit der USA, ihre dominante Rolle auszuüben, ohne ihre Macht in einem Maß auszuweiten, das vor allem ihre wirtschaftlichen Fähigkeiten überfordert.

Eine Rolle bei der Steuerung der Internationalen Politik nach dem Ende des Ost-West-Konfliktes kommt der Einrichtung der „Gruppe 7" („G 7") zu. In dieser treffen sich, seit 1974, einmal jährlich die Staats- oder Regierungschef der sieben (wirtschaftlich) wichtigsten Staaten des Westens (USA, Japan, Deutschland, Frankreich, Großbritannien, Italien, Kanada – dazu, nicht voll gleichberechtigt, der Präsident der EU-Kommission). Seit 1994 (Neapel) ist auch Russland volles Mitglied bei den politischen (nicht bei den wirtschaftlichen) Beratungen der Gruppe, die damit zur „G 8" wurde.

## *8.3. Der Nord-Süd-Konflikt und die Globalisierung*

Der Nord-Süd-Konflikt ist kein militärischer – zumindest nicht im Sinn eines Gegensatzes von militärischen Bündnissystemen. Er ist kein politisch-struktureller – dem Süden („Dritte Welt") entspricht kein typisches politisches System; er ist kein ideologischer – die Dritte Welt hat, mit wenigen Ausnahmen („Neue Weltwirtschaftsordnung"), kaum gemeinsame Zielvorstellungen. Der Nord-Süd-Konflikt ist primär und fast ausschließlich ein wirtschaftlicher. Der Norden ist die industriell entwickelte Gesellschaft der Welt – er verfügt über den Großteil des Reichtums, der Lebensqualität, der Lebenschancen. Der Süden als die nicht industrialisierte Gesellschaft bildet das *Armenhaus der Erde.*

Der Unterschied zwischen dem Norden und dem Süden tendiert dazu, größer zu werden. Dies hängt auch mit dem unterschiedlichen Maß an

# 8. Die zentralen Konfliktlinien Internationaler Politik

Bevölkerungswachstum zusammen – die Menschheit in der Dritten Welt wächst viel schneller als die Menschheit in der Ersten und Zweiten Welt.

Zur Erklärung des Nord-Süd-Gegensatzes dient das von *Johan Galtung, Dieter Senghaas* und anderen entwickelte *Zentrum-Peripherie-Modell*. Die Industriestaaten werden als Zentrum gesehen, das ökonomisch, kulturell, wirtschaftlich und politisch die Peripherie – die Entwicklungsländer – dominiert. Diese Dominanz (auch „Imperialismus" oder Abhängigkeit, „dependencia" genannt) wird dadurch differenziert und kompliziert, dass in der Peripherie selbst wiederum Zentren entstehen, die analog der globalen Situation sich die Peripherie der Peripherie abhängig machen; während es auch in den Industriestaaten zur Bildung von Peripherien im Zentrum kommt.

**Tabelle 16:**
Zentrum-Peripherie-Modell

**Peripherie 1**
(Zentrum + Peripherie)

**Peripherie 2**
(Zentrum + Peripherie)

**Zentrum**
(Zentrum im Zentrum: Beispiel EG
Peripherie im Zentrum: Beispiele
Gastarbeiter, Arbeitslose, Randstaaten)

**Peripherie 3**
(Zentrum + Peripherie)
Beispiel: industrialisierter
Süden in Brasilien als Zentrum
in der Peripherie, agrarischer
Norden als Peripherie in der
Peripherie

**Peripherie 4**
(Zentrum + Peripherie)

Die Kommunikations- und Kapitalströme fließen fast ausschließlich von und zum Zentrum; zwischen den einzelnen Peripherien wenig Verbindung.

Ein Beispiel für ein regional definiertes Zentrum in der Peripherie bildet das „Industriedreieck" im Süden Brasiliens, zwischen den Städten São

Paulo, Rio de Janeiro und Belo Horizonte; ein sozial definiertes Beispiel für ein solches Zentrum in der Peripherie bildet die Oberschicht von Entwicklungsländern („Kompradorenbourgeoisie"), die, im Zusammenspiel mit dem Zentrum des Zentrums, die im eigenen (Entwicklungs-)Land gemachten Gewinne weniger investiert als konsumiert bzw., zur eigenen Sicherstellung, in Industriestaaten verschiebt. Das entsprechende, regionale Beispiel für die Peripherien in der Peripherie wäre der landwirtschaftliche, extrem verarmte Nordosten Brasiliens, sozial definiert durch die dort ansässige Bevölkerung von Landarbeitern, Pächtern und kleinen Bauern, für die die humanen Merkmale der Unterentwicklung (geringe Lebenserwartung etc.) besonders zutreffen.

Ein regionales Beispiel für die Peripherie im Zentrum sind die mediterranen Randzonen Europas (Süditalien, Südspanien, Griechenland), die in erkennbarer Abhängigkeit von den europäischen Zentralräumen (etwa Lombardei, Baden-Württemberg, Rheinland, Pariser Zentralraum) stehen.

Ökonomischer Ausdruck dieser Abhängigkeit sind die „terms of trade", die internationalen Handelsbeziehungen. Diese neigen ständig dazu, sich zu Ungunsten der Entwicklungsländer zu verschlechtern – die Dritte Welt erhält für ihre Exporte in die Industriestaaten, zumeist Rohstoffe, einen tendenziell abnehmenden Preis; sie muss aber gleichzeitig für ihre Importe aus der industrialisierten Welt, zumeist Fertigwaren, einen tendenziell steigenden Preis zahlen. Der Versuch, diese sich ständig verschlechternden „terms of trade" umzudrehen und Rohstoffkartelle zu bilden, war bisher nur einmal erfolgreich (OPEC-Zusammenschluss der Erdöl-exportierenden Länder der Dritten Welt).

Eine wichtige Rolle kommt dabei der 1995 gegründeten Welthandelsorganisation (WTO) zu. Die WTO ist das Ergebnis der Weiterentwicklung des GATT, des Allgemeinen Zoll- und Handelsabkommens. Die WTO soll weltweit einen „freien Handel" sichern, möglichst ohne Zölle und Behinderungen. An der WTO wird aber vielfach kritisiert, dass auf diese Weise erst recht die den Süden benachteiligenden Mechanismen des Welthandels voll zum Tragen kommen und die „Dritte Welt" daran hindern, wirtschaftliche Selbstbestimmung zu erreichen.

Kultureller Ausdruck der Abhängigkeit ist die Kommunikationsstruktur, die sehr stark alte koloniale Verhältnisse widerspiegelt. In Afrika beispielsweise sind die kulturellen Beziehungen des anglophonen Teiles

## 8. Die zentralen Konfliktlinien Internationaler Politik 135

des Kontinents zu Großbritannien in vielen Fällen viel dichter als zum frankophonen Teil – und Paris ist für Länder wie Senegal oder Elfenbeinküste nach wie vor das Zentrum von Bildung, Wissenschaft und Kultur. Die Kommunikation zwischen einer Peripherie und dem Zentrum überwiegt die Kommunikation zwischen den einzelnen Peripherien.

Um diese Abhängigkeit zu überwinden, gibt es grundsätzlich zwei politische Strategien:

- *Ankoppelung;* dieses Konzept baut darauf, dass durch eine möglichst intensive Verflechtung zwischen Entwicklungsländern und entwickelten Staaten, dass insbesondere durch intensive Entwicklungshilfe die Dritte Welt einen Modernisierungsschub erhält, der den Graben zwischen Arm und Reich überbrücken hilft. Das Konzept der Ankoppelung will die Globalisierung im Interesse der armen Regionen nützen.

- *Abkoppelung;* dieses Konzept zielt auf die Entflechtung zwischen Industriestaaten und Entwicklungsländern, um so die Länder der Peripherie autonom vom Zentrum zu machen und ihnen einen eigenständigen, von den Interessen der Industriestaaten unabhängigen Weg zu eröffnen. Das Konzept der Abkoppelung will die Globalisierung im Interesse der armen Regionen ver- oder zumindest behindern.

Eine besondere Erklärung Internationaler Politik versucht das Konzept der *Globalisierung.* Globalisierung ist weder als wünschenswertes noch als abzulehnendes Ziel Internationaler Politik zu sehen, sondern als eine umfassende wirtschaftliche, kulturelle und politische Entwicklung, die den staatlichen politischen Systemen zunehmend die Fähigkeit entzieht, die Gesellschaft zu gestalten. Globalisierung bedeutet die Aufhebung wirtschaftlicher und kultureller Grenzen und damit ein Bedeutungsverlust politisch-staatlicher Grenzen. Dieser Trend kann entweder mit skeptisch-pessimistischen Bewertungen versehen werden oder aber mit bestimmten optimistischen Erwartungen. Beispiele für diese Interpretationen sind:

- *Benjamin R. Barber* („Jihad vs. McWorld", 1995) sieht Globalisierung vor allem als eine Verschärfung des weltweiten Gegensatzes zwischen

Arm und Reich und daher als Zunahme des Konfliktpotentials zwischen den Zentren („McWorld") und der Peripherie.

- *Thomas Friedman* („The Lexus and the Olive Tree", 1999) deutet Globalisierung vor allem auch als Chance, die Differenzen zwischen Arm und Reich allmählich abzubauen. Die Aufhebung der ökonomischen Grenzen schafft die Möglichkeit zu transnationaler Politik.

- *Arundhati Roy* („Power Politics", 2001) beschreibt am Beispiel Indiens die Gefahren, die von einem unkontrollierten Wirtschaftswachstum für den gesellschaftlichen Zusammenhalt und die kulturelle Identität der Länder der „Dritten Welt" ausgehen. Die Globalisierung verstärkt die Abhängigkeit der „Dritten" von der „Ersten Welt".

Die Unterschiede in der Einschätzung der Globalisierung drücken sich in den Unterschieden in der Einschätzung der beiden internationalen Finanzinstitutionen aus, die 1944 in Bretton Woods (USA; daher auch „Bretton Woods Institutionen" genannt) eingerichtet wurden: der Internationale Währungsfonds (IWF – International Monetary Fund, IMF) und die Weltbank.

Beide Einrichtungen, die ihren Sitz in Washington, D.C., haben, sind staatliche Organisationen – die meisten Staaten der Welt besitzen die Mitgliedschaft in IWF und Weltbank. Der IWF überprüft die Finanz- und Wirtschaftspolitik der Mitgliedstaaten und gewährt (oder verweigert) Stützungsmaßnahmen für in Finanzprobleme geratene Staaten, wobei diese Maßnahmen an Auflagen gebunden sind. Die Weltbank finanziert Infrastrukturprojekte vor allem in der „Dritten Welt". Da im IWF und in der Weltbank der Einfluss der USA sehr stark ist, werden die beiden Institutionen sehr oft als verlängerter Arm der US-Politik gesehen. Die Verschuldung der Staaten der „Dritten Welt" wird oft mit der Tätigkeit der Bretton Woods Institutionen in Verbindung gebracht.

Dies gilt auch für die *Welthandelsorganisation (World Trade Organization – WTO)*. Die WTO (Sitz in Genf) soll die internationalen Handelsbeziehungen durch zwischenstaatliche Vereinbarungen regeln. Die von der WTO prinzipiell akzeptierte Grundregel des Freihandels wird jedoch gerade von den reichen Akteuren gebrochen – das wichtigste Beispiel sind die Agrarsubventionen, mit denen die USA und die EU die eigenen landwirtschaftlichen Produkte weltweit konkurrenzfähig halten, während zur gleichen Zeit die Agrarprodukte der „Dritten Welt" durch Zollschranken von den Märkten der „Ersten Welt" fern gehalten werden. Die unterschiedliche Wahrnehmung der WTO drückt auch den Unterschied zwischen den Interpretationen der Globalisierung aus: Die eher pessimistische Deutung der Globalisierung sieht in der WTO ein politisches Instrument zur Zerstörung der von den einzelnen Staaten garantierten sozialen Mindeststandards (Sozial- und Wohlfahrtsstaat) und der nationalen Souveränität. Die eher optimistische Deutung der Globalisierung sieht in der WTO ein politisches Instrument, das – transnational, also überstaatlich – der ökonomischen eine politische Globalisierung entgegenstellen könnte.

## 8.4. Neutralität und Blockfreiheit

Neutralität und Blockfreiheit sind zwei Konzepte, die bestimmten Ländern ermöglichen sollen, sich aus militärischen Konflikten (ursprünglich vor allem aus dem Ost-West-Konflikt) herauszuhalten. Trotz dieser Gemeinsamkeit gibt es wesentliche Unterschiede:

- Neutralität ist ein Konzept *europäischer*, also *entwickelter Länder*, die durchwegs ein liberales politisches System besitzen.

- Blockfreiheit ist ein Konzept von zumeist *Ländern der Dritten Welt*, deren politische Systeme grundverschieden sind.

Neutralität als Konzept, als dauernde Neutralität, ist freilich von der gewöhnlichen Neutralität zu unterscheiden – diese ist die bewusste Nichtbeteiligung eines Staates an einem Krieg zwischen anderen Staaten. Die dauernde Neutralität ist eine außenpolitische Zielvorstellung, die im Zusammenhang mit dem Ost-West-Konflikt, teilweise aufbauend auf älteren Erfahrungen (Schweiz, Schweden), sich in Europa entwickelt hat. Die wesentliche Gemeinsamkeit der vier neutralen europäischen Staaten – Schweiz, Schweden, Finnland, Österreich – war ihre Stellung als westliche Industrienationen mit einem liberalen (westlichen) politischen System bei gleichzeitiger Betonung der Nicht-Integration in das westliche Militärbündnis. Bis 1989 war auch ein gemeinsames Merkmal dieser Neutralen, dass sie aus Gründen ihrer Neutralität nicht die Mitgliedschaft bei der EG angestrebt hatten. Durch den Zerfall des östlichen Bündnisses sind, am Beispiel der EU-Mitgliedschaft Österreichs, Schwedens und Finnlands, die Trennlinien zwischen Neutralität und Integration in das westliche Bündnissystem offenkundig unscharf geworden.

Die Schweiz und Österreich gründen ihre Neutralität auf dem Völkerrecht, Schweden und Finnland nur auf einer entsprechenden Praxis. Österreich, Schweden und Finnland sind seit ihrem Beitritt zur EU (1995) Beobachter der Westeuropäischen Union (WEU), des militärischen Armes der EU – und folgen damit dem Beispiel Irlands, das ebenfalls EU-Mitglied, aber nur Beobachter in der WEU ist.

Mit dem Ende des Ost-West-Konfliktes ist den vier immer während Neutralen eine Rahmenbedingung ihres Verständnisses von Neutralität abhanden gekommen. Daher werden von den Neutralen verschiedene Überlegungen angestellt, die auf diese Veränderung antworten sollen:

- Ein Ende oder auch ein allmähliches Auslaufen der Neutralität, auch im Zusammenhang mit der Entwicklung einer neuen europäischen Sicherheitskonzeption (z.B. Gemeinsame Außen- und Sicherheitspolitik der EU).

- Eine zurückhaltendere Definition von immer während Neutralität, etwa nach dem Neutralitätsverständnis Irlands, das seine Neutralität – anders als Schweden, Finnland, Österreich und die Schweiz – niemals mit dem Ost-West-Konflikt in Zusammenhang gebracht hat. Schweden und Finnland haben auch aufgehört, ihre Position als „neutral" zu bezeichnen, sie bevorzugen nunmehr den Begriff „paktungebunden".

- Ein Abwarten, ob neuere Entwicklungen – vor allem neuere Konflikte – nicht den Neutralen wieder klare Aufgaben und der Neutralität wieder eine klare Funktion zuweisen könnten.

Die Konferenz der Blockfreien, der nahezu hundert Staaten angehören, ist zwar im Ost-West-Konflikt demonstrativ nicht Partei, jedoch im Nord-

Süd-Konflikt erklärtermaßen eindeutig Partei – sie ist eine Bewegung der Entwicklungsländer. Gegründet 1961 in Belgrad, treten die Staats- und Regierungschefs der Mitgliedstaaten alle drei Jahre zu einer Gipfelkonferenz zusammen; zwischen den Gipfelkonferenzen kommt es zu Treffen auf unterer Ebene. Das erklärte Hauptziel der Blockfreien ist die globale ökonomische Umverteilung zugunsten der Dritten Welt – „Neue Weltwirtschaftsordnung".

Die Blockfreien sind jedoch keineswegs ein einheitlich auftretender Faktor – zahlreiche internationale Konflikte trennen auch Mitgliedstaaten der Konferenz der Blockfreien; so der zwischen 1980 und 1988 geführte Krieg zwischen dem Irak und dem Iran, so etwa die Konflikte um Afghanistan und Kambodscha, so etwa im *Golf-Krieg* von 1991. Überdies gab es unterschiedliche Interpretationen über die Stellung der Blockfreien zur UdSSR – während eine Richtung der Blockfreien, repräsentiert vor allem durch Kuba, die Sowjetunion als grundsätzlich freundlichen Partner im Konflikt mit den (westlichen) Industriestaaten sah, betonte eine andere Richtung, repräsentiert von Jugoslawien, die Notwendigkeit einer möglichst gleich großen Distanz zu beiden Blöcken, zu beiden Supermächten. Mit dem Ende des Ost-West-Konfliktes ist diese Unterscheidung freilich auch weitgehend bedeutungslos geworden.

Die europäischen Neutralen sind nicht Mitglied der Konferenz der Blockfreien, sie unterstreichen auf diese Weise die Unterschiede zwischen Neutralität und Blockfreiheit. Sie besitzen jedoch bei der Konferenz der Blockfreien den Status des Gastes, d.h., sie können sich an diesen Konferenzen beteiligen, ohne Stimmrecht zu besitzen. Auf diese Weise wird, trotz aller Unterschiede, das gemeinsame Interesse unterstrichen – sich nicht in die militärischen Bündnissysteme integrieren zu lassen. Die kriegerischen Entwicklungen ab 1990 (Golf-Krieg, postjugoslawische Kriege, Irak-Krieg) machen allerdings dieses gemeinsame Interesse zunehmend unscharf. Ein Beispiel für diese jüngste Entwicklung ist die sehr wohl parteinehmende Außenpolitik Österreichs in den postjugoslawischen Kriegen.

Das Ende des Ost-West-Konfliktes hat paradoxerweise die politischen Verhaltensmuster in der Internationalen Politik teilweise entwertet, die sich diesem Konflikt nicht unterordnen wollten. Zunehmend wird in Frage gestellt, ob es im Europa der Jahrtausendwende noch eine Funktion für

Neutralität gibt. Und zunehmend wird beobachtet, dass die Fähigkeit der Blockfreien, gemeinsame Interessen zu definieren, abnimmt.

# 9. Friedens- und Konfliktforschung

9.1. Frieden, Krieg und Gewalt
9.2. Konflikte und Konfliktursachen
9.3. Entstehung von Kriegen
9.4. Alternativen zum Krieg

## 9.1. Frieden, Krieg und Gewalt

Der traditionelle Kriegsbegriff des Völkerrechtes machte die Unterscheidung zwischen Krieg und Frieden relativ einfach. Krieg herrschte dann, wenn ein Staat dem anderen entweder in aller Form eine Kriegserklärung übergab, oder wenn die feindlichen Handlungen auch ohne eine solche Erklärung ausbrachen. Heute ist die Unterscheidung zwischen Krieg und Frieden weniger einfach – die meisten Kriege nach 1945 waren nicht einfach Kriege zwischen Staaten, sondern eine Verbindung von Elementen eines Bürgerkrieges, eines Stellvertreterkrieges (Großmächte lassen kleinere Mächte für ihre Interessen kämpfen) und eines Befreiungskrieges. Beispiele für diese nicht traditionellen Formen des Krieges sind etwa der Vietnamkrieg, der von den USA ohne die von der US-Verfassung an sich geforderte Kriegserklärung durch den Kongress geführt wurde; der ebenso wenig erklärte Krieg, den die UdSSR in Afghanistan von 1979 bis 1989 führte; sowie der Krieg in Angola, wo bis 1990 kubanische Truppen auf der Seite der einen angolesischen und südafrikanische Truppen auf der Seite der anderen angolesischen Partei kämpften.

Besonders deutlich wurde die Veränderung des Kriegsbegriffs jedoch 2001, als nach den Terroranschlägen des 11. September die USA ganz offiziell einen *Krieg gegen den Terrorismus* begannen – nicht gegen einen Staat, nicht gegen eine Regierung, auch nicht auf einem bestimmten, klar definierten Territorium. Ein solcher Krieg neuen Typs unterscheidet sich vom traditionellen Krieg durch die Unklarheit des Beginns, des Kriegsziels und vor allem des Endes: Eine Regierung eines Staates kann kapitulieren; zwei (oder mehrere) Regierungen können einen Waffenstillstand und einen Friedensvertrag abschließen. Mit wem aber sollten die USA einen Waffenstillstand oder einen Friedensvertrag zur Beendigung des Krieges gegen den Terrorismus schließen?

Bezeichnend für den generellen Wandel des traditionellen Kriegsbegriffes ist, dass die meisten Kriege seit 1945 nicht durch Friedensverträge beendet wurden, sondern entweder durch einen Waffenstillstand oder durch ein faktisches, von keinerlei Vereinbarungen zwischen den Krieg führenden Parteien begleitetes Verhalten:

- Kriegsende durch Waffenstillstand, dem kein Friedensvertrag folgte: z.B. 1945 zwischen Deutschland und den Alliierten; 1948 (1956, 1967, 1973) zwischen Israel und den arabischen Staaten; 1953 zwischen Nordkorea und China auf der einen und den von den USA geführten Truppen der Vereinten Nationen auf der anderen Seite; 1973 zwischen den USA und Nordvietnam; 1988 zwischen dem Iran und dem Irak; 1991 zwischen dem Irak und der von den USA geführten Allianz.

- Kriegsende durch faktisches Verhalten ohne Vereinbarung: z.B. 1989 – Abzug der sowjetischen Truppen aus Afghanistan; 2003 – der Zusammenbruch des Saddam-Regimes und die Besetzung des Irak durch die Allianz USA-Großbritannien.

Um dem Begriff des Friedens näher zu kommen, ist vom Begriff der Gewalt auszugehen. Gewalt existiert dann, wenn die für einen Menschen an sich angelegten Möglichkeiten durch das Dazwischentreten anderer, von ihm nicht gewollter Faktoren ungenützt bleiben; wenn also die aktuelle Verwirklichung seiner Existenz nicht der potentiellen Verwirklichung entspricht. Im Anschluss an *Johan Galtung* ist zwischen zwei Formen von Gewalt zu unterscheiden:

- *Personelle Gewalt*. Sie wird von Menschen gegen Menschen geübt. Personale Gewalt ist auch dann gegeben, wenn die von Menschen geübte Gewalt sich der Technik bedient.

## 9. Friedens- und Konfliktforschung 143

- *Strukturelle Gewalt*. Sie wendet sich in Form gesellschaftlicher Zustände gegen Menschen, ohne dass Menschen selbst die direkten Auslöser der Gewalt sind.

Die wichtigste, weil systematischste und zerstörerischste Form personeller Gewalt ist der Krieg. Die wichtigste, derzeit beobachtbare Form struktureller Gewalt ist der Gegensatz zwischen dem industrialisierten Norden und dem nicht industrialisierten Süden.

Die in diesem Gegensatz zum Ausdruck kommende strukturelle Gewalt wird besonders deutlich durch unterschiedliche Lebenserwartung angezeigt. Wenn Menschen nur deshalb früher sterben müssen, weil ihnen die an sich vorhandenen Hilfs- und Heilmittel nicht zur Verfügung gestellt werden, handelt es sich um strukturelle Gewalt. Wenn z.B. Kinder in den Elendsquartieren der Dritten Welt an einer Seuche sterben, gegen die es längst medizinische Mittel gibt, die auch vorhanden sind, die aber ungleich verteilt sind, so ist dies strukturelle Gewalt. Strukturelle Gewalt ist gesellschaftliche Ungleichheit, die Lebenschancen und Lebensdauer verkürzt.

Ist die Gesellschaft frei von personeller Gewalt, so herrscht *negativer Friede* – ein Friede, der durch Nicht-Krieg, also *negativ* definiert ist. Ist die Gesellschaft frei von struktureller Gewalt, so herrscht *positiver Friede* – ein Zustand, der durch das Fehlen der Voraussetzungen von Krieg gekennzeichnet ist. Negativer und positiver Frieden sind keine Gegensätze – allerdings geht der positive Friede weiter, er berührt alle Aspekte der Gesellschaft; der negative Friede ist demgegenüber bescheidener, er konzentriert sich auf staatliches Handeln oder Nicht-Handeln.

Die Friedens- und Konfliktforschung im Rahmen der Internationalen Beziehungen beschäftigt sich mit diesen Zusammenhängen. Dabei können zwei Denkschulen unterschieden werden:

- *Die realistische Friedensforschung*, die sich auf den negativen Frieden und auf die zwischenstaatlichen Beziehungen (etwa im Rahmen des Ost-West-Konfliktes) konzentriert. Ein Vertreter dieser Schule ist z.B. der US-Amerikaner *Hans Morgenthau*.

- *Die kritische Friedensforschung*, die sich vor allem mit dem positiven Frieden beschäftigt und insbesondere gesellschaftlich bedingte (und weniger zwischenstaatliche) Konflikte analysiert – etwa im Rahmen des Nord-Süd-Konfliktes. Ein Vertreter dieser Schule ist unter anderen der Norweger *Johan Galtung*.

Diese beiden Richtungen der Friedensforschung schließen einander ebenso wenig aus wie der negative und der positive Friede. Selbstverständlich bedeutet die Etikettierung auch nicht, dass die realistische Friedensforschung unkritisch und die kritische Friedensforschung unrealistisch wären.

## 9.2. *Konflikte und Konfliktursachen*

Hinter Krieg und Gewalt stehen Konflikte, steht die Unvereinbarkeit unterschiedlicher Interessen und Wertvorstellungen. Will man Konflikte lösen, muss zunächst die Art des Konfliktes klar sein. Folgende Dimensionen des Konfliktes in den Internationalen Beziehungen können unterschieden werden:

- *Antagonistische Konflikte* sind Konflikte, bei denen die Konfliktpartner einander völlig unversöhnlich gegenüberstehen. Solche Konflikte können nicht durch Kompromisse, sondern nur durch die vollständige Niederlage des einen Konfliktpartners gelöst werden. Nach marxistischer Auffassung ist der Klassenkampf ein Beispiel für einen antagonistischen Konflikt.

- *Nicht antagonistisch* sind alle anderen Konflikte, sie sind grundsätzlich durch Kompromisse lösbar. Anders als die antagonistischen Konflikte sind sie auch kein Nullsummen-Spiel: Der Vorteil der einen Seite muss nicht notwendig und automatisch der Nachteil der anderen Seite sein.

Ob ein Konflikt antagonistisch oder nicht-antagonistisch eingestuft wird, hängt sehr vom wissenschaftlichen Vorverständnis, von den vorwissenschaftlichen Annahmen der Analytiker ab. So ist z.B. der (nationale oder internationale) Klassenkampf für Marxisten antagonistisch, während er für Nicht-Marxisten ein nicht-antagonistischer Konflikt ist.

# 9. Friedens- und Konfliktforschung

Unabhängig von dieser Dimension kann eine weitere Konfliktdimension unterschieden werden:

- *Symmetrische Konflikte* sind Konflikte zwischen zwei annähernd gleich starken Konfliktpartnern gleicher Art. Ein Beispiel dafür ist der Ost-West-Konflikt.

- *Asymmetrische Konflikte* sind Konflikte zwischen prinzipiell ungleichen Partnern. Beispiele sind die Konflikte zwischen Großmächten und Kleinstaaten (USA – Nicaragua bis 1990) oder zwischen Staaten und Individuen (UdSSR – Sacharow in der Breschnew-Ära).

Asymmetrische Konflikte werden viel häufiger mit personeller Gewalt ausgetragen als symmetrische Konflikte. Da bei einem asymmetrischen Konflikt ein Konfliktpartner weitgehend oder vollständig ohne Risiko zur militärischen Gewalt greifen kann, sind asymmetrische Konflikte für den negativen Frieden viel gefährlicher als symmetrische Konflikte. Beispiele: die Invasion der CSSR durch Truppen des Warschauer Paktes unter Führung der UdSSR 1968 und die Invasion Panamas durch die USA 1989. Eine ganz wichtige Technik zur Sicherung des negativen Friedens ist es daher, entweder die Symmetrie eines gegebenen Konfliktes aufrechtzuerhalten oder aber – bei einem asymmetrischen Konflikt – erst herzustellen.

Dass eine ausgeprägte Asymmetrie in der Internationalen Politik Kriege wahrscheinlicher macht, zeigt die Entwicklung seit 1991 – seit dem Ende der durch die im Ost-West-Konflikt garantierte Symmetrie zwischen der UdSSR und den USA, zwischen Warschauer Pakt und NATO. Die Dominanz (oder Hegemonie) der USA führt nicht nur dazu, dass diese zunehmend ohne Rücksicht auf die UNO und auf die NATO (und damit auf die eigenen Bündnispartner) agieren. Diese Dominanz führt auch dazu, dass die USA verstärkt Kriege führen:

- Kriege, in die sie als mit Abstand stärkste Militärmacht der Welt hineingesaugt werden: Am Beispiel des militärischen Einsatzes der USA im früheren Jugoslawien, ab 1995, wird diese Möglichkeit deutlich. Die USA hielten sich zunächst – mangels Eigeninteresse – aus den von ihnen der Kompetenz der europäischen Staaten zugeordneten postjugoslawischen Konflikten heraus. Erst als die europäischen Staaten den kriegerischen Auseinandersetzungen im früheren Jugoslawien von sich aus kein Ende bereiten konnten, griffen die USA militärisch ein: 1995 in Bosnien-Herzegowina, 1999 im Kosovo (und damit in Serbien).

- Kriege, die von den USA offensiv begonnen werden: Am Beispiel des Irakkrieges 2003 wird klar, dass die USA dann militärisch eingreifen, wenn die US-Regierung zu einer entsprechenden Definition ihres Interesses gelangt, gestützt auf die 2002 formulierte Sicherheitsdoktrin *(Präventivschlagsdoktrin).* Keine Macht kann dann die USA abschrecken oder auch nur begrenzen. Die Unfähigkeit Frankreichs und Deutschlands (und damit auch der EU), aber auch Russlands und Chinas, den US-Krieg im Irak zu verhindern, zeigt dies.

Die Sicherheitsdoktrin der USA von 2002 – im Zusammenhang mit dem 11. September 2001, dem Krieg in Afghanistan und dem (bevorstehenden) Krieg im Irak – ist Ausdruck dieser Asymmetrie: Eine derartig dominante Macht wie die USA kann es sich erlauben, im Namen der eigenen Sicherheit das Recht zum vorbeugenden Erstschlag *(Präventivschlag – antizipatorische Selbstverteidigung)* in Anspruch zu nehmen.

Es wäre falsch, die Ursache dafür primär in einer bestimmten „Ideologie" der USA oder in deren politischem System zu suchen. Die Ursache liegt in der Unfähigkeit der anderen internationalen Akteure (EU, Russland, China), die bestehende Asymmetrie der Weltpolitik symmetrischer zu gestalten.

Bei der Lösung von Konflikten bieten sich zwei Techniken an:

- *Dissoziative Konfliktlösung.* Sie zielt auf die Herstellung des negativen Friedens, indem zwischen den Interessen der Konfliktpartner eine klare Trennung hergestellt wird. Zu dieser Technik zählt ein Konzept des Gleichgewichts der Mächte ebenso wie die wechselseitige Garantie von Einflusssphären unter Einschluss der Unterbrechung bestimmter Formen der Kommunikation (Beispiel: Cordon sanitaire wie z.B. in Zypern, Berliner Mauer, „Eiserner Vorhang").

## 9. Friedens- und Konfliktforschung

- *Assoziative Konfliktlösung.* Sie zielt auf die Herstellung des positiven Friedens, in dem der Konflikt überhaupt aufgehoben wird, die Konfliktpartner letztlich ineinander übergehen. Dazu zählt insbesondere die Integration, also die Entstehung eines neuen Akteurs aus den bisherigen, miteinander im Konflikt liegenden Akteuren (Beispiel: Europäische Integration als Beitrag zur Auflösung des deutsch-französischen Gegensatzes).

Bei der Lösung internationaler Konflikte muss immer davon ausgegangen werden, dass diese Konflikte grundsätzlich immer auf zwei Ursachen zurückgeführt werden können:

- *endogene Ursachen;* sie liegen im Bereich des politischen Systems, der Innenpolitik im weitesten Sinn. Dazu zählen politische Instabilität, wirtschaftliche Misserfolge, Wettbewerbsdruck durch Opposition, Berücksichtigung der öffentlichen Meinung etc.

- *exogene Ursachen;* diese Ursachen betreffen die Außenbeziehungen des politischen Systems, also alle internationalen Faktoren. Dazu zählen die Einbindung in internationale Bündnissysteme, die Abhängigkeit von weltwirtschaftlichen Faktoren, geopolitische Gegebenheiten etc.

Grundsätzlich ist davon auszugehen, dass die Stärke eines politischen Systems (einer Nation, eines Landes) in den Internationalen Beziehungen zu einer abnehmenden Bedeutung exogener Faktoren und damit – indirekt – zu einer wachsenden Bedeutung endogener Faktoren führt. Je mächtiger ein Staat in der Internationalen Politik, desto mehr kann er es sich erlauben, den von innen kommenden Tendenzen, also „nationalem Interesse", nachzugeben und die äußeren Faktoren hintanzustellen.

**Tabelle 17:**
Die erweiterten Begriffe von Gewalt und Frieden sowie vier
Einstellungen zum Frieden

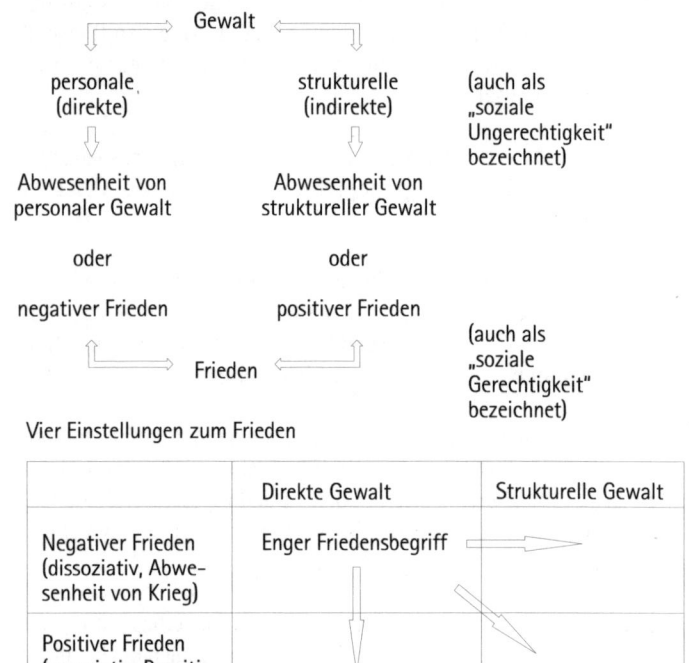

Quelle: *Johan Galtung*: Strukturelle Gewalt. Beiträge zur Friedens- und
Konfliktforschung. Reinbek 1975 (Rowohlt), S. 33 und 47

## 9.3 Entstehung von Kriegen

Dass der Friede ein allgemein wünschenswerter Zustand ist, erzwingt
geradezu die Beschäftigung der Politikwissenschaft mit den Ursachen des
Krieges. Unabhängig von den konkreten Analysen etwa des Ost-West-

## 9. Friedens- und Konfliktforschung 149

oder des Nord-Süd-Konflikts können, einem von *Robert I. Rotberg* und *Theodore K. Rabb* herausgegebenen Buch folgend, verschiedene Theorien über die Entstehung von Kriegen unterschieden werden:

- *Hegemonialstreben:* Die Ursache von Kriegen liegt vor allem in der Auseinandersetzung zwischen verschiedenen Staaten um die Hegemonie in den Internationalen Beziehungen. Der Griff eines bestimmten Staates nach beherrschender internationaler Macht ist dann, wenn es kein Gleichgewicht der Kräfte gibt, der Anlass zum Krieg (historische Beispiele: Peloponnesischer Krieg, Dreißigjähriger Krieg, Erster Weltkrieg, Zweiter Weltkrieg).

- *Anarchie:* Diese Theorie betont das Anarchische des Zustandes der Internationalen Beziehungen – das Fehlen zentraler internationaler Autoritäten. Die anarchische Herrschaftsfreiheit der Internationalen Beziehungen macht Krieg zum Normalzustand, Frieden zum Ausnahmezustand (historisches Beispiel: der „negative Friede" in Europa nach 1945 als Ausnahmesituation).

- *Nützlichkeit*: Bei fehlendem Gleichgewicht der Kräfte kann ein Akteur, bei einem einfachen Kosten-Nutzen-Vergleich, zu der Auffassung kommen, dass ein Krieg für ihn „rational" im Sinne der Maximierung des eigenen Nutzens ist (asymmetrische Konflikte!). Dieser theoretische Ansatz erklärt auch Bündnissysteme und Neutralität (historische Beispiele: Panama 1989, Iranisch-Irakischer Krieg 1980–1988).

- *Innenpolitik*: Kriege werden im Rahmen dieser Theorie vor allem als Konsequenzen innenpolitischer Instabilität gesehen. Dabei ist die Frage nach der Demokratiequalität eines politischen Systems sowie nach bestimmten wirtschaftlichen Interessen („militärisch-industrieller Komplex") ebenso wichtig wie der Zusammenhang zwischen nationalen Vorurteilen und öffentlicher Meinung (historische Beispiele: Zypern-Konflikt 1974, Falkland-Krieg 1982).

- *Fehlkalkulation:* Kriege können oft auch auf falsche Einschätzungen der politischen Realität, insbesondere der Handlungsbereitschaft potentieller Gegner zurückgeführt werden. Bestimmte Akteure rechnen nicht mit dem Eingreifen anderer Akteure und unterschätzen damit das Risiko ihres eigenen Vorgehens (historische Beispiele: die Fehleinschätzung des britischen Verhaltens 1914 und wiederum 1939 durch Deutschland; die Fehlannahmen Nordkoreas 1950 und des Irak 1990 bezüglich der Entschlossenheit der USA).

- *Krise:* Verschiedene Kriege hängen mit der Zuspitzung von zunächst nicht militärisch geführten Konflikten zusammen (Beispiele: Ultimatum Österreich-Ungarns an Serbien 1914, indisch-pakistanische Kriege, insbesondere 1971). Durch die Zuspitzung des Konfliktes geraten politische Ereignisse „außer Kontrolle". Das militärische Handeln, also der Ausbruch des Krieges, erfolgt gleichsam „ungewollt", nicht von vornherein geplant.

Alle diese Theorien schließen einander nicht aus. Sie können einander ergänzen. Nach dem Ende des Ost-West-Konfliktes, der durch eine Eindeutigkeit der verschiedenen Konfliktebenen und auch der Kriegsverhütung („Friede durch Abschreckung") gekennzeichnet war, kommt der Vielfalt der theoretischen Erklärungen und auch der Alternativen zum Krieg verstärkte Bedeutung zu. Das Ende des „Kalten Krieges" ist für den Frieden eine Chance und eine Gefahr – Gefahr, weil nun Kriege, die angesichts des Abschreckungspotentials der militärischen Blöcke nicht mehr führbar waren, nunmehr wieder führbar erscheinen können; Chance, weil durch das Ende der bipolaren Aufspaltung Europas nun neue Formen der friedensstiftenden Kooperation möglich sind. Dies ist etwa die Vision von *Dieter Senghaas* – „Frieden in einem Europa demokratischer Rechtsstaaten".

## 9.4. Alternativen zum Krieg

Im Bereich der Friedens- und Konfliktforschung werden vor allem drei Alternativen zum Krieg diskutiert. Dabei handelt es sich nicht um umfassende Vorstellungen vom Frieden (wie etwa dem *positiven Frieden*), sondern um eher pragmatische Konzepte, die grundsätzlich am *negativen Frieden* orientiert sind:

## 9. Friedens- und Konfliktforschung

- *Abschreckung*
- *Abrüstung*
- *Soziale Verteidigung*

*Abschreckung* ist die aktuelle Anwendung des Konzeptes des Gleichgewichts der Kräfte auf die aktuellen Internationalen Beziehungen. Abschreckung beherrschte insbesondere den Ost-West-Konflikt. Die Abschreckungspolitik will einen potentiellen Konfliktpartner davon überzeugen, dass ein Angriff für ihn mehr Nachteile als Vorteile bringt; dass, bei einer nüchternen Kosten-Nutzen-Analyse, ein Angriff nicht im Interesse des möglichen Aggressors liegen kann.

Abschreckungspolitik baut auf Rüstungspolitik. Jeder Akteur, der diese Politik betreibt, muss genügend militärische Drohkapazität besitzen, um auch nach einem – vielleicht überraschenden Angriff – noch wirksam zurückschlagen zu können. Diese „Zweitschlagskapazität" hat insbesondere im Zeitalter der atomaren Rüstung das strategische Denken der Militärblöcke beeinflusst.

Die Abschreckungspolitik hat, zumindest in Europa, die militärische Ausweitung der Ost-West-Konfrontation in einen Krieg verhindert. Der Preis für diesen Erfolg der Abschreckung war freilich die Rüstungsspirale: Um die erforderliche Drohkapazität aufrechtzuerhalten, neigten beide Militärblöcke immer dazu, auf jeden Rüstungsschritt der anderen Seite mit einem eigenen Rüstungsschritt zu reagieren. Das Gleichgewicht der Mächte war dadurch kein stabiles, sondern ein instabiles – die Rüstung eskalierte.

Das Rüsten der verschiedenen Mächte wird auch dadurch begünstigt, dass bestimmte Interessengruppen („militärisch-industrieller Komplex") die Rüstung ausdrücklich befürworten. Militärische, bürokratische, kommerzielle Interessen hängen an der Rüstung; Millionen von Arbeitsplätzen sind von der Rüstung abhängig; Rüstung ist eines der größten „Geschäfte" der Gegenwart. Dadurch entsteht die Neigung, innenpolitisch die Rüstung mit dem Hinweis auf den (angeblichen) Vorsprung der jeweils anderen Seite zu legitimieren.

Die Abschreckungpolitik und die damit verbundene Politik des Wettrüstens führte dazu, dass im Zuge des Ost-West-Konflikts die beiden

Supermächte ein atomares Vernichtungspotential angehäuft hatten, das ausgereicht hätte, die Menschheit vielfach zu zerstören („overkill capacity"). Dadurch erhielt die Abschreckungspolitik irrationale Züge, sie wurde zur Bedrohung des ganzen Erdballs.

Diese Bedrohung hat sich nun verschoben – die atomaren Vernichtungswaffen sind nun weniger eindeutig von zwei Großmächten kontrolliert, die Zahl der Atomwaffen besitzenden (oder dazu technisch fähigen und daran interessierten) Staaten ist gestiegen. Neben den ständigen Mitgliedern des Sicherheitsrates, die auch Atommächte sind (USA, Russland, Großbritannien, Frankreich, China), haben 1998 auch Indien und Pakistan durch Atombombenexplosionen den Status von Atommächten erreicht. Als „nuklearfähig" gilt unter anderem auch Israel.

Mit dem Ende des Ost-West-Konfliktes hat die Abschreckung als Alternative zum Krieg an Bedeutung verloren. Deshalb sind in Europa, wo nach 1945 die Rüstungspotentiale der Militärblöcke einen Krieg zwischen Ost und West verhindert haben, nun konventionelle Kriege vorstellbar geworden. (Siehe insbesondere die Kriege, die ab 1989 bzw. 1991 in der früheren UdSSR und in Ex-Jugoslawien stattgefunden haben bzw. noch stattfinden.)

Eine Konsequenz aus den negativen Seiten der Abschreckungspolitik ist die *Abrüstung*. Im Gegensatz zur Abschreckung, die – im Rahmen des Ost-West-Konfliktes – Jahrzehnte hindurch tatsächlich praktiziert wurde, ist die Abrüstung ein erst seit kurzem praktiziertes Konzept. Nach Abrüstungskonferenzen, die viele Jahre hindurch ergebnislos waren, und nach den verschiedensten Gipfeltreffen ist, seit 1987, Abrüstung tatsächlich Wirklichkeit geworden. Diesen Abrüstungsschritten sind bestimmte Vorformen der Abrüstung vorangegangen:

- die Begrenzung der strategischen (atomaren) Rüstung (SALT I und II);

- die Begrenzung der Antiraketen-Rüstung (ABM-Vertrag);

- der Verzicht auf überirdische Atomtests (Atomteststopp-Abkommen);

- der Verzicht auf die Weitergabe von Atomwaffen (Atomwaffen-Sperrvertrag);

- vertrauensbildende Maßnahmen, etwa in Form wechselseitiger Informationen über Manöver (KSZE).

Die erste wirkliche Abrüstungsvereinbarung wurde 1987 zwischen den USA und der UdSSR abgeschlossen – der INF-Vertrag zur Reduktion von Mittelstreckenraketen. Es folgten Abkommen (START I und START II), die zu einer Reduktion des atomaren Zerstörungspotentials um etwa ein Drittel führten. Weitere Schritte waren der KSE-Vertrag, der ab 1992 die konventionellen Streitkräfte in Europa erheblich reduzierte; und die Weiterführung des 1995 auslaufenden Vertrages über die Nichtweitergabe von Atomwaffen (Non-Proliferation Treaty, NPT).

Die Asymmetrie in der Internationalen Politik macht freilich auch nicht vor dem Vertragswerk der Rüstungsbeschränkungs- und Abrüstungsvereinbarungen Halt. Die USA haben den ABM-Vertrag 2001 gekündigt, diese Kündigung ist 2002 wirksam geworden. Nach dem Ende des Ost-West-Konfliktes hat die USA teilweise das Interesse an den vor allem für das Verhältnis USA-UdSSR entwickelten Verträgen verloren. Das gilt jedoch nicht für den Non-Proliferation Treaty. Auf diesen Vertrag legen die USA weiterhin großes Gewicht, weil sie so hoffen, die Ausbreitung von Atomwaffen (z.B. in Richtung Nordkorea, Iran) zu unterbinden. Die Atommächte Indien und Pakistan haben den Vertrag allerdings nicht unterzeichnet, auch nicht die De-facto-Atommacht Israel.

Das Ende des Kalten Krieges hat erheblich zur Reduktion des Rüstungshandels beigetragen. Trotz des Auflebens von Kriegen etwa in Form ethno-nationaler Gewalt sind die Aufwendungen für Rüstung weltweit zurückgegangen.

Die Rüstungsanstrengungen der einzelnen Akteure sind jedoch durch ein extremes Ungleichgewicht gekennzeichnet: Im Bereich der rüstungsbezogenen Forschung und Entwicklung besitzen die USA einen gigantischen Vorsprung, der durch die Steigerung des Rüstungshaushaltes ab 2001 noch größer wird.

**Tabelle 18:**
Staatliche Ausgaben der OECD-Länder für Forschung und Entwicklung in der Rüstung, 1990–1998

|      | USA   | EU    | Andere | Total |
|------|-------|-------|--------|-------|
| 1990 | 46,94 | 14,93 | 1,20   | 63,06 |
| 1991 | 44,70 | 14,10 | 1,26   | 60,06 |
| 1992 | 44,90 | 12,63 | 1,42   | 58,94 |
| 1993 | 44,89 | 11,83 | 1,28   | 58,00 |
| 1994 | 39,88 | 10,82 | 1,35   | 52,05 |
| 1995 | 39,22 | 10,25 | 1,53   | 51,00 |
| 1996 | 39,12 | 10,25 | 1,63   | 51,00 |
| 1997 | 40,35 | 10,04 | 1,61   | 52,00 |
| 1998 | 39,73 | 9,74  | 1,58   | 51,05 |

(In Milliarden Dollar; Preise von 1998)

Quelle: OECD, zit. in Hessische Stiftung für Friedens- und Konfliktforschung, Standpunkte, 3/2001, S. 5

Von den Ausgaben der OECD (also der westlichen Industriestaaten) für rüstungsbezogene Forschung und Entwicklung fielen fast 80 Prozent auf die USA – und kaum 20 Prozent auf die EU. Die privaten Investitionen in die Rüstungsforschung sowie die ab 2001 insgesamt überproportional wachsenden Rüstungsanstrengungen vergrößern noch zusätzlich diesen Vorsprung der USA.

Die in den USA bestehenden Pläne eines umfassenden Raketenabwehrsystems stehen nach der Auffassung Russlands (als Rechtsnachfolger der UdSSR), Chinas und vieler anderer Mächte im Gegensatz zu den Bestimmungen des ABM-Vertrages. Die USA haben aus dieser Entwicklung die Konsequenz gezogen und 2001 den ABM-Vertrag aufgekündigt. Ein solches Raketenabwehrsystem könnte der Beginn eines neuen Wettrüstens sein. Zeichen eines solchen neuen Wettrüstens sind auch, dass Indien und Pakistan 1998 Atombomben getestet haben und nun offiziell als Atommächte gelten. Durch solche Entwicklungen könnten die

## 9. Friedens- und Konfliktforschung

am Ende des Ost-West-Konfliktes begonnen Abrüstungsschritte entwertet und ins Gegenteil verkehrt werden.

In der Friedensforschung werden, über diese ersten Versuche einer Praxis der Abrüstung hinaus, zwei Formen einer möglichen Konkretisierung diskutiert:

- Stufenweise beidseitige Abrüstung *(Gradualismus)*; beide Seiten sollen, unter Aufrechterhaltung der Symmetrie, in einer negativen Spirale, unter Umkehrung der Rüstungseskalation, militärisches Potential abbauen.

- Einseitige Abrüstung *(Unilateralismus)*; eine Seite muss, um die bestehende Furcht vor der jeweils anderen Seite zu beseitigen, ohne Rücksicht auf mögliche Parallelschritte einen ersten, signifikanten Schritt in Richtung Abrüstung unternehmen.

Die Unilateralisten gehen davon aus, dass nur so der die Rüstungsspirale anheizende Kreislauf von Misstrauen und weiterer Rüstung durchbrochen werden kann. Die Gradualisten hingegen meinen, dass eine so radikale Abrüstung eine Einladung an die jeweils andere Seite sein könnte, die dann nicht mehr gegebene Symmetrie zum eigenen Vorteil militärisch zu nutzen. Im Ost-West-Konflikt wurden, von den internationalen Akteuren, ausschließlich gradualistische Abrüstungskonzepte diskutiert. Die verschiedenen Abrüstungsabkommen (INF- und START-Verträge) folgten durchwegs den Vorstellungen des Gradualismus. Unilateralistische Konzepte sind von der politischen Wirklichkeit weit entfernt.

Anders als Abschreckung und Abrüstung will Soziale Verteidigung überhaupt jede traditionelle Form militärischer Verteidigung, auch eine „konventionelle" (nicht atomare), beenden. Soziale Verteidigung ist eine gewaltfreie Form der Antwort auf Aggressionen von außen bzw. eine Strategie zur Verhinderung solcher Aggressionen. Soziale Verteidigung ist insofern Pazifismus, als sie jede Form personaler Gewalt ablehnt. Soziale Verteidigung ist jedoch dann nicht mit Pazifismus gleichzusetzen, wenn unter Pazifismus der Verzicht auf jeden Widerstand bedeutet.

Das Kalkül der *Sozialen Verteidigung* ist durchaus dem Kalkül der Abschreckung ähnlich: Ein möglicher Aggressor soll, durch eine entsprechende Kosten-Nutzen-Analyse, von einem Angriff abgehalten werden.

Wenn dieser Aggressor vor einem Angriff bereits eindeutige Sicherheit hat, dass er die Ziele, die ihn zum Angriff motivieren (etwa Nutzung des zu besetzenden Landes als Rohstoffbasis), nicht erreichen kann, dann wird er vom Angriff Abstand nehmen.

Soziale Verteidigung ist im Wesentlichen *systematische Nicht-Kooperation* mit einem Aggressor. Im Gegensatz zum Konzept eines Guerillakrieges geht es nicht darum, die zivile Bevölkerung zu milizartigen, militärischen Verbänden zu organisieren, sondern sie auf ein geschlossenes, gewaltfreies Auftreten vorzubereiten.

Das Konzept der Sozialen Verteidigung ist im Zusammenhang mit dem Unabhängigkeitskampf Indiens gegen die britische Kolonialmacht praktisch entstanden und wurde von *Mahatma Gandhi* auch theoretisch verarbeitet. Unabhängig von diesem asiatischen Beispiel, das auch die Bürgerrechtsbewegung in den USA in den 50er und 60er Jahren wesentlich beeinflusst hat, gibt es auch mehr oder minder erfolgreiche europäische Beispiele Sozialer Verteidigung:

- der Widerstand im deutschen Ruhrgebiet 1923 gegen die französisch-belgische Besetzung;

- der Widerstand in Dänemark gegen die deutsche Besetzung, insbesondere 1943 gegen die Deportation der jüdischen Bevölkerung;

- der Widerstand in der CSSR 1968 gegen den Einmarsch der Truppen des Warschauer Paktes.

# 10. Internationale Organisationen und Außenpolitik

10.1. Internationale Organisationen allgemein
10.2. Die Vereinten Nationen
10.3. Die Europäische Union
10.4. Außenpolitik

## *10.1. Internationale Organisationen allgemein*

Internationale Organisationen sind Zusammenschlüsse nationaler politischer Akteure zu internationalen Gemeinschaften. Diese Zusammenschlüsse folgen dem Konzept der Integration – freilich mit unterschiedlicher Intensität. Am stärksten ist das Ziel der Integration dort zu beobachten, wo Zusammenschlüsse föderalistische (bundesstaatliche – supranationale) Ziele verfolgen; weniger ausgeprägt sind die Zusammenschlüsse dann, wenn sie konföderalistische (Staatenbund – intergouvernementale) Ziele verfolgen. Auch ist zu unterscheiden, was „nationaler Akteur" heißt – dabei kann es sich sowohl um souveräne politische Systeme (Staaten) als auch um nichtstaatliche Akteure handeln.

Internationale Organisationen sind nach folgenden Gesichtspunkten zu unterscheiden:

- *Staatliche* oder *nichtstaatliche* Organisationen; grundsätzlich sind internationale Organisationen entweder nur für die Mitgliedschaft von Staaten oder aber nur für die Mitgliedschaft nichtstaatlicher Organisationen offen. Letztere formieren sich unter der Bezeichnung NGOs (non-governmental organizations), um auf staatliche Organisationen (UN, EU, aber auch auf Einzelstaaten) Einfluss zu nehmen.

- *Globale* oder *regionale* Organisationen; internationale Organisationen können entweder grundsätzlich weltweit orientiert sein oder aber sich von vornherein auf bestimmte Regionen beschränken (Beispiele: Organisation für Afrikanische Einheit – OAU, Organisation Amerikanischer Staaten – OAS).

- *Supranationale* oder *intergouvernementale* Organisationen; staatliche internationale Organisationen können entweder Elemente des Bundesstaates aufweisen, sie entziehen dann den einzelnen Mitgliedstaaten Souveränitätsrechte (Beispiel: EU) – oder sie sind, als intergouvernementale Organisationen, von solchen bundesstaatlichen Aspekten frei (Beispiel: UN).

Die Unterscheidung zwischen supranationalen und intergouvernementalen Organisationen ist eine Unterscheidung nach den Befugnissen der Organisation gegenüber den Mitgliedstaaten. Supranationale Organisationen sind Übergangsformen zwischen dem traditionellen Nationalstaat und einem übernationalen Föderalismus – so ist, durch die Verfassung von 1787, der 1776 durch die Unabhängigkeitserklärung gegründete Staatenbund der Vereinigten Staaten von Amerika zu einem Bundesstaat geworden; in der Sprache der internationalen Organisationen ist dadurch der Schritt von einer intergouvernementalen zu einer supranationalen Organisation vollzogen worden. Das Wesen einer solchen Organisation besteht darin, dass zumindest in einigen Bereichen die Organisation den einzelnen Mitgliedstaaten auch gegen deren ausdrücklichen Willen Entscheidungen aufzwingen kann; dass also kein Mitgliedstaat ein absolutes, uneingeschränktes Vetorecht gegen Entscheidungen der internationalen Organisation besitzt (siehe *Tabelle 19*).

Auf die staatlichen internationalen Organisationen wird, am Beispiel der Vereinten Nationen und der Europäischen Gemeinschaft, weiter unten noch eingegangen. Für die Internationalen Beziehungen sind jedoch die nichtstaatlichen internationalen Organisationen ebenfalls von erheblicher Bedeutung. Vor allem zwei Formen der nichtstaatlichen internationalen Organisationen sind hervorzuheben:

- Internationale Zusammenschlüsse von *Parteien*.

- Internationale Zusammenschlüsse von *Gewerkschaften*.

## 10. Internationale Organisationen und Außenpolitik

Durch diese Zusammenschlüsse wollen Parteien und Gewerkschaften Instrumente entwickeln, die auf der Ebene der verschiedenen staatlichen Internationalen Organisationen agieren können. Dabei ist wiederum zwischen globalen und regionalen Organisationen zu unterscheiden.

Internationale Zusammenschlüsse politischer Parteien folgen im Allgemeinen den traditionellen ideengeschichtlichen („ideologischen") Kriterien – es gibt Zusammenschlüsse *sozialistischer und sozialdemokratischer Parteien* (Sozialistische Internationale), *liberaler Parteien* (Liberale Weltunion), *konservativer und christlich-demokratischer Parteien* (Internationale Demokratische Union, Europäische Demokratische Union) und *christlich-demokratischer Parteien* allein (Internationale und Europäische Union christlich-demokratischer Parteien). Auffallend ist, dass ein entsprechender Zusammenschluss *kommunistischer Parteien* nicht existiert. Die Kommunistische Internationale, im Anschluss an die russische Oktoberrevolution gegründet, wurde 1943 aufgelöst. Das 1948 gegründete Kommunistische Informationsbüro umfasste nicht mehr alle kommunistischen Parteien, sondern nur die (in Einparteiensystemen) regierenden sowie die kommunistischen Parteien Frankreichs und Italiens. Das Kommunistische Informationsbüro (Kominform) wurde zunächst primär als Instrument des Kalten Krieges bzw. der Auseinandersetzung mit der Kommunistischen Partei Jugoslawiens eingesetzt, um bald darauf schrittweise alle Aktivitäten einzustellen. Die verschiedensten Konflikte auch zwischen regierenden kommunistischen Parteien (UdSSR – Jugoslawien, UdSSR – China) sowie die Autonomieinteressen nicht regierender kommunistischer Parteien („Eurokommunismus") verhinderten eine internationale Organisation der Parteien, die dem Gedanken der Internationalität eigentlich besonders verpflichtet sein müssten.

Mit dem Ende der Systeme sowjetischen Typs in Europa (1989/91) definierten sich verschiedene kommunistische Parteien in Westeuropa, aber auch im vormals kommunistischen Europa neu und schlossen sich den internationalen Einrichtungen der sozialdemokratischen Parteien an. Ein Beispiel ist die Kommunistische Partei Italiens (PC), die sich – mehrheitlich – als „Partei der demokratischen Linken" von der kommunistischen Tradition lossagte. Andere Beispiele sind die postkommunistischen Parteien Polens und Ungarns.

In Europa übt das Europäische Parlament einen erheblichen Einfluss auf den Zusammenschluss nationaler Parteien aus. Da das Europäische Parlament nach Fraktionen gegliedert ist, entstanden durch diese Fraktionsbildung bereits Dachverbände, in denen nationale Parteien zusammengeschlossen sind. Bei der Wahl des Europäischen Parlaments 2009 sollen diese europäisch-transnationalen Parteien offen an Stelle nationaler Parteien wahlwerbend auftreten können. Die beiden größten dieser transnationalen Parteien sind die *Europäische Volkspartei* als Zusammenschluss christlich-demokratischer und konservativer Parteien und die *Partei der Europäischen Sozialisten* als Zusammenschluss der sozialdemokratischen und sozialistischen Parteien.

Auch die Zusammenschlüsse der Gewerkschaften folgt dem ideengeschichtlichen („ideologischen") Muster. 1948 spaltete sich der Weltgewerkschaftsbund – die nicht kommunistischen, schwergewichtig sozialdemokratisch-sozialistischen Gewerkschaften gründeten den Internationalen Bund Freier Gewerkschaften (IBFG), während die kommunistisch dominierten Gewerkschaften im Weltgewerkschaftsbund (WGB) blieben. Unabhängig von dieser wesentlichen Spaltung existiert der Weltverband der Arbeitnehmer (WVA), dem schwergewichtig christlich dominierte oder motivierte Gewerkschaften angehören. Auf europäischer Ebene haben die nicht kommunistischen Gewerkschaften des IBFG und des WVA den Europäischen Gewerkschaftsbund (EGB) gegründet.

Zusätzlich zu den Zusammenschlüssen von Parteien und Gewerkschaften versuchen zunehmend auch NGOs auf die Internationale Politik Einfluss zu nehmen, die bestimmte, nicht primär ökonomisch definierte Interessen verbandsmäßig vertreten. Zu diesen Interessen zählen insbesondere:

- Menschenrechte. Ein Beispiel dafür ist *Amnesty International*.

- Umweltschutz. Ein Beispiel dafür ist *Green Peace*.

**Tabelle 19:**
Typologie und Beispiele internationaler Organisationen

| | Organisationsform | | | |
|---|---|---|---|---|
| | staatlich supranational | staatlich intergouvernemental | nicht staatliche Parteien | nicht staatliche Gewerkschaften |
| global | – | UN | Sozialistische Internationale (SI) | IBFG WGB WVA |
| regional (Beispiel Europa) | Europäische Union | Europarat | Europäische Volkspartei (EVP) | EGB |

Den NGOs kommt in der Internationalen Politik vermehrte Bedeutung deshalb zu, weil sie in der Lage sind, sich transnational zu organisieren – also unabhängig von staatlicher Zugehörigkeit. In Verbindung mit bestimmten Kommunikationstechniken (Internet) können NGOs als Druckgruppen öffentlich wirksam auftreten: etwa bei den „G 7"-(„G 8")-Treffen, bei den Gipfelkonferenzen der WTO, aber auch bei Zusammenkünften des Europäischen Rats.

## 10.2. Die Vereinten Nationen

Die Vereinten Nationen wurden 1945 als Nachfolgeorganisation des 1919 gegründeten Völkerbundes ins Leben gerufen. Gründer waren die Siegermächte des Zweiten Weltkrieges, die durch ein Instrument der „kollektiven Sicherheit", also der internationalen Zusammenarbeit, die Wiederholung der beiden Weltkriege verhindern wollten. Insbesondere die Politik der USA sah 1945, zunächst noch von Präsident *Franklin D. Roosevelt* formuliert, in den Vereinten Nationen (UN) das bestgeeignete Instrument zur Friedenssicherung.

Um dieser Hauptaufgabe, der Sicherung des (negativen) Friedens, gerecht zu werden, versuchen die Vereinten Nationen in ihrer Struktur sowohl einem realistischen als auch einem egalitären Prinzip gerecht zu werden.

- *Realistisches Prinzip:* Da in der internationalen Staatengemeinschaft die einzelnen Akteure über ungleiche Möglichkeiten zur Durchsetzung ihrer Interessen verfügen, wurde der Sicherheitsrat der UN so konzipiert, dass die Großmächte in diesem Organ einen der Realität entsprechenden Machtvorsprung besitzen.

- *Egalitäres Prinzip:* Da die UN jedoch gerade auch den Interessen der schwächeren Nationen dienen wollen, wurde die Generalversammlung nach dem Prinzip der Gleichheit aller Mitgliedstaaten organisiert – jeder Staat, unabhängig von seiner Größe, seinem militärischen oder ökonomischen Potential, wird hier gleich behandelt.

## 10. Internationale Organisationen und Außenpolitik

Die UN haben drei Hauptorgane:

- *Generalversammlung;* alle Mitgliedstaaten (derzeit gehören bereits alle Staaten – mit Ausnahme einiger umstrittener Gebiete wie Taiwan – den UN an, die dadurch, anders als der Völkerbund, tatsächlich universell sind) verfügen hier über eine Stimme. Eine Ausnahme war die UdSSR, die, aus historischen Gründen, faktisch über drei Stimmen verfügte, da neben der Sowjetunion selbst auch die Ukrainische und die Weißrussische SSR Mitglieder der UN waren. Die Generalversammlung ist im Wesentlichen ein Diskussionsorgan.

- *Sicherheitsrat;* dem Sicherheitsrat gehören die fünf Großmächte des Jahres 1945 an – USA, Russland (bis 1991: UdSSR), Großbritannien, Frankreich, China. Der Sitz Chinas wurde bis 1971 von der Regierung in Taipeh besetzt, erst in diesem Jahr setzte sich (gegen die USA) in den UN die Meinung durch, dass die Regierung in Peking, also die Volksrepublik China, der eigentliche Repräsentant des Landes sei. Die fünf Großmächte sind die ständigen Mitglieder des Sicherheitsrates – sie besitzen ein Vetorecht. Darüber hinaus gehören dem Sicherheitsrat zehn nicht ständige Mitglieder an, die von der Generalversammlung nach einem regionalen Schlüssel gewählt werden – jedes Jahr werden fünf Staaten für die Dauer von zwei Jahren gewählt. Der Sicherheitsrat ist das Beschlussorgan der UN, nur der Sicherheitsrat kann die „friedenserhaltenden (peace keeping)" und die „friedensschaffenden (peace making)" Maßnahmen (Beispiel: Entsendung von Truppen) beschließen. Beschlüsse des Sicherheitsrates waren auch die Grundlage für das militärische Eingreifen der von den USA geführten Koalition gegen den Irak (1991) und für das Eingreifen der ebenfalls von den USA bzw. der NATO geführten internationalen Truppen (IFOR) in Bosnien-Herzegowina (1996). In Jugoslawien, 1999, kam es zuerst zu vom Sicherheitsrat nicht legitimierten Militärschlägen der NATO. Erst dann beschloss der Sicherheitsrat den Einsatz der von der NATO geführten internationalen Truppen im Kosovo (KFOR). Den Krieg im Irak, 2003, begann die USA ebenfalls ohne ausdrückliche Legitimation durch den Sicherheitsrat.

- *Generalsekretär(in);* er (oder sie) wird von der Generalversammlung, auf Vorschlag des Sicherheitsrates, für die Dauer von fünf Jahren gewählt (Wiederwahl ist möglich). Zur Zeit des Ost-West-Konfliktes konnte nur eine Person diese Funktion erreichen, auf die sich Ost und West im Sicherheitsrat einigen konnten. Seither ist deutlich, dass die USA den bestimmenden Einfluss auf die Auswahl der Person des Generalsekretärs (der Generalsekretärin) haben. Der Generalsekretär (die Generalsekretärin) leitet die Verwaltung der Vereinten Nationen. Insbesondere kommt ihm (ihr) die Aufgabe zu, die Beschlüsse des Sicherheitsrates umzusetzen. Er (sie) trägt damit die primäre Verantwortung für die „peace keeping" und die „peace making" Maßnahmen der UN. Dafür muss er (sie) sich allerdings bemühen, Truppen von den UN-Mitgliedstaaten zur Verfügung gestellt zu bekommen. Eine Verpflichtung dafür gibt es nicht – und eigene Truppenkontingente haben die UN nicht.

Die drei anderen Organe – *Wirtschafts- und Sozialrat, Treuhandrat, Internationaler Gerichtshof* (der als einziges Organ der UN seinen Sitz nicht in New York, sondern in Den Haag hat) – sind von politisch geringerer Bedeutung. Bei einer Beurteilung der UN muss jedoch auch die Tätigkeit der zahlreichen Spezial- und Sonderorganisationen berücksichtigt werden (Beispiele: UNESCO für Wissenschaft, Bildung und Kultur; UNIDO für internationale Entwicklung; WHO für die Abstimmung der Gesundheitspolitik; ILO für den Austausch der Erfahrungen in den industriellen Beziehungen). Diese Spezial- und Sonderorganisationen haben insbesondere für die Länder der Dritten Welt oft sehr große Bedeutung.

Die gesamte Organisation der UN hängt letztlich an der Bereitschaft der Großmächte, durch die und in den Vereinten Nationen ein Minimum an Kommunikation aufrechtzuerhalten. Deshalb ist das Vetorecht im Sicherheitsrat wesentlich – dadurch wird einerseits verhindert, dass eine Großmacht nicht bloß in Form unverbindlicher Beschlüsse der Generalversammlung, sondern durch Entscheidungen des Sicherheitsrates majorisiert wird; eben dadurch wurde verhindert, dass die UdSSR, die in den Jahren nach 1945 in der Generalversammlung in der Minderheit war, aus den UN ausschied.

Die UN sind in ihrer Struktur von der weltpolitischen Situation nach dem Zweiten Weltkrieg geprägt. Das entspricht gerade dann nicht mehr

## 10. Internationale Organisationen und Außenpolitik

der Situation am Beginn des 21. Jahrhunderts, wenn das *realistische Prinzip* zur Grundlage der Struktur der UN genommen werden soll. Deshalb gibt es seit vielen Jahren die Debatte um die Reform des Sicherheitsrates. Versucht wird vor allem, die Zahl der ständigen Mitglieder des Sicherheitsrates auszuweiten. Dabei werden vor allem Japan und Deutschland wegen ihrer wirtschaftlichen Bedeutung genannt. Die „Dritte Welt" fordert Vertreter Asiens (z.B. Indien), Afrikas (z.B. Nigeria) und Lateinamerikas (z.B. Brasilien) mit ständigen Sitzen im Sicherheitsrat auszustatten. Doch diese Reformvorschläge scheitern am mangelnden Konsens und insbesondere am mangelnden Interesse der USA, weiteren Mächten ein Vetorecht einzuräumen.

Seit dem Ende des Kalten Krieges haben die USA einerseits einen herausragenden Einfluss innerhalb der und auf die UN: Da der finanzielle UN-Beitrag der USA der mit Abstand größte ist, setzen die USA ihre Finanzmacht ein, um (etwa bei der Bestellung des Generalsekretärs) ihre Interessen durchzusetzen. Andererseits ignorieren die USA zunehmend – Ausdruck einer Neigung zum „Unilateralismus" – die UN. Die (im Rahmen der NATO, aber ohne Zustimmung des UN-Sicherheitsrates) durchgeführten Militärschläge gegen Jugoslawien (Serbien) 1999 und der 2003 ebenfalls ohne Zustimmung des UN-Sicherheitsrates und unabhängig von der NATO begonnene Krieg im Irak unterstreichen dies.

Zur Zeit des Kalten Krieges wurde an den UN deren Handlungsunfähigkeit kritisiert: Die USA und die UdSSR verhinderten, sobald die eine oder die andere Supermacht um ihre spezifischen Interessen fürchtete, jeden relevanten Beschluss des Sicherheitsrates. Seit dem Ende des Kalten Krieges wird an den UN zunehmend kritisiert, dass sie – angesichts der Hegemonie der USA – jede Bedeutung zu verlieren drohen. Diese Kritik bezieht sich auf die Hauptaufgabe der UN bzw. des Sicherheitsrates – auf die Friedenssicherung. Mit dieser Kritik sind die verschiedenen sekundären Funktionen (z.B. die Spezialorganisationen, aber auch die Aufgaben im Rahmen des „peace keeping") nicht gemeint.

Im Rahmen der Vereinten Nationen wurden nach dem Ende des Kalten Krieges zwischenstaatliche Kooperationen zur Verfolgung von Kriegsverbrechen begonnen. Dazu zählen die beiden *Kriegsverbrechertribunale* in Den Haag zur Verfolgung der Kriegsverbrechen in den postjugoslawischen Kriegen und in Arusha (Tansania) zur Verfolgung der Verbrechen im Zusammenhang mit dem Genozid in Ruanda 1994. Diese Bemühungen stehen in der Tradition der beiden gegen die Hauptkriegsverbrecher geführten Prozesse in Nürnberg (Urteil 1946) und Tokio (Urteil 1948). Der 2002 ebenfalls in Den Haag eingerichtete *Internationale Strafgerichtshof (International Criminal Court – ICC)* leidet freilich (zumindest derzeit noch) unter einem Akzeptanzproblem – drei der fünf ständigen Mitglieder des UN-Sicherheitsrates (USA, Russland, China) haben (bisher) die Unterzeichnung bzw. die Ratifizierung des Vertrages und damit den Beitritt zum ICC verweigert.

Die ökonomische Globalisierung – die zunehmende Grenzenlosigkeit des Kapitals – provoziert ein Bedürfnis nach politischer Globalisierung, in Form von *global governance;* von politischen Institutionen, die in der Lage sind, weltweit relevante Entscheidungen zu treffen, die ein Gegengewicht zur grenzenlosen Ökonomie bringen. Die UN scheinen – allen Bemühungen zum Trotz – diese Aufgabe nicht erfüllen zu können, weil wichtige Staaten (vor allem die USA) kein Interesse haben, den UN eine solche politische Funktion zu geben.

## *10.3. Die Europäische Union*

Die Europäische Union, entwickelt aus den Europäischen Gemeinschaften, ist die wichtigste Organisation, die dem Ziel einer Vereinigung der „westlichen" Länder Europas diente. Nach dem Ende des Ost-West-Konfliktes steht eine Erweiterung der EU zur Diskussion – zunächst durch die Aufnahme neutraler Staaten (Österreich ab 1995) bzw. skandinavischer Staaten. Die EU hat sich aus drei Gemeinschaften entwickelt:

- *Europäische Gemeinschaft für Kohle und Stahl* (EGKS – „Montan-Union"), 1952;

- *Europäische Wirtschaftsgemeinschaft* (EWG), 1958;

- *Europäische Atomgemeinschaft* (Euratom), 1958.

Gründungsmitglieder dieser Gemeinschaften waren Frankreich, Italien, die Bundesrepublik Deutschland, die Niederlande, Belgien und Luxemburg.

1973 traten Großbritannien, Irland und Dänemark den Gemeinschaften bei, 1981 Griechenland, 1986 Spanien und Portugal, 1995 Schweden, Finnland und Österreich. 2004 gab der Beitritt von 10 weiteren Mitgliedstaaten („Ost-Erweiterung") der bis dahin im wesentlichen westeuropäischen Union eine gesamteuropäische Dimension, die durch die für 2007 geplanten Beitritte (Rumänien und Bulgarien) noch unterstrichen wird. Die Mitgliedschaft der Türkei, könnte am Ende dieser Erweiterungsdynamik stehen.

**Tabelle 20:**
Entwicklung der Europäischen Union

|  |  |
|---|---|
| 1947 | Europäisches Wiederaufbauprogramm (ERP – *„Marshall*-Plan") |
| 1948 | Gründung des Europäischen Wirtschaftsrates (OEEC) in Paris zur Verteilung der ERP-Mittel; aus der OEEC entwickelt sich die OECD zur Koordinierung der Wirtschaftspolitik der westlichen Industriestaaten |
| 1949 | Gründung des Rates für gegenseitige Wirtschaftshilfe (RGW – COMECON) als intergouvernementale Organisation der kommunistischen Staaten, Sitz in Moskau |
| 1952 | Gründung des EGKS auf Grund des 1951 unterzeichneten Vertrages von Paris |
| 1954 | Scheitern der EVG (Europäische Verteidigungs-Gemeinschaft) durch negatives Votum des französischen Parlaments |
| 1958 | Gründung von EWG und Euratom auf Grund der 1957 unterzeichneten Verträge von Rom |
| 1960 | Gründung der Europäischen Freihandels-Assoziation (EFTA) durch die (zunächst) nicht an der EWG beteiligten westlichen Industriestaaten |
| 1965 | Fusion der Kommissionen von EWG und Euratom sowie Hoher Behörde der EGKS; gemeinsamer Rat und gemeinsame Kommission |
| 1969 | Gründung der Europäischen Politischen Zusammenarbeit (EPZ), die kein formelles Organ der EG ist, innerhalb der die Außenminister der EG-Mitglieder ihre Außenpolitik koordinieren |
| 1973 | Erweiterung der Europäischen Gemeinschaften durch den Beitritt Großbritanniens, Dänemarks und Irlands, Freihandelsab- |

| | |
|---|---|
| | kommen mit den EFTA-Staaten – dadurch entscheidender Bedeutungsverlust der EFTA |
| 1979 | Erste Direktwahl des Europäischen Parlaments |
| 1981 | Erweiterung durch den Beitritt Griechenlands |
| 1985/86 | Unterzeichnung der „Einheitlichen Europäischen Akte" zur Beschleunigung der Integration innerhalb der EG (Ziel: Binnenmarkt ab 1993) |
| 1986 | Erweiterung durch den Beitritt Spaniens und Portugals |
| 1991 | In Maastricht beschließt der Europäische Rat, die Entwicklung der EG in Richtung auf Politische Union sowie Wirtschafts- und Währungsunion voranzutreiben |
| 1994 | Mit der Ratifizierung der Verträge von Maastricht werden die EG zur Europäischen Union (EU) |
| 1995 | Beitritt von Schweden, Finnland und Österreich |
| 1998 | Entscheidung über die Einführung einer gemeinsamen Währung (Euro) ab 1999 und über die Europäische Zentralbank (EZB) |
| 1999 | Bestellung eines „Hohen Vertreters" für die Gemeinsame Außen- und Sicherheitspolitik (GASP) der EU |
| 2001/03 | Ein speziell dafür eingerichteter Konvent arbeitet einen Verfassungsentwurf für die EU aus, der 2004 mit Änderungen vom Europäischen Rat beschlossen wird |
| 2004 | Beitritt Polens, der Tschechischen Republik, der Slowakei, Ungarns, Sloweniens, Estlands, Lettlands, Litauens, Maltas und Zyperns |
| 2007 | Beitritt Rumäniens und Bulgariens (geplant) |

Die EU zielt zunächst auf die wirtschaftliche Integration Europas, letztlich aber auf die politische Integration – auf die Vereinigten Staaten von Europa. Die wichtigsten Organe der EU sind:

- *Rat;* der Rat tritt als Ministerrat zusammen, dann gehört je ein Regierungsmitglied (üblicherweise der Außenminister) der Mitgliedstaaten ihm an; oder der Rat tritt als Europäischer Rat zusammen, dann sind die Mitgliedstaaten durch ihre Regierungschefs oder Staatsoberhäupter (im Fall Frankreichs) vertreten. Der Rat ist das eigentliche Entscheidungsorgan der EU, er repräsentiert den supranationalen Charakter der Gemeinschaft. Allerdings relativiert der Umstand, dass – trotz des grundsätzlich bestehenden Mehrstimmigkeitsprinzips –

der Rat gewöhnlich nur einstimmige Beschlüsse fasst, diesen supranationalen Charakter. Jeweils ein Mitgliedstaat hat für die Dauer von 6 Monaten den Vorsitz im Rat. Nach den Vorschlägen des EU-Konvents soll diese „rotierende" durch eine „permanente" Ratspräsidentschaft ersetzt werden – der Rat soll, wie die Kommission, von einem Präsidenten geführt werden, der als Person und nicht als Regierungsvertreter agiert. Nach den Vorschlägen des Konvents soll auch die Mehrstimmigkeit zulasten der Einstimmigkeit ausgebaut werden.

- *Kommission;* die Aufgabe der Kommission ist es, die Beschlüsse des Rates zu initiieren und zu exekutieren. Die Kommission hat damit eine Aufgabe, die der einer Regierung sehr ähnlich ist – die Mitglieder der Kommission gleichen MinisterInnen. Der Kommission (deren Sitz Brüssel ist) ist auch der Verwaltungsapparat der EU (gegliedert in Generaldirektionen) unterstellt. Die Mitglieder der Kommission werden von den Regierungen der Mitgliedstaaten auf die Dauer von 5 Jahren (Wiederbestellung ist möglich) bestellt, ohne dass die KommissarInnen deshalb die Interessen der einzelnen Regierungen vertreten sollen – sie sind nur der EU, nicht den Mitgliedstaaten verpflichtet. Die Bestellung der Kommission bedarf der Zustimmung des EU-Parlaments. Derzeit bestellen alle Mitgliedstaaten ein Mitglied der Kommission. Mit den Erweiterungen 2004 und 2007 soll dies geändert werden – nach einigen Jahren, so die 2004 vom Rat beschlossene Verfassung, soll ein Rotationssystem die Zahl der KommissarInnen begrenzen. Ein Mitglied der Kommission fungiert als Präsident(in).

- *Parlament;* das Parlament, das bis 1979 von den einzelnen Parlamenten der Mitgliedstaaten beschickt war und seit 1979 direkt gewählt wird, ist nur mit Einschränkungen tatsächlich als Parlament zu bezeichnen. Insbesondere fehlt dem Europäischen Parlament die volle Gesetzgebungskompetenz, die ja primär beim Rat liegt. Das Parlament hat gegenüber dem Rat jedoch gewisse Mitwirkungsrechte („Verfahren der Mitentscheidung"). Nach den Vorstellungen des Konvents sollen diese Mitentscheidungsrechte weiter ausgebaut werden – das Parlament wird so aufgewertet. Das Parlament besitzt auch das Recht, die Kommission mit Zweidrittel-Mehrheit zu „stürzen" (Misstrauensvotum). Jede neu bestellte Kommission braucht überdies die ausdrückliche Zustimmung des Parlaments. Das Parlament besitzt auch ein (freilich eingeschränktes) Budgetrecht.

Von geringerer Bedeutung sind die anderen Organe der EU – *Ausschuss der Regionen, Wirtschafts- und Sozialausschuss, Europäischer Sozialfonds, Europäischer Agrar- und Garantiefonds, Europäischer Entwicklungsfonds, Europäische Investitionsbank.* Dem *Europäischen Gerichtshof* (EuGH) kommt hingegen eine wachsende Bedeutung zu.

Mit dem Beginn der Währungsunion 1999 nahm die *Europäische Zentralbank* (EZB – Sitz in Franfurt am Main) ihre Tätigkeit auf. Sie wacht über die Währungsstabilität in der „Euro-Zone". Die nationalen Notenbanken (z.B. die Österreichische Nationalbank) sind – Ausdruck eines (weiteren) Souveränitätsverlustes der Mitgliedstaaten – der EZB unterstellt. Die maximale Unabhängigkeit, die der EZB gegenüber den (anderen) Organen der EU eingeräumt ist, wird als besonderes Merkmal gelobt und kritisert: Denn dadurch ist die Währungspolitik innerhalb der „Euro-Zone" der Einflussnahme durch Rat, Kommission und Parlament weitgehend entzogen.

Der Vertrag von Maastricht hat der EU neue Kompetenzen gebracht: Neben der Kompetenz, die sich aus dem Zusammenschluss der drei ursprünglichen Gemeinschaften entwickelt hat („Europäische Gemeinschaft" als *Erste Säule),* besitzt die EU nun auch in Form der Gemeinsamen Außen- und Sicherheitspolitik („GASP" als *Zweite Säule)* und der Gemeinsamen Innen- und Justizpolitik *(Dritte Säule)* weitere Zuständigkeiten. In der zweiten und dritten Säule besteht jedoch keine Supranationalität – das heißt, im Rat muss, um einen Beschluss zu erreichen, Einstimmigkeit hergestellt werden. Der Konvent hat 2003 vorgeschlagen, diese drei Säulen zu integrieren.

Die EU muss sich der Kritik stellen, dass ihre Verfassung nicht den demokratischen Standards entspricht, die für liberale Systeme gelten. Insbesondere wird gefordert, das Europäische Parlament zu einem echten Parlament mit Gesetzgebungskompetenz zu machen. Dies würde allerdings auf Kosten des Rates und damit der einzelnen Mitgliedstaaten gehen, die durch ihre Regierungen im Rat direkt die Politik der EU bestimmen. Eine Verschiebung der Kompetenzen vom Rat in Richtung Parlament würde die EU jedenfalls deutlicher zu einer Föderation, zu einem Bundesstaat machen. Eine „Regierungskonferenz" der EU befasste sich 1996 und 1997 mit diesen Verfassungsfragen. Das Ergebnis war der Vertrag von Amsterdam, der aber dringliche Probleme – wie etwa die Ausweitung der Mehrheitsentscheidungen zu Lasten des Vetorechtes jedes einzelnen Mitgliedstaates – nicht wirklich löste.

Die Frage nach dem demokratischen Charakter der EU und die Probleme, die eine Erweiterung von 15 auf 25 (27) Mitglieder für die Effektivität der Entscheidungsprozesse der EU aufwerfen muss, beschäftigte den Europäischen Rat in Nizza 2000. Das Ergebnis dieses Rates – der Vertrag von Nizza – wurde allgemein als unzureichend betrachtet. Daher wurde 2001 der EU-Konvent eingesetzt, um den beiden Herausforderungen (Verstärkung der Demokratiequalität und Sicherung der Effektivität auch nach der Erweiterung) gerecht zu werden. Das Ergebnis des Konvents soll eine Stärkung des Mehrheitsprinzips im Rat und eine (weitere) Aufwertung des Parlaments bringen.

Diese Entwicklung stärkt den supranationalen Charakter der EU und nähert sie dem Muster eines Bundesstaates (einer Föderation) an. Deshalb ist die EU nicht einfach als Internationale Organisation zu bezeichnen. Sie wird zumeist als Einrichtung „sui generis" gesehen, als eine Institution besonderer Art – mit Elementen einer Internationalen Organisation, aber auch mit Elementen einer Föderation.

Unabhängig von der EU besteht seit 1949 der *Europarat* (Sitz: Straßburg). Der Europarat, dem grundsätzlich alle europäischen Staaten mit liberalem politischen System angehören, hat seine Hauptaufgaben vor allem im Bereich der Integration der europäischen Rechts- und Sozialpolitik. Der Europarat, dessen wichtigste Organe die Parlamentarische Versammlung, der Ministerrat und der Generalsekretär sind, verabschiedete 1950 die Europäische Menschenrechtskonvention und 1961 die Europäische Sozialcharta. Der *Europäische Gerichtshof für Menschenrechte* wacht, als Einrichtung des Europarates, über die Einhaltung der Europäischen Menschenrechtskonvention. Als Folge des Siegeszuges liberaler Systeme in Europa gehören dem Europarat heute auch die meisten postkommunistischen Staaten Europas an, einschließlich Russlands.

## 10.4. Außenpolitik

Der Außenpolitik kommt eine besondere Bedeutung zu – anders als andere Politikfelder (Sozialpolitik, Bildungspolitik etc.) ist die Außenpolitik nicht nur von den Akteuren des jeweils eigenen politischen Systems, sondern ebenso unmittelbar von den Akteuren anderer politischer Systeme abhängig – Außenpolitik verbindet die politischen Systeme mit den Internationalen Beziehungen.

Diese Besonderheit der Außenpolitik führt zu einigen anderen, spezifischen Merkmalen:

- In der Außenpolitik ist der *Vorrang der Exekutive* (Regierung) gegenüber der Legislative (Parlament) noch deutlicher und ausgeprägter.

- In der Außenpolitik hat sich in allen politischen Systemen ein besonderes Berufsbeamtentum entwickelt *(Diplomatie)*, das besondere Eigendynamik entfaltet und besonders dazu neigt, sich zu verselbständigen (Beispiele: DiplomatInnen als Außenminister).

- Die Außenpolitik muss im Bereich der Internationalen Beziehungen ein besonderes System von Normen beobachten *(Völkerrecht)*, das, anders als andere Normensysteme, nur sehr eingeschränkt vom eigenen politischen System bestimmt werden kann.

- Die Außenpolitik muss, anders als andere Politikfelder, auch besonders berücksichtigen, dass es in der Internationalen Politik grundsätzlich keine zentrale Autorität gibt – keine Instanz (z.B. ein Höchstgericht), das letzte verbindliche Entscheidungen trifft.

- In der Außenpolitik besteht eine besondere Neigung, „nationalen Konsens", über den Wettbewerb zwischen Regierung und Opposition hinweg, zu entwickeln – Außenpolitik ist in Mehrparteiensystemen im Allgemeinen weniger kontrovers als andere Politikfelder.

## 10. Internationale Organisationen und Außenpolitik 173

- In der Außenpolitik besteht ein Defizit an Öffentlichkeit, verstärkt durch die Rolle von Militär und Geheimdiensten – Außenpolitik wird in hohem Maß „geheim" betrieben.

Diese Besonderheiten lassen sich auch an den außenpolitischen Entscheidungsstrukturen der beiden Supermächte, der USA und der UdSSR, beobachten.

Beispiel USA: In den USA gibt es das auffallende Nebeneinander der Doppelzuständigkeit des Präsidenten und des Kongresses (insbesondere des Senates). Innerhalb der Regierung gibt es abermals eine Doppelzuständigkeit – neben das offizielle Außenministerium *(State Department)* tritt der *Nationale Sicherheitsrat*. Präsidenten der USA neigen oft dazu, eine Konkurrenz zwischen AußenministerInnen und SicherheitsberaterInnen (spezielle Funktion im Nationalen Sicherheitsrat) zuzulassen, um umso stärker selbst die Außenpolitik kontrollieren zu können (*Nixon* und *Carter* im Zusammenspiel mit ihren Sicherheitsberatern *Kissinger* und *Brzezinski*; *Reagan* im Zusammenhang mit der „Iran-Contra-Affäre", am State Department und am Kongress vorbei).

Der erste Akteur der US-Außenpolitik ist der Präsident. Dieser kann sich neben dem State Department und dem Nationalen Sicherheitsrat auch des außenpolitisch ebenfalls wichtigen Verteidigungsministeriums *(Pentagon)* bedienen. Der *Kongress* hat aber folgende Möglichkeiten der Mitwirkung:

- Der Senat muss alle vom Präsidenten geschlossenen Verträge mit Zweidrittel-Mehrheit genehmigen („ratifizieren").

- Der Senat muss das diplomatische Führungspersonal, das der Präsident ernennt (BotschafterInnen), bestätigen.

- Der Kongress (Senat und Repräsentantenhaus) müssen die für die Außenpolitik des Präsidenten notwendigen Geldmittel bewilligen (Budgetrecht).

In der UdSSR waren diese Besonderheiten der außenpolitischen Entscheidung weniger deutlich zu beobachten – im Zweifel schien eindeutig auch in der Außenpolitik der Vorrang der Partei zu bestehen. Bei allen wichtigen Weichenstellungen sowjetischer Außenpolitik (1935: Hinwendung zur Politik der kollektiven Sicherheit, „Volksfrontpolitik"; 1939: Pakt mit *Hitler*; 1953/54: Beginn der ersten Entspannungsphase) war dieser Vorrang jedenfalls deutlich.

Die Außenpolitik der USA im 20. Jahrhundert pendelte zwischen zwei Ausrichtungen – zwischen einem (demokratischen) Interventionismus, für den die beiden Präsidenten *Wilson* und *F. Roosevelt* beispielhaft stehen, und einem (republikanischen) Isolationismus, dessen Höhepunkt zwischen diesen beiden Präsidenten war. Mit der Präsidentschaft des Republikaners *Eisenhower* (1953-1961) wurde der republikanische Isolationismus jedoch zurückgedrängt, das interventionistische, weltpolitische Engagement ist seither im Wesentlichen in der Außenpolitik der USA dominierend.

Dass die isolationistische Neigung in den USA und speziell in der Republikanischen Partei nicht spurlos verschwunden ist, zeigten die ersten Monate der Präsidentschaft von *George W. Bush*. Bis zu den Terroranschlägen des 11. September 2001 zeigte Bush eine starke Neigung, sich aus den internationalen Engagements seines demokratischen Vorgängers *Bill Clinton* zu lösen – etwa im ehemaligen Jugoslawien. Nach dem 11. September allerdings engagierten sich die USA massiv, und zwar in Form militärischer Interventionen, in Afghanistan und im Irak.

Die isolationistische Neigung der Regierung Bush kommt allerdings indirekt in der Neigung zum Unilateralismus zum Ausdruck – zu Alleingängen unabhängig von der Zustimmung der UN oder auch der NATO-Partner. Die 2002 verkündete, mit dem Namen der Sicherheitsberaterin *Condoleezza Rice* verbundene Sicherheitsdoktrin, mit der die USA das Recht zu Präventivschlägen beanspruchen, unterstreicht dies.

Wie die Außenpolitik der USA schwankte auch die der UdSSR im 20. Jahrhundert zwischen zwei Zielen – zwischen dem revolutionären Ziel der Weltrevolution und dem konservativen Ziel nationaler Sicherheit. Seit dem innenpolitischen Sieg *Stalins* über *Trotzki* (endgültig 1929) lässt sich jedoch beobachten, dass das Sicherheitsziel im Zweifel immer wieder vor das Weltrevolutionsziel gestellt wird (Beispiele: 1939 Pakt mit *Hitler*, 1943 Auflösung der Kommunistischen Internationale); die sowjetische Außenpolitik folgte dem Grundgedanken eines „defensiven Imperialismus" bei gleichzeitiger Vernachlässigung möglicher internationaler Gewinne (Beispiel: Einmarsch in die CSSR 1968).

# 11. Politische Ideengeschichte – von der Antike bis zur Neuzeit

11.1. Politische Ideen und Ideologien
11.2. Antike: Polis, Reaktion und Christentum
11.3. Mittelalter und Renaissance: Naturrecht und Empirie
11.4. Anfänge der Neuzeit: Utopie und Säkularisierung

## *11.1. Politische Ideen und Ideologien*

Die Geschichte der politischen Ideen ist wesentlicher Bestandteil der Politikwissenschaft – sowohl als eigenständiger Teilbereich als auch als eine Betrachtungsweise der Politikwissenschaft, die zum Verständnis der anderen Teilbereiche (Politische Systeme, Internationale Politik) wesentlich beitragen kann. Auch die Politische Theorie, die oft von der politischen Ideengeschichte nicht zu trennen ist, kann ohne ihre historischen Entwicklungslinien kaum wirklich verstanden werden.

Politische Ideengeschichte ist keine bloße Aneinanderreihung von Aussagen, die irgendwann von irgendwem in der Vergangenheit einmal gemacht worden sind. Politische Ideengeschichte ist vor allem *Reflexionsgeschichte* – politische Ideen spiegeln die realen Veränderungen, sie eilen ihnen manchmal voraus, sie sind so ein ganz wichtiger Indikator gesellschaftlicher Entwicklung. Politische Ideengeschichte ist somit nicht einfach Philosophiegeschichte, sondern eine besondere Form von Gesellschaftsgeschichte – immer mit Konzentration auf den Kernbereich der Politikwissenschaft, auf die Organisation von Macht.

Politische Ideengeschichte als Reflexionsgeschichte macht vor allem auf reale Ausschließungen aufmerksam. Die gilt vor allem für den bis ins 20. Jahrhundert reichenden Ausschluss von Frauen aus der Politik – die Politischen Ideengeschichte reflektiert daher zunächst das Denken von Männern. Dies gilt auch für die Folgen der realen Dominanz Europas (und Nordamerikas) in der Neuzeit: Die Politische Ideengeschichte ist traditionell eurozentrisch, nicht europäisch verwurzelte Ideen werden vernachlässigt.

Dieser Problematik des Ausschlusses ist sich die Politische Ideengeschichte als Teil der Politikwissenschaft erst im späteren 20. Jahrhundert wirklich bewusst geworden. Doch das Reflektieren dieser eben nicht zufälligen Einseitigkeit – der Männer- und der Eurozentrierung – ist auch Aufgabe der Ideengeschichte.

Macht kommt nie ohne politische Ideen aus; jede Macht braucht, zumindest zu ihrer Rechtfertigung, ein bestimmtes Gedankengebäude. Ebenso wenig wie Macht frei von Rechtfertigungsideen ist, ist Politik frei von bestimmten Zielen – jede Politik ist zielgerichtet, jede politische Maßnahme steht in einem – bewussten oder unbewussten – Zusammenhang mit weiterführenden Vorstellungen vom bestmöglichen Zustand der Gesellschaft.

In diesem Zusammenhang wird der Begriff *Ideologie* verwendet – freilich oft missverständlich. Grundsätzlich sind zwei Varianten des Ideologiebegriffes auseinander zu halten:

- *Der (negativ) gewertete Ideologiebegriff.* Ideologie ist ein Gebäude, das zur Verschleierung und damit zur Rechtfertigung der eigentlichen Machtverhältnisse dient. Ideologie ist der „Überbau", der gegenüber dem (von gesellschaftlichen, insbesondere ökonomischen Interessen gebildeten) „Unterbau" eine dienende Funktion hat. Politische Aufklärung richtet sich somit gegen Ideologien – politische Ideengeschichte und politische Theorien müssen demnach immer ideologiekritisch sein. Dieser Ideologiebegriff wurde insbesondere auch von *Karl Marx* entwickelt und verwendet.

- *Der (bemüht) wertfreie Ideologiebegriff.* Ideologie ist demnach allen politischen Bewegungen, Interessengruppen, Parteien, aber auch Konzepten immanent. Ideologie ist die Summe aller Zielvorstellungen, die irgendjemand für optimal hält – ausgedrückt etwa in Form von Grundsatzprogrammen politischer Parteien. Politische Aufklärung und politische Theorie sind somit nicht gegen Ideologien gerichtet, sondern bemüht, den Zusammenhang zwischen den verschiedenen politischen Interessen (Bewegungen, Strömungen, Parteien) und der jeweiligen unvermeidlichen Ideologie herzustellen.

Vom Begriff der Ideologie ist der Begriff der Politischen Theorie zu trennen. Politische Theorie als Teilbereich der Politikwissenschaft ist sozialwissenschaftliche Theorie – unvermeidlich an die politische Wirklichkeit geknüpft, mit dieser politischen Wirklichkeit immer verbunden. Politische Theorie muss anhand der Wirklichkeit überprüfbar sein, muss anhand der Wirklichkeit immer wieder weiterentwickelt werden. Dieser Begriff von Theorie ist mit dem (negativ) gewerteten Ideologiebegriff unvereinbar, mit dem (bemüht) wertfreien Ideologiebegriff jedoch teilweise überlappend.

Innerhalb der Politischen Theorie sind wiederum die für die gesamte Politikwissenschaft zu beobachtenden, durchaus legitimen unterschiedlichen Richtungen zu unterscheiden – es gibt eine empirisch-analytische Theoriebildung, eine normativ-praktische Theoriebildung und eine kritisch-dialektische Theoriebildung.

## *11.2. Antike: Polis, Reaktion und Christentum*

Die politische Ideengeschichte beginnt mit den Anfängen der Menschheit. Die Anfänge der politischen Ideengeschichte im Rahmen der Politikwissenschaft werden jedoch zumeist mit der Antike gleichgesetzt. Insbesondere die Bildung politischer Konzepte und Theorien im Zusammenhang mit dem Stadtstaat Athen haben auch die Weiterentwicklungen der politischen Ideen in der Neuzeit nicht unwesentlich beeinflusst.

Dass die politische Ideengeschichte mit der griechisch-römischen Antike beginnt, ist einerseits willkürlich – und andererseits kein Zufall. Grundsätzlich kann auch die Ideengeschichte mit afrikanischen (z.B. ägyptischen), asiatischen (z.B. süd- oder ostasiatischen) oder präkolumbianisch-amerikanischen Ideen beginnen. Die Tradition, die Ideengeschichte mit dem beginnen zu lassen, was aus europäischer Sicht „Antike" heißt, hat Kritik hervorgerufen – und dazu geführt, dass z.B. an US-amerikanischen Universitäten dem eurozentrischen Ansatz („Western Civilisation") andere Ansätze (z.B. „African Civilisation") gegenübergestellt werden.

Die Tradition, die politische Ideengeschichte mit der europäischen Antike beginnen zu lassen, ist aber kein Zufall. Darin drückt sich die reale politische Hegemonie Europas in der Neuzeit aus – eine Hegemonie, die eben auch kulturelle und insbesondere begriffsgeschichtliche Konsequenzen hat. Die Begrifflichkeit des antiken Athen oder des antiken Rom hat ja nicht nur Europa, sondern auch außereuropäische Gesellschaften geprägt.

Die attische *Polis* bot im 5. vorchristlichen Jahrhundert auch ein erstes Beispiel für ein politisches System, das für sich den Begriff Demokratie beanspruchte. In einer allen Vollbürgern offen stehenden Volksversammlung wurden die generellen Entscheidungen getroffen, für deren Durchführung verschiedene Amtsträger zuständig waren. Das Modell der attischen Demokratie war durch zwei Merkmale gekennzeichnet:

- Das Überwiegen der *plebiszitären Komponente*. Die Aktivbürger als Volk entschieden direkt, ohne Volksvertretung (Parlament). Die repräsentative Komponente war auf den Vollzug der plebiszitären Entscheidungen beschränkt.

- Extreme *Einengung der Aktivbürgerschaft*. Politisch berechtigt war eine Minderheit der männlichen Bevölkerung der Polis. Alle Frauen, aber auch die männlichen Sklaven und Halbfreien waren von der Beteiligung ausgeschlossen.

Diese Einschränkung der Aktivbürgerschaft bedeutete, dass nur etwa 15 bis 20 Prozent der Bevölkerung Athens zur Teilnahme an der Versammlung berechtigt waren. Vom Gesichtspunkt des (erst) im 20. Jahrhundert weitgehend selbstverständlichen allgemeinen und gleichen Wahlrechts für Frauen und Männer ist das ein geringer Prozentsatz. Vom Gesichtspunkt anderer – historischer – Systeme, bei denen die politische Beteiligung von vornherein nur auf eine extrem kleine Zahl von Personen (z.B. auf einen engen Kreis von Aristokraten) beschränkt war, muss die Bewertung jedoch anders aussehen.

Nach dem Untergang der attischen Demokratie formierte sich eine politische Reaktion, die auch und gerade Aussagen zum Wesen der Politik machte.

Die beiden wichtigsten Vertreter dieser antiken Reaktion waren *Platon* (427–348/47) und *Aristoteles* (384–322). *Platon* versucht in seinen Hauptwerken „Politeia" (Staat), „Politikos" (Staatsmann) und „Nomoi" (Gesetze) eine systematische Kritik an der attischen Demokratie. Als

## 11. Politische Ideengeschichte – von der Antike bis zur Neuzeit

Antithese konstruiert er einen Idealstaat in Form eines aristokratischen Dreiständesystems. An der Spitze steht der Stand der Philosophen, gefolgt vom Stand der Krieger und Ordnungshüter. Die unterste Stufe bildet der Stand der Erwerbstätigen. Die Zugehörigkeit zu den Ständen wird nicht vererbt, sondern richtet sich nach der Begabung. Die Kontrolle des Standes der Philosophenherrscher durch die anderen Stände ist grundsätzlich ausgeschlossen. Die Macht ist somit gleichsam objektiv vorgegeben, sie entzieht sich der Steuerung durch die Betroffenen.

*Aristoteles* ergänzt und relativiert diese antidemokratische Position. In seinen beiden Arbeiten zur Politischen Theorie („Nikomachische Ethik" und „Politik") betont er stärker als *Platon* den wirklichkeitsbezogenen Charakter der Aussagen zur Politik und Demokratie; und er führt auch die eindeutige Stellungnahme gegen die Demokratie weiter zu einer vermittelnden Position zwischen Demokratie und Diktatur. Sein Bezug zur Wirklichkeit drückt sich in der Deutung des Menschen als ein natürlich auf die Gesellschaft, auf die Politik hin angelegtes Wesen aus – Zoon politikon. Seine Zielvorstellung drückt er in dem Modell einer gemischten Verfassung aus: Darin wird er Vorbote aller Lehren der Gewaltenteilung. Monarchie, Aristokratie und „Politie" (Bürgerbeteiligung) sind für ihn Regierungsformen, die zur Entartung tendieren – zur Tyrannis, zur Oligarchie und zur Demokratie. Die Kombination verschiedener Elemente der verschiedenen Regierungsformen ergibt nach *Aristoteles* die optimale, gemischte Verfassung.

*Platon* und *Aristoteles* stehen für den Beginn eines methodischen Gegensatzes, der die Geschichte der politischen Theorien begleitet: Platon repräsentiert einen normativen Zugang zur Politik. Er versucht Politik so zu formulieren, wie sie (seiner Auffassung nach) sein soll. Dies hat immer wieder die Kritik – etwa die *Karl Poppers* – provoziert, damit sei der Grundstein für ein Politikverständnis gelegt, das letztlich die Unfreiheit legitimiere. Politik werde nicht als offene Gestaltungsmöglichkeit gesehen, sondern eingezwängt in vermeintliche Sachzwänge. Eine solche normative Betrachtung der Politik sei den Bedingungen einer „offenen Gesellschaft" entgegengesetzt. Aristoteles hingegen repräsentiert – unabhängig von seiner zeitbedingten Skepsis gegenüber einem Zuviel an Demokratie – die Anfänge einer empirischen Politikbetrachtung, die wie eine sozialwissenschaftlich orientierte Politikwissenschaft am Sein und nicht am Sollen der Politik ausgerichtet ist.

Die Entwicklung Roms vom Stadtstaat zum Weltreich war von einigen auch für die Gegenwart wichtigen Aspekte begleitet:

- Der Stadtstaat hatte eine aristokratisch-republikanische Verfassung, in der nicht (wie in Athen im 5. Jahrhundert vor Christus) eine Versammlung aller freien und männlichen Bürger, sondern die Zusammenkunft einer politischen und sozialen Elite (der *Senat*) im Zentrum der politischen Entscheidungen stand.

- Im Stadtstaat waren, auf Grund der relativ ausgeprägten politischen Offenheit, parteiähnliche Gruppierungen tätig, die sozioökonomische Schichten (Klassen) vertraten – die *Patrizier* und die *Plebejer*.

- Im ersten vorchristlichen Jahrhundert wurde die republikanische Verfassung von einer absoluten Monarchie *(Caesarismus)* abgelöst, die zunächst noch Jahrhunderte hindurch die republikanische Verfassung als Fassade („semantische Verfassung") beibehielt.

- Die Ausweitung und Sicherung des Römischen Reiches mit den Mitteln militärischer Gewalt gab den Heerführern einen immer größeren Einfluss *(Soldatenkaiser)*. Das Militär wurde schließlich zur entscheidenden Quelle politischer Herrschaft.

Das antike Rom ist nicht zufällig für politische Schlüsselbegriffe der Gegenwart verantwortlich. Im Wandel des politischen Systems Roms spiegeln sich Entwicklungen, die – unter geänderten Rahmenbedingungen – auch heute noch als zeitlose Elemente des Politischen existieren: der Zusammenhang zwischen sozialen Schichten (Klassen), deren Interessen und der Politik; das Spannungsfeld zwischen politischer Effektivität, die oft – im Sinne der „Personalisierung" der Politik – die Bündelung von Entscheidungskompetenz in den Händen eines Einzigen zu erfordern scheint, und der (demokratischen) Vorstellung, an den Entscheidungen sollte eine größtmögliche Zahl von Betroffenen beteiligt sein, entgegengesetzt ist; die Gefährdung des Primats der Politik über das Militär, wenn die Politik zu sehr vom Militär abhängig wird.

In der Spätantike wurden die politischen Ideen durch den Einfluss des Christentums herausgefordert. Die (jüdisch-)christliche Individualethik enthielt sich zunächst eindeutiger politischer Aussagen. Das Christentum wollte zunächst primär nicht die Gesellschaft, sondern den Einzelnen in der Gesellschaft verändern. Am deutlichsten wird dies im Imperativ des *Paulus* (Briefe an die Epheser, an die Colosser und an Titus):

> „Herren, seid gute Herren! Sklaven aber seid gute Sklaven; gehorchet euren weltlichen Herren mit Furcht und Zittern! ... bist du als Sklave berufen? Lass es dich nicht verdrießen! Und wenn du auch frei werden kannst, bleibe erst recht dabei!"

Dieser Vorrang der Individualethik vor einer Sozialethik begründete auch (zunächst) den Vorrang des Dualismus, der Vorstellung von der Trennung von christlicher Heilsbotschaft und politischem Konzept, vor einem (später entwickelten) Integralismus, der logischen Ableitung politischer Zielvorstellungen von der christlichen Botschaft. *Augustinus* (354–430) begründet in seinem Hauptwerk „De civitate Dei" (Über den Gottesstaat) diese prinzipielle Gleichgültigkeit gegenüber der Politik. Der Gottesstaat ist auf das Jenseits, auf das königliche Oberhaupt Christus gerichtet. Der Staat als ein System der Machtzuweisung und Machtkontrolle hat keinen Eigenwert, er ist nur gerechtfertigt aus der Überlegung der Endzeit *(Eschatologie)*.

Das Spannungsfeld zwischen Individual- und Sozialethik, zwischen Dualismus und Integralismus löste die Selbstverständlichkeit der (politisch relativ gleichgültigen) Position der christlichen Anfänge ab. Sobald das Christentum eine längere Phase hindurch die dominante Lehre einer Gesellschaft war, musste es auch zu bestimmten gesellschaftlichen Problemen, musste es auch im Konflikt zwischen verschiedenen gesellschaftlichen Interessen Aussagen treffen. Die spätere Geschichte des Christentums ist daher durch dieses Spannungsfeld wesentlich geprägt – so auch die Geschichte der deutschen Reformation, in der *Martin Luther* und *Thomas Müntzer* die beiden einander ausschließenden Radikalpositionen vertraten: *Luther* wandte sich zwar entschieden gegen die Strukturprinzipien der (katholischen) Kirche, gleichzeitig distanzierte er sich aber heftig und eindeutig von politischen Reformen und Revolutionären – er nahm eindeutig für die weltliche Obrigkeit Partei, der man Gehorsam schuldig sei. *Müntzer* hingegen verbündete sich, sozialethisch und integralistisch argumentierend, mit den auch politisch Protestierenden, mit den sozial Schwachen, vor allem mit den aufständischen Bauern. Für ihn war Christentum auch und wesentlich eine soziale, d.h. politische Botschaft.

**Tabelle 21:**
Politische Ideen der Antike und ihre Aktualität für neuzeitliche politische Theorienbildung

| Attische Polis: | Demokratie (plebiszitär – repräsentativ) Frage nach der Aktivbürgerschaft (Ausschluss von Frauen und Sklaven) |
|---|---|
| Platon: | Erziehungsaristokratie (Philosophenherrschaft) Frage nach dem Kräftespiel von Interessen und nach der Legitimation von Macht |
| Aristoteles: | Gemischte Verfassung (Nebeneinander demokratischer, aristokratischer und monarchischer Elemente) Frage nach einem möglichen Zuviel an Demokratie |
| Paulus: | Spannung von Individual- und Sozialethik Frage nach der politischen Relevanz religiöser Normen (Dualismus oder Integralismus?) |
| Augustinus: | Prinzipielle Offenheit (Gleichgültigkeit?) gegenüber politischer Herrschaft Frage nach der individuellen Verantwortung eines politischen Ausstiegs (Resignation?) |

## *11.3. Mittelalter und Renaissance: Naturrecht und Empirie*

Die für das (europäische) Mittelalter wesentlichen politischen Ideen drückten die Geschlossenheit der mittelalterlichen Gesellschaft aus – sie war sozial geschlossen (Feudalismus); sie war politisch geschlossen (pyramidenförmige Hierarchie des Feudalstaates); religiös geschlossen. Dieses geschlossene soziale, politische und religiöse Gesellschaftssystem fand im scholastischen Naturrecht seinen entsprechenden Ausdruck.

Das scholastische Naturrecht des Mittelalters ging von einer – als notwendig und richtig angesehenen – Spiegelung der göttlichen durch die politischen Ordnung aus. Der Begriff „Natur" beschreibt den unveränderlichen Charakter dieser Ordnung. Es liegt nicht an den Menschen – nicht an Herrschern oder Beherrschten, das als Ausdruck einer gottgewollten Ordnung bewertete Feudalsystem mit seiner klar abgestuften Hierarchie zu verändern oder auch nur in Frage zu stellen.

Das Naturrecht des Mittelalters hat mit dem in der Neuzeit entstandenen Gedanken der Menschenrechte gemeinsam, dass es der Politik Grenzen setzt. Das Konzept des Naturrechts verwehrt der Politik, in die gottgewollte – „natürliche" – Ordnung mit ihren klar im Feudalsystem abgestuften Hierarchien einzugreifen. Das Konzept der Menschenrechte geht davon aus, dass alle Menschen frei und gleich geboren sind; und dass keine Autorität über diese angeborenen Rechte verfügen kann. Naturrecht und Menschenrechte formulieren Politikverbote.

*Thomas von Aquin* (1224–1274) begründet in seiner „Summa theologica" alle politische Autorität aus Gott. Die gegebene politische Ordnung, die gestufte Hierarchie des Feudalstaates, ist somit Konkretisierung des göttlichen Willens. Mit Rückgriff auf *Aristoteles* behauptet Thomas jedoch einen gewissen politischen Freiraum des Menschen – dieser sei von Natur aus politisch; neben den – vorgegebenen – übernatürlichen Zielen findet der Mensch aber auch natürliche Ziele vor. Die Natur, als Folge der Schöpfung und somit mittelbar auf Gott rückführbar, wird der Gnade als unmittelbare Folge des Wirkens Gottes ergänzend gegenübergestellt. Die Aufgabe der Politik ist es, das höchste irdische Ziel, das Glück des Menschen, zu gewährleisten. Über der Politik steht jedoch das überirdische Ziel der Erlösung.

Die (relative) Geschlossenheit des europäischen Mittelalters und die damit verbundene (relative) Geschlossenheit der politischen Ideen dieser Zeit wurden durch das plötzliche Aufbrechen dieser Geschlossenheit in der Renaissance, am Beginn der Neuzeit, abgelöst. Die Reformation setzte der religiösen Geschlossenheit ein Ende, das Aufkommen des ständischen Bürgertums bedeutete ein Ende der sozialen Geschlossenheit, neue Entdeckungen und Erfindungen eröffneten neue ökonomische Möglichkeiten. Die Legitimation von Herrschaft auf einer natürlich vorgegebenen christlichen Ordnung konnte nicht mehr selbstverständlich sein, wenn nicht mehr selbstverständlich war, was Christentum zu bedeuten hatte. Zwar wurden die sozialrevolutionären Ansätze der Reformation *(Müntzer)* unterdrückt, die sozialkonservativen Tendenzen *Luthers, Calvins* und *Zwinglis* prägten das Bild des europäischen Protestantismus. Aber die Einheit war zerstört – auch und vor allem die Einheit der Ableitung der Macht aus einem einheitlich interpretierten, sich auf das Jenseits berufenden Ordnungssystem.

Die Geschlossenheit des Mittelalters brach auf – religiös, sozial, aber auch geographisch. Die Entdeckungen um 1500 sprengten ein ausschließlich auf Europa bezogenes Weltbild. Europa begann, eine Europa bis dahin unbekannte Welt zu dominieren – durch die Eroberung von Kolonialreichen. Diese Dominanz drückte sich nicht nur in ökonomischen und politischen Dimensionen aus, sondern auch in kulturellen. Und mit der kulturellen Dimension kamen auch politische Ideen aus Europa nach Asien, Afrika und Amerika. Aber die politischen Ideen wurden auch von diesen Erfahrungen der Sprengung des eurozentrischen Weltbildes beeinflusst – *Morus* verlegte sein „Utopia" nicht zufällig in die „Neue Welt". Und die Erfahrungen, die Europas Kolonialmächte zu machen hatten, wirkten auf Europa zurück – von der amerikanischen Revolution bis zu *Gandhis* Beispiel des gewaltfreien Widerstandes. Um 1500 setzte das ein, was ein halbes Jahrtausend später „Globalisierung" genannt werden sollte.

In der politischen Ideengeschichte bedeutete die multidimensionale Sprengung der Geschlossenheit des Mittelalters den Beginn einer neuen Pluralität der Aussagen zur Politik. Damit war aber zu Ende, dass eine religiöse Autorität – die Kirche – auch als Autorität über politische Ideen anerkannt wurde.

*Niccolo Machiavelli* (1469–1527) formuliert in seinem Hauptwerk „Il Principe" (Der Fürst) dieses neue, säkularisierte Verständnis von Politik. Es genügt ihm, dass Macht vorhanden ist; dass Macht beobachtbar ist; dass Macht analysierbar ist. Es ist ihm kein Bedürfnis, diese Macht auch noch zu rechtfertigen.

*Machiavellis* Ausgangspunkt ist eine bestimmte Anthropologie – sein Menschenbild ist pessimistisch. Das gesellschaftliche Zusammenleben von Einzelwesen, die durchwegs von Eigeninteressen getrieben sind, macht aus der Politik ein permanentes Konfliktfeld. Der ständige Konkurrenzkampf sorgt aber auch für gesellschaftliche Mobilität. *Machiavelli* wird auch so zum Vorboten moderner Elitentheorien: Die Personen und Gruppen, die an der Macht sind, werden durch die zur Macht drängenden Konkurrenten ständig herausgefordert.

*Machiavelli* versucht eine Politik zu beschreiben, in der eben nichts von dem natürlich begründeten Gemeinwohl zu finden ist. Er formuliert politische Aussagen nicht als Wunschvorstellungen, sondern als zusammengefasse Aussagen über beobachtbare Tatsachen. Er ruft dem Fürsten, dessen politische Bildung der Gegenstand seines Hauptwerkes ist, nicht etwa zu, böse oder gut zu sein – sein Ratschlag ist, Realist zu werden:

> „Zwischen dem Leben, wie es ist und wie es sein sollte, ist ein so gewaltiger Unterschied, dass, wer das, was man tut, aufgibt, für das, was man tun sollte, eher seinen Untergang als seine Erhaltung bewirkt; ein Mensch, der immer nur das Gute tun wollte, muss zugrunde gehen unter Sovielen, die nicht gut sind."

Weil *Machiavelli* der Politik einen Spiegel entgegenhält, fühlen sich viele dabei ertappt, dass die politische Wirklichkeit ihren eigenen Ansprüchen („Dienst am Volk", „Politik nicht aus Eigeninteresse", „Desinteresse an Macht" etc.) nicht entspricht. Daher entstand die Tradition, *Machiavelli* als denjenigen, der die realen (und nicht die vorgetäuschten) Verhältnisse schildert, zum amoralischen „Zyniker" zu stempeln. Der Begriff *Machiavellismus* wurde und wird daher – in völliger Verkennung *Machiavellis* – negativ punziert: ein Beispiel für eine aus den Interessen Mächtiger erklärbare Diabolisierung nüchterner Erkenntnis.

## 11.4. Beginn der Neuzeit: Utopie und Säkularisierung

In der Renaissance, am Beginn der Neuzeit, entwickelte sich eine bestimmte methodische Tradition politischer Ideengeschichte – die Utopie. Der Begriff wurde von *Thomas Morus* (1478–1535) geprägt. In seinem Hauptwerk „Utopia" beschäftigt er sich mit einer idealen Gesellschaft, in der demokratische und sozialistische Grundzüge miteinander verbunden sind. Der Begriff Utopie ist seither mit allen Zukunftsvorstellungen verbunden, die eindeutig über die bestehenden Zustände hinausreichen – wobei zwischen realer Utopie und irrealer Utopie zu unterscheiden ist, je nachdem, ob der utopische Zustand grundsätzlich als erreichbar betrachtet wird oder primär als Anschauungsmaterial, als methodisches Hilfsmittel dient.

*Morus* siedelte sein „Utopia" (aus dem Griechischen – „Nirgendwo") in der westlichen Hemisphäre (in Amerika) an, über die spanische Entdecker gerade erst vage Berichte nach Europa gebracht hatten. Damit sollte diese Utopie gegenüber der bekannten Realität Europas geographisch Distanz gewinnen. Andere „Utopisten" siedelten ihre Utopie in einer weit zurückliegenden Vergangenheit oder in der Zukunft an und hoben ihre (positiven oder negativen) Extremvorstellungen zeitlich von der Realität ab. Immer aber war und ist die Utopie ein literarischer Kunstgriff, um durch ein der Wirklichkeit entgegengestelltes krasses Gegenbild für diese und über diese Wirklichkeit etwas auszusagen: um diese zu rechtfertigen (z.B. *Hobbes*) oder um sie zu kritisieren (z.B. *Rousseau*); um vor einer Bedrohung zu warnen (z.B. *George Orwell* mit seinem Roman „1984", 1949); oder um durch eine phantastische Fiktion Nachdenklichkeit zur provozieren (z.B. *Charlotte Perkins Gilman* mit der feministischen Utopie „Herland", 1915).

Methodisches Hilfsmittel war die Utopie für zwei wichtige politische Theoretiker des 17. und 18. Jahrhunderts – *Thomas Hobbes* (1588–1679) und *Jean-Jacques Rousseau* (1712–1778). Beide setzten das Hilfsmittel des utopischen Rückgriffs auf eine vorgeschichtliche Gesellschaft ein, um bestimmte Aussagen zur politischen Entwicklung der Gegenwart und nahen Zukunft zu machen. Für beide war die Säkularisierung, die Loslösung der Herrschaft von überirdischer Legitimation, ein selbstverständlicher Ausgangspunkt. Beide gingen von einer bestimmten Anthropologie aus – freilich voneinander entgegengesetzten Vorstellungen vom Wesen des Menschen. Und beide kamen zu höchst unterschiedlichen Schlussfolgerungen – *Hobbes* lieferte dem englischen Absolutismus theoretische Schützenhilfe, *Rousseau* half mit, die Glaubwürdigkeit des französischen Absolutismus zu untergraben. Beide waren wesentlich von den politischen Gegebenheiten ihrer Zeit beeinflusst – *Hobbes* von den Wirren des Bürgerkriegsjahrhunderts in England, *Rousseau* von der Unbeweglichkeit und Reformunfähigkeit der französischen Monarchie.

In seinem Buch „Leviathan" formuliert *Hobbes* eine anthropologische und soziale Rechtfertigung der absoluten Monarchie. Der durch Leidenschaft und Eigensucht getriebene Mensch ist, ohne starke Zentralgewalt, dem gnadenlosen Konkurrenzkampf ausgeliefert. In seinem (utopischen) Naturzustand ist der Mensch dem Menschen ein Wolf. Zur Überwindung dieses zerstörerischen Kampfes aller gegen alle setzt *Hobbes* die Denkfigur eines Gesellschaftsvertrages, der als freiwillige Vereinbarung zwischen den Individuen die Herrschaftsausübung einer zentralen Ordnungsgewalt überträgt – eben der absoluten Herrschaftsgewalt des Leviathan, der sich im absoluten Monarchen konkretisiert.

*Hobbes* ist insofern Neuerer und Aufklärer, als er die Legitimation der Herrschaft an das Interesse der Beherrschten bindet. Der Herrscher ist weder von Gott noch aus Eigeninteresse zur Herrschaft berechtigt. Er herrscht, absolut und unwiderruflich, auf der Grundlage eines nicht kündbaren, bloß fiktiven Vertrages. Doch von dort zur Idee der Kündbarkeit des Vertrages, zur Idee der Verantwortlichkeit des Herrschers gegenüber den Beherrschten, ist nur noch ein kleiner Schritt. *Hobbes* ist auch insofern Neuerer, als er die ökonomische Basis der heraufdämmernden bürgerlichen Gesellschaft sieht: Ähnlich wie *Locke*, der als Theoretiker der bürgerlichen Revolution in England die Grundannahmen des Absolutismus zerstört, betont *Hobbes* das ökonomische Eigeninteresse des Menschen, auf dem die bürgerliche Gesellschaft basiert. Die von *Hobbes* aufgestellten Postulate sind bereits die wesentlichen Merkmale einer auf Privateigentum und Marktmechanismus ruhenden Gesellschaftsordnung.

Ein Jahrhundert nach *Hobbes* vollzieht *Rousseau* die direkte Verbindung zwischen Aufklärung und Demokratie. Er schließt ganz bewusst an die Demokratie der antiken Polis an. In seinem Buch „Contrat social" greift er, wie *Hobbes*, auf einen Naturzustand zurück, um seiner politischen Theorie Legitimation zu verschaffen. Freilich sieht er den Naturzustand grundsätzlich optimistisch – der Mensch als seiner Natur nach freies, zur Gemeinschaft geeignetes, soziales Wesen. Der freie Mensch ist jedoch bei *Rousseau* im Wesentlichen männlich – Frauen sind auch bei *Rousseau* nicht den Männern gleichgestellt.

Bei *Rousseau* ist daher auch die Demokratie die logische Antwort auf die Frage nach der Legitimation von Macht. Anders als die Theoretiker der bürgerlichen Revolution in England steht freilich nicht eine repräsentative, indirekte Demokratie, sondern eine plebiszitäre, direkte Demokratie im Mittelpunkt seiner Vorstellungen. Die Identität der Regierenden mit den

Regierten wird so zur wesentlichen Richtschnur jeder Demokratietheorie. Diese radikal egalitär und identitär konzipierte Demokratie soll freilich in kleinen, überschaubaren Einheiten, von der Größe von Stadtstaaten, verwirklicht werden. Aber *Rousseau* muss zugeben, dass politische Arbeitsteilung in der Demokratie unumgänglich ist; dass die Vollziehung des vom Volk formulierten allgemeinen Willens *(volonté générale)* eine Regierung erforderlich macht. Auch für den radikalen Theoretiker einer egalitären und direkten Demokratie ist letztlich ein Kompromiss zwischen plebiszitären und repräsentativen Elementen unvermeidlich.

Die vordemokratischen Aussagen bei *Hobbes* wie auch die frühdemokratischen Aussagen bei *Rousseau* machen deutlich, wie eng politische Theorie mit politischer Wirklichkeit gekoppelt ist. *Hobbes* leitete die politische Macht des Herrschers vom Volk ab; als zumindest indirekter Parteigänger des Absolutismus entzog er sich jedoch dem nächsten Schritt, den Herrscher auch tatsächlich an das Volk zu binden. *Rousseau* setzte im Vorfeld der bürgerlichen Revolution in Frankreich diesen nächsten Schritt – nachdem die bürgerliche Revolution in England bereits gesiegt hatte, wirkte er so indirekt an der Übertragung dieses Revolutionskonzeptes auf Frankreich mit.

Tabelle 22:
Politische Ideen bei *Hobbes* und *Rousseau* – eine Gegenüberstellung

|  | Hobbes | Rousseau |
|---|---|---|
| Methode | rückwärts gewandte Utopie | rückwärts gewandte Utopie |
| Anthropologie | pessimistisch | optimistisch |
| Legitimation von Macht | säkularisiert | säkularisiert |
| Einstellung zur Herrschaft | positiv | negativ |
| Gesellschaftsvertrag | fiktiv und vertikal | real und horizontal |
| ideales politisches System | absolute Monarchie | direkte Demokratie in kleinen Einheiten |

## 11. Politische Ideengeschichte – von der Antike bis zur Neuzeit

Am Beginn der Neuzeit steht die Loslösung der politischen Ideen vom geschlossen christlichen Weltbild des Mittelalters. Die für dieses typische Vorstellung, dass die politische Ordnung Ausdruck einer göttlichen zu sein hat – womit gegebene Verhältnisse als göttlich gewollt legitimiert wurden –, macht einer säkularen Vorstellung Platz. *Machiavelli* und *Morus*, *Hobbes* und *Rousseau* sehen – trotz ihrer inhaltlichen und methodischen Differenzen – die Politik immanent und nicht transzendent bestimmt: vom Eigeninteresse der Herrscher oder vom Wohlfahrtsinteresse der Beherrschten, von einer politischen Willkür oder von einer historischen Logik. Gemeinsam ist allen diesen Ideen aber der Säkularismus: Die Vorstellung von Politik hat sich, am Beginn der Neuzeit, von der Religion emanzipiert.

# 12. Politische Ideengeschichte – bürgerliche Revolutionen und die Folgen

12.1. Die Levellers, *Locke* und die englische Revolution
12.2. *Montesquieu*, die „Federalists" und die amerikanische Revolution
12.3. Die Jakobiner und die Französische Revolution
12.4. Liberalismus und Konservativismus
12.5. Frühsozialismus und *Karl Marx*

## 12.1. Die Levellers, Locke und die englische Revolution

Die englischen Bürgerkriege des 17. Jahrhunderts waren Ausdruck eines gesellschaftlichen Umbruchs, der England früher als die anderen europäischen Staaten erfasste. Aus dem Gegensatz zwischen absoluter Königs-herrschaft als These und radikaler Republik als Antithese entstand schließlich, nach vielen Wendungen, mit der „Glorreichen Revolution" 1688 ein System des Gleichgewichts zwischen Krone und Parlament. Mit diesem System konnte das aufsteigende Bürgertum allmählich immer mehr politische Macht gewinnen, fand der sich entwickelnde Kapitalismus eine flexible politische Ausdrucksform.

*Hobbes* hatte den Stuarts eine Theorie zur Rechtfertigung ihrer Herrschaft mitgeliefert. Der radikale Flügel der Revolutionäre, die sich mit *Cromwell* gegen die Königsherrschaft wandten, formulierte die entscheidende Gegenposition: Die „Levellers" vertraten eine egalitäre politische und ökonomische Theorie, die sich in der Tradition protestantischer Freikirchen auf Christus berief. Die „Republikaner" hingegen relativierten die ökonomische Realität, sie betonten vielmehr die Republik als Ausdruck einer politischen Mitbestimmung weiter Kreise.

Die *Levellers* besaßen, durchaus im Sinne einer modernen Massenpartei, in der ärmeren Bevölkerung und in der Armee ihren Rückhalt. Die radikalen Gruppierungen dieser Richtung („True Levellers") führten den radikal egalitären Ansatz zu einer agrarkommunistischen Konzeption

## 12. Politische Ideengeschichte – bürgerliche Revolutionen ...

weiter. Mit ausdrücklicher Berufung auf Gott und die Vernunft wurde jede Form des Privateigentums verworfen. 1649 gründeten die True Levellers eine Siedlung, die dieses Konzept in die Praxis umsetzen sollte – eine Vorgangsweise, die im 19. Jahrhundert Frühsozialisten wiederholen sollten.

Die (gemäßigten) Republikaner wollten mit der Monarchie, nicht aber mit dem Privateigentum brechen. Die eher vermittelnde Position der Republikaner wurde schließlich von *John Locke* (1632–1704) weitergeführt – zu einem Brückenschlag zwischen Monarchie und bürgerlichen Mitbestimmungsinteressen.

In seinem Werk „Two Treatises of Government" (1681) widerspricht *Locke* der Fiktion des chaotischen Naturzustandes, wie sie bei *Hobbes* zur Rechtfertigung absoluter Monarchie herangezogen wird. *Locke* sieht den Naturzustand als vorweggenommene bürgerliche Gesellschaft, in der vor allem ökonomisch definierte, individuelle Freiheiten in einem Gleichgewicht mit vor allem politisch definierter, staatlicher Gewalt sind. Das politische System, das *Locke* von diesem fiktiven Naturzustand ableitet, ist das System der Gewaltenteilung. Der Monarch wird als politische Einrichtung nicht beseitigt, sondern gebändigt; ihm und seiner Regierung tritt, gleichgewichtig und kontrollierend, das Parlament gegenüber. Dieses ist zwar nicht mehr die ständisch-aristokratische Einrichtung früherer Zeiten, es ist aber auch nicht die radikaldemokratische Institution der Levellers, auch nicht die Institution der Republikaner. *Locke* rechtfertigt somit die Entwicklung, die mit der Glorreichen Revolution wenige Jahre später tatsächlich einsetzt.

*Locke* ist nicht nur der Theoretiker der erfolgreichen bürgerlichen Revolution in Großbritannien am Ende des 17. Jahrhunderts. Er ist auch der Theoretiker weiterführender Entwicklungen. Er ist der theoretische Begründer eines politischen Systems, das noch nicht bürgerliche Demokratie ist, das aber die Weichen in diese Richtung stellt. Staat und Staatsgewalt sind bei *Locke* das Ergebnis eines Gesellschaftsvertrages, der nicht mehr bloße Fiktion ist, der vielmehr auch die Gewalt einschränkt – vor allem dadurch, dass der einen Gewalt eine andere Gewalt gegenübergestellt wird.

*Locke* traf damit die Interessenlage des Bürgertums überall dort, wo nicht der revolutionäre Bruch, sondern die evolutionäre Weiterentwicklung auf der Tagesordnung der politischen Geschichte stand. Das ökonomisch bereits erfolgreiche Bürgertum konnte so auch politisch erfolgreich werden, ohne durch allzu radikale Postulate die bereits bestehende, privilegierte ökonomische Situation zu gefährden.

## 12.2. Montesquieu, die „Federalists" und die amerikanische Revolution

Die Ideen *Lockes* wurden im absolutistischen Frankreich von *Charles Louis Montesquieu* (1689-1755) weiterentwickelt. Neben die Legislative und die Exekutive setzte er als dritte, ebenfalls unabhängige Gewalt die Judikative. Damit wollte *Montesquieu*, im Rückgriff auf die Ideen von *Aristoteles*, durch Gewaltenteilung eine gemischte Staatsform erreichen – republikanische Legislative, monarchische Exekutive, oligarchische Judikative.

Als 1776 die 13 britischen Kolonien Nordamerikas ihre Unabhängigkeit erklärten, fand die Lehre von der Gewaltenteilung hier eine bestmögliche Resonanz. Von *Locke* begonnen und von *Montesquieu* weiterentwickelt, wurde sie auf die Verhältnisse Nordamerikas angewendet – aber gleichzeitig durch die Demokratisierung der exekutiven Gewalt (gewählter Präsident statt Erbmonarch) wesentlich weiterentwickelt. Die amerikanische Revolution war insofern, wie die britische (Glorreiche) Revolution, eine schwergewichtig politische und eine nur ansatzweise soziale Revolution, weil die vor der Revolution existierenden sozialen Ungleichheiten durch die Revolution nicht wesentlich berührt wurden – und diese vorrevolutionäre Gesellschaft gab sich in der Verfassung von 1787 ein politisches System.

In der im Wesentlichen von *Thomas Jefferson* formulierten Unabhängigkeitserklärung ist eine Erklärung der Menschenrechte enthalten: die Formulierung, dass alle Menschen frei und gleich geboren sind. Dieser radikaldemokratische Denkansatz stand in einem doppelten Spannungsverhältnis:

- zur einer Gesellschaft, die mit der größten Selbstverständlichkeit Frauen und Sklaven von der politischen Mitbestimmung (und damit

## 12. Politische Ideengeschichte – bürgerliche Revolutionen ...

von den Menschenrechten) ausschloss, ohne diesen Widerspruch zu thematisieren;

- zu einer politischen Denkschule, die – in ausdrücklichem Widerspruch zu *Jefferson* – den USA eine Verfassung geben wollte, die nicht durch radikale Freiheit und Gleichheit, sondern durch Gewaltenteilung und Gleichgewichtsdenken gekennzeichnet sein sollte – die *Federalists*.

In der die US-Verfassung begleitenden Diskussion erschienen 1787 und 1788 verschiedene Artikel, die 1788 als Buch unter dem Titel „The Federalist" erschienen. Die Autoren waren *Hamilton, Madison* und *Jay* – alle nicht nur Theoretiker, sondern schwergewichtig auch Praktiker der Politik.

Die Grundtendenz der „Federalists" ist von einem eher pessimistischen Menschen- und Gesellschaftsverständnis geprägt. Deshalb gilt es, einen starken Staat zu schaffen – der Präsident als Wahlmonarch. Innerhalb der starken Staatsgewalt sollen jedoch verschiedene Kontrollen und Gegengewichte (checks and balances) die Möglichkeit der Tyrannei vermeiden; die Tyrannei eines Einzelnen ebenso wie die Tyrannei einer Gruppe oder auch die Tyrannei einer Mehrheit. Voneinander getrennte und gleichzeitig miteinander verschränkte Gewalten dienen diesem Ziel der Stärkung und gleichzeitig Beschränkung der Herrschaft.

Diese theoretischen Aussagen begründen eine demokratietheoretische Tradition: Demokratie wird nicht positiv, sondern negativ definiert, als Freisein von Diktatur („Madisonische Demokratie"). Demokratie bedeutet auch Ablehnung jeder Form von Tyrannei – der Tyrannei des Einzelnen und einer Minderheit ebenso wie der schrankenlosen Herrschaft einer Mehrheit. Dies bedeutet die Notwendigkeit einer ständigen Kontrolle politischer Entscheidungsprozesse. Dieses defensive Demokratieverständnis spiegelt die Interessenlage eines bereits ökonomisch mächtigen Bürgertums, das den Staat zum Schutz, nicht aber zur Lenkung individueller Interessen konzipiert.

Diese demokratietheoretische Tradition wurde gerade im Gefolge der Anfänge der USA mit einer Gegentradition konfrontiert – der „Populistischen Demokratie". *Thomas Jefferson* (1743–1826) hatte bereits im Wortlaut der Unabhängigkeitserklärung das skeptische, vor allem auf *Locke* aufbauende, die bürgerlichen Besitzinteressen verteidigende Denken der Federalists durchbrochen. Er war viel stärker von radikaldemokratischen Positionen beeinflusst, die aus der französischen Aufklärung, vor allem von *Rousseau* hergeleitet wurden. Er hatte ein viel optimistischeres Bild vom Volk, er war auch – ebendeshalb – weniger an einem starken Staat und einer starken Zentralgewalt interessiert.

*Jefferson* begünstigte lokale Selbstverwaltung in kleinen politischen Einheiten, in denen das Volk stärker selbst entscheiden, stärker selbst kontrollieren konnte. Dieser „Populismus" wurde im 19. Jahrhundert weiterentwickelt – so von *Andrew Jackson* (1776–1845), der im Interesse der sozial schwächeren Schichten und mit Berufung auf einen positiv formulierten, weiten Demokratiebegriff den Zusammenhang zwischen Besitzprivileg und Wahlrecht allmählich auflöste.

Tabelle 23:
Madisonische und Populistische Demokratie – eine Gegenüberstellung

|  | Madisonische Demokratie | Populistische Demokratie |
| --- | --- | --- |
| Ideengeschichtliche Wurzel | Locke | Rousseau |
| Sozialer Hintergrund | städtisches (Groß-) Bürgertum | ländliches (Groß-) Bauerntum |
| Demokratiebegriff | eng, defensiv | weit, offensiv |
| Anthropologie | eher pessimistisch | eher optimistisch |
| Vertikale Gewaltentrennung | Neigung zu mehr Zentralismus | Neigung zu mehr Dezentralismus |
| Verfassungspolitische Orientierung | checks and balances | weniger Staatsgewalt |

Die Entwicklung der USA von einer Konföderation, einem Zusammenschluss souveräner Staaten – den ehemaligen Kolonien – zu einer Föderation, die 1787 sich eine bundesstaatliche Verfassung gab und diesen Charakter im Bürgerkrieg (1861–1865) auch erfolgreich verteidigte, weist eine mögliche Analogie zur Entwicklung der EU auf: Auch in der EU setzen die „Föderalisten" auf eine Stärkung des bundesstaatlichen Prinzips – und damit auf mehr Zentralgewalt der Union zulasten der Gewalt der Mitgliedstaaten. Auch in der Debatte rund um die Entwicklung der EU sind daher die Föderalisten die Befürworter von mehr, die Anti-Föderalisten von weniger Machtverschiebung in Richtung Union.

## 12.3. Die Jakobiner und die Französische Revolution

Die Unfähigkeit der französischen Monarchie, sich konstitutionell zu entwickeln, und, wie die britische Monarchie, die Macht mit einem Parlament zu teilen, war für das revolutionäre Klima verantwortlich, das 1789 die Revolution auslöste. Ein ökonomisch erstarktes Bürgertum verlangte nun radikal, was ihm als gemäßigte Form verweigert worden war – die politische Mitsprache. Diese Radikalität drückte im Revolutionsjahr Sieyès (1748–1838) in seiner Schrift „Was ist der Dritte Stand?" aus – der Dritte Stand, also das Bürgertum, war demnach alles. Diese Lehre vom Dritten Stand als dem eigentlichen Träger der Souveränität war die Lehre einer sozialen Umwälzung, die eine neue soziale Gruppe, eine neue Klasse an die Stelle der alten als herrschende Klasse einsetzte.

Die Revolution brachte dem Bürgertum und dem Bauerntum die politische Vorherrschaft. Die Revolution änderte jedoch nichts daran, dass innerhalb des Bürgertums und des Bauerntums die Kluft zwischen Besitz und Nicht-Besitz zu spüren war. Die politische Freiheit, Ergebnis der Revolution, änderte letztlich nichts an der ökonomischen Ungleichheit innerhalb des Bürger- und Bauerntums; und änderte vor allem nichts an der umfassenden Ungleichheit zwischen Frauen und Männern. In der Französischen Revolution von 1789 war der revolutionäre Anspruch von Frauen sichtbar – ausgedrückt in der aktiven Teilnahme an der Revolution. Dass die männlichen Revolutionäre die Revolution letztlich nicht auch zu einer zumindest teilweisen Überwindung der prinzipiellen Ungleichheit zwischen Frauen und Männern nutzten, sondern jede egalitäre Konsequenz, bezogen auf die Geschlechter, vermeiden wollten und konnten, war eine Grunderfahrung der Frauenbewegung der Neuzeit. Auch wenn die Erwartungen der revolutionären Frauen von der Revolution enttäuscht worden waren – ihr Anspruch auf eine Aufhebung der geschlechtsspezifischen Diskriminierung blieb auf der politischen Tagesordnung der nächsten Jahrhunderte. Die radikale Egalität der Revolution hatte sich letztlich ausschließlich auf die Gleichheit zwischen Männern ausgewirkt – die zwischen Frauen und Männern blieb (zunächst) eine bloße Idee.

Den weitesten Schritt in die Richtung einer egalitären Interpretation der Revolution unternahmen die *Jakobiner* mit der von ihnen geschaffenen „Konventsverfassung" von 1793. Ein weitgehend auf *Rousseau* bauender Demokratiebegriff wurde mit einer den Kapitalismus begünstigenden Auffassung von Wirtschaftsliberalismus verbunden. Eine große parlamentarische Versammlung, kurze Gesetzgebungsperioden, häufige Wahlen, maximale Öffentlichkeit auf der einen Seite – Garantien für das Privateigentum und die Freizügigkeit wirtschaftlichen Handelns auf der anderen Seite.

Der Sturz *Robespierres* (1794) drängte die radikaldemokratische Komponente und damit die Jakobiner zurück. Die Direktorialverfassung von 1795 brachte das Zensuswahlrecht, das einen antiegalitären Trend bestärkte – die Nutzung der politischen Freiheit in Form des Wahlrechtes war von den Besitzverhältnissen auch formell abhängig. *Napoleons* Staatsstreich von 1799 beseitigte dann auch, bei Aufrechterhaltung sozialer und ökonomischer Errungenschaften der Revolution, die politische Demokratie.

Der Ablauf der Französischen Revolution dient als wichtigste Grundlage für eine allgemeine *Revolutionstheorie:* Die revolutionäre Energie schaukelt sich zunächst immer weiter auf, wie in Frankreich von 1789 bis 1794 (aber auch in Russland 1917 und danach) – die Revolution radikalisiert sich; die in ihrer Radikalität einander überbietenden Extremisten bestimmen den Ablauf der Ereignisse und schalten die weniger extremen Revolutionäre mit Gewalt (Terror) ebenso aus wie schon davor die ursprünglichen Gegner der Revolution. („Die Revolution frisst ihre Kinder.") Auf einem bestimmten Scheitelpunkt kippt jedoch die revolutionäre Energie in ihr Gegenteil um – wie in Frankreich ab 1795. Die Resultate der Revolution werden weitgehend zurückgenommen.

Ein weiterer Aspekt der *Revolutionstheorie* ergibt sich aus dem Vergleich zwischen der englischen und der amerikanischen auf der einen, der französischen (und der russischen von 1917) auf der anderen Seite: Je intensiver die Revolution über die Politik im engeren Sinne hinausgeht und die gesamte Gesellschaft – ihre soziale und ökonomische Struktur – erfasst, desto größer der Widerstand gegen die Revolution; und desto größer die Wahrscheinlichkeit, dass die Revolutionäre zu Mitteln des

Terrors greifen, um diesen Widerstand zu brechen. Die Französische Revolution war, anders als die englische und die amerikanische, nicht nur eine, die das politische System umstürzen wollte – etwa durch die Beseitigung der Monarchie. Die Französische Revolution (und mehr noch die russische) griffen in das gesamte gesellschaftliche System ein – in Besitz und Vermögen, in Religion und Kultur. Der „große Terror" der Jakobinerherrschaft war die nicht unbedingt zwingende, aber wahrscheinliche Folge dieses umfassenden Anspruchs.

Die Zurückdrängung der egalitären Ausrichtung der Revolution, die schließlich auch zur Zurückdrängung der libertären Ausrichtung wurde, provozierte das Spannungsfeld, das im 19. Jahrhundert den Widerspruch zwischen Liberalismus und Sozialismus ausmachte – der Liberalismus als die Betonung des Freiheitszieles der Revolution, der Sozialismus als die Betonung des Gleichheitszieles.

*François Babeuf* (1760–1797) repräsentiert dieses Spannungsverhältnis. In seinem 1795 veröffentlichten „Manifest der Plebejer" vollzieht er den Übergang vom radikaldemokratischen Jakobinismus zum Frühsozialismus. Gegen die sozial reaktionären Tendenzen der Direktorialverfassung versucht er die Revolution neu zu beleben. Als Opfer der antiegalitären Tendenzen wird er 1797 hingerichtet.

Zu den bleibenden Folgen der Französischen wie auch der amerikanischen Revolution zählt der Anspruch, der mit der *Deklaration der Menschenrechte* erhoben worden ist: Dass alle Menschen frei und gleich geboren werden und kein politisches System berechtigt ist, in diesen gleichsam natürlichen Zustand einzugreifen. Als Teil der von *Jefferson* 1776 verfassten Unabhängigkeitserklärung der USA und mit der 1789 in Frankreich feierlichen Erklärung wurde eine Idee geboren, an der die Wirklichkeit gemessen wurde: z.B. die Wirklichkeit der Sklaverei, z.B. die Wirklichkeit der Diskriminierung der Frauen. Gerade weil die Menschenrechte nicht unmittelbar verwirklicht werden konnten, wurden sie zum Motor weiterer Entwicklungen.

## *12.4. Liberalismus und Konservativismus*

Die Anfänge des neuzeitlichen Liberalismus drücken die Interessenlage des ökonomisch und politisch erstarkenden Bürgertums aus. Die Anfänge des neuzeitlichen Konservativismus sind Resultat der Reaktion auf die bürgerliche Revolution. Liberalismus und Konservativismus wurden so, den Aufschwung des Bürgertums begleitend, zu prägenden politischen Traditionen im Europa des 19. Jahrhunderts.

In dieser Entwicklung war zunächst, in Begleitung der bürgerlichen Revolutionen, der Liberalismus – im Einklang mit den revolutionären Strömungen – der Motor der ideengeschichtlichen Entwicklung. Der Liberalismus entsprach dem Wunsch nach politischer und wirtschaftlicher Veränderung im Interesse des erstarkenden Bürgertums. Demgegenüber trat der Konservativismus als Bremse auf – als Stimme der Skepsis, die der Methode der Revolution die der Evolution entgegensetzen wollte.

Die Anfänge liberaler Theorie sind durch die Verflechtung von politischen und ökonomischen Ideen charakterisiert. *David Hume* (1711–1776) und *Adam Smith* (1723–1790) gingen von der Möglichkeit eines politischen und wirtschaftlichen Gleichgewichtszustandes aus. Bei *Hume* wird, beeinflusst vom britischen Konstitutionalismus seiner Zeit, monarchisches und republikanisches Prinzip im Gleichgewicht bejaht, wird auch die Regierungsgewalt als möglichst berechenbar und damit der individuellen Freiheit positiv gegenüberstehend gefordert. Der Staat hat unparteiisch, seine Tätigkeit hat genau umschrieben zu sein, die politische Autorität dient letztlich der Freiheit des Bürgers. *Smith* führte diesen Ansatz zur Theorie der Marktwirtschaft fort. Das Streben des Einzelnen nach Verbesserung seiner persönlichen Lage wird zur eigentlichen Kraft gesellschaftlichen Verhaltens erklärt, der Egoismus wird – im Rahmen der Regeln, die aus Erfahrung und Vernunft abgeleitet werden können – zum gestaltenden, zum positiv bewerteten Motor. Das so ethisch gerechtfertigte Besitzstreben, das allen offen steht, stellt die Harmonie des Gleichgewichtes her.

Diese Anfänge des Liberalismus begründen eine Tradition, die sich allmählich durchgesetzt hat und teilweise selbstverständlich geworden ist:

- Das Konzept des *Rechtsstaats,* das staatlichem Handeln ein Willkürverbot auferlegt und so der Politik Grenzen setzt: Der Staat (Parlament, Regierung, Gerichte) kann nur im Rahmen der eigenen Normen und nicht nach Belieben handeln. Die Verfassung wird zur Summe der Normen, die die Selbstbindung der staatlichen Institutionen garantieren.

## 12. Politische Ideengeschichte – bürgerliche Revolutionen ...

- Das Konzept der *Marktwirtschaft*, das an die Stelle der staatlichen Lenkung der Wirtschaft das Ordnungsprinzip des Marktes setzt – des Gleichgewichts zwischen Angebot und Nachfrage. Nicht die sichtbare Hand des Staates, sondern die unsichtbare Hand („invisible hand" nach *Smith*) einander ausbalancierender Eigeninteressen gibt der Wirtschaft ein adäquates Ordnungssystem.

In dieser frühen liberalen Tradition stand auch der Utilitarismus *Jeremy Benthams* (1748-1832). Er rechtfertigte in letzter Konsequenz staatliches Handeln nur dann, wenn es dem individuellen Nutzen dient. In Verbindung mit der Marktwirtschaft finden so die ökonomischen Interessen des Bürgertums ihren politischen Ausdruck.

*John Stuart Mill* (1806-1873) formulierte das Dilemma des weiterentwickelten Liberalismus – die Spannungen zwischen einem primär ökonomisch und einem primär politisch orientierten Liberalismus. In seinen Arbeiten, die die Tradition des Utilitarismus fortsetzten, verfocht er einerseits die Vorstellung einer möglichst großen individuellen Freiheit, andererseits stellte er sich den sozialen Konsequenzen eines ungebremsten Kapitalismus: Die individuelle Freiheit müsste stärker durch eine soziale Gleichheit ergänzt werden. *Mill* forderte daher, in seinen späteren Schriften, soziale Eingriffe des Staates zugunsten der Schwachen und eine Ausweitung des Wahlrechtes – jedoch nicht das gleiche Wahlrecht für alle Bürger.

Der Liberalismus machte sich zum Fürsprecher einer konstitutionellen Ordnung der bürgerlichen Revolution. Verfassungsstaat, Gewaltenteilung, aber auch – weitgehende oder vollständige – Trennung von Kirche und Staat waren seine Ziele. Mit ebendiesen Ergebnissen beschäftigte sich auch der Konservativismus.

*Edmund Burke* (1729-1797) publizierte 1790 eine scharfe Kritik an der Französischen Revolution („Reflections on the Revolution in France"). Er kritisierte die Französische Revolution nicht, weil sie gesellschaftliche Zustände änderte, sondern weil sie zu schnell, mit falschen Mitteln, mit falschen Maßstäben ihr Programm verwirklichte. *Burke* war der Repräsentant des britischen politischen Systems seiner Zeit, des Bündnisses zwischen Besitzbürgertum und Aristokratie. Er repräsentierte die pragmatische, gewaltenteilende, konstitutionelle, evolutionäre Monarchie Englands. Der radikale egalitäre Anspruch der Französischen Revolution verkörperte für ihn vor allem die falsche Methode gesellschaftlicher Veränderungen. *Burke* wollte nicht die Wiederherstellung des Absolutismus – er war, auch als parlamentarischer Praktiker, vielmehr ein Theoretiker des Parlamentarismus, des freien Mandats.

Der moderne Konservativismus, der mit *Burke* beginnt, vertrat die Methode der schrittweisen Anpassung des politischen Systems an geänderte gesellschaftliche Verhältnisse; der Konservativismus war eine Theorie der Evolution. Diesen Zugang führte *Alexis de Tocqueville* (1805 bis 1859) fort. In seinem Buch „Über die Demokratie in Amerika", Ergebnis einer längeren Studienreise, analysierte er – der französische Aristokrat – die Zukunft der Demokratie im Spannungsfeld von Freiheit und Gleichheit. Beeinflusst von der Expansion demokratischen Ideengutes in den USA in der Ära des Präsidenten *Jackson*, bezeichnete er die Gleichheit als das zentrale Merkmal der Demokratie. Diese Ausweitung der Gleichheit, Ergebnis der Herrschaft der Mehrheit, war für ihn aber eine ständige Bedrohung der Eigenständigkeit des Einzelnen, also der individuellen Freiheit.

Die Anfänge des Konservativismus sind auch die Anfänge einer Demokratiekritik, die Demokratie nicht prinzipiell verwirft, sondern bestimmte Merkmale und Folgen der Demokratie einer Kritik unterzieht. Zu dieser Kritik gehört die Warnung davor, dass eine plebiszitäre, also eine möglichst direkte Form der Demokratie zerstörerische, letztlich gegen die Grundlagen der Demokratie gerichtete Konsequenzen hat. Zu dieser Kritik zählt auch die Beobachtung, dass Demokratie – wie etwa die, die *de Tocqueville* in Amerika beobachten konnte – große Schwierigkeiten hat, langfristige politische Ziele zu verfolgen: Die Orientierung am nächsten Wahltermin hindert die Parteien, über kurzfristige Ziele hinauszudenken.

Diese Demokratiekritik hat einen Aspekt, der auch am Beginn des 21. Jahrhunderts sehr aktuell erscheint: Politische Entscheidungen, die – aufgrund der technologischen Entwicklungen – weit in die Zukunft greifen und das Leben zukünftiger Generationen massiv beeinflussen (v.a. Weichenstellungen, die die ökologische Lebensqualität betreffen), sind mit den Ansprüchen der liberalen Demokratie nicht leicht in Einklang zu bringen. Denn die Betroffenen besitzen ja, weil noch nicht geboren, keine Möglichkeit, ihre Interessen zu artikulieren. Die konservative Demokratiekritik wirft am Beginn des 19. Jahrhunderts jedenfalls eine Frage auf, die am Beginn des 21. Jahrhunderts hochaktuell ist: die Frage nach der Vereinbarkeit von Demokratie und Zeit.

Wie *Burkes* Kritik an der Revolution ist die konservative Demokratiekritik nicht auf einer prinzipiellen Ablehnung von, sondern auf einer methodischen Skepsis gegenüber Veränderungen aufgebaut: vor allem auf der Skepsis, dass es ein Zuviel an Demokratie geben könnte; dass sich die Demokratie von der politischen Sphäre in alle übrigen Sphären der Gesellschaft ausbreiten und so die angestrebte und gewonnene Freiheit wieder vernichten könnte.

In der Ablehnung dieser expansiven Demokratie, insbesondere auch des Sozialismus, trafen sich ein primär ökonomisch verstandener Liberalismus und der evolutionäre Konservativismus. Sobald sich dieser mit den liberalen Verfassungsideen ausgesöhnt hatte, konnte an die Stelle des alten Gegensatzes zwischen Liberalen (im englischen Unterhaus: Whigs) und Konservativen (Tories) ein neuer Gegensatz treten – der zwischen (liberal-konservativen) Bürgerlichen und den Vertretern der Arbeiterbewegung, des Sozialismus.

## 12.5. *Frühsozialismus und Karl Marx*

Die Anfänge des modernen Sozialismus waren durch die Enttäuschung mit den Ergebnissen der bürgerlichen Revolution gekennzeichnet. Schon *Babeuf* hatte den Widerspruch zwischen bürgerlichen Besitzinteressen und egalitären Zielvorstellungen der Revolution erlebt und analysiert. Der stürmische Aufschwung der industriellen Produktion („industrielle Revolution"), in Verbindung mit kapitalistischen Produktionsverhältnissen, vermehrte die Klasse der Lohnabhängigen und verstärkte den Eindruck einer zerklüfteten Gesellschaft. Der (frühe) Sozialismus verstand sich bereits als gesellschaftliche Theorie, die für diese Lohnabhängigen, für das Proletariat, Partei nahm.

Dieser Sozialismus der ersten Hälfte des 19. Jahrhunderts war vor allem durch seine utopische Komponente gekennzeichnet („utopischer Sozialismus"). Die Franzosen *Saint-Simon* und *Fourier*, der Brite *Owen* und der Deutsche *Weitling* waren vor allem moralisch engagierte Denker, die die von ihnen kritisierte Realität mit dem Gegenbild einer idealen Gesellschaft konfrontierten. *Owen*, sozialistisch engagierter Unternehmer (wie später *Engels*), setzte seine Kritik am Kapitalismus in die Hoffnung auf die Konfliktlosigkeit agrar-industrieller Kommunen um – eine Form des Utopismus in der Tradition der „True Levellers". *Weitling* wiederum schöpfte aus christlichen Traditionen die Begründung für seine kommunistische Lehre, für die Wiederherstellung urkommunistischer Zustände in einer kommunistischen Endgesellschaft. *Saint-Simon* wollte zwar nicht das Privateigentum, sehr wohl aber das Erbrecht abschaffen. Und *Fourier* entwarf in allen Einzelheiten die Strukturen eines idealen Gemeinwesens, das soziale Gleichheit mit individueller Freiheit verbinden und so das Konkurrenzdenken des Kapitalismus überwinden sollte.

Allen diesen Vertretern des Frühsozialismus war gemeinsam, dass sie sich intensiv mit der zukünftigen Alternative zum Kapitalismus beschäftigten. Diesem Sozialismus fehlte die analytische und strategische Komponente des marxistischen Sozialismus.

Anders als diese frühen Sozialisten versuchten die Zeitgenossen von *Marx*, der Franzose *Louis Blanc* (1811–1882) und der Deutsche *Ferdinand Lassalle* (1825–1864), einen vor allem pragmatischen, staatsbezogenen, strategischen Sozialismus zu entwerfen. Dieser Sozialismus, der viel von der späteren postmarxistischen Sozialdemokratie vorwegnahm, stellte den bestehenden gesellschaftlichen Verhältnissen und der bestehenden politischen Ordnung nicht ein scharfes, utopisches Gegenbild gegenüber. *Blanc* und *Lassalle* wollten schrittweise Staat und Gesellschaft in Richtung auf mehr soziale Gleichheit reformieren. Beiden war der Staat ein möglicher Hebel, den die Arbeiterbewegung zu bedienen hatte, um ihre gesellschaftlichen Bedingungen zu verändern.

Mit *Karl Marx* (1818-1883) und *Friedrich Engels* (1820–1895) erreichte die sozialistische Theorienbildung einen Höhepunkt. Ihr (teilweise gemeinsam formuliertes) Werk bildete die Grundlagen des marxistischen Sozialismus. Insbesondere das 1848 von *Marx* und *Engels* veröffentlichte „Manifest der Kommunistischen Partei" und der von *Marx* 1867 publizierte erste Band von „Das Kapital" (zwei weitere Bände wurden von *Engels* nach *Marx*' Tod aus dessen Nachlass veröffentlicht) bildeten den harten Kern dieses Sozialismus. Der methodische Grundgedanke war, aus der Beschreibung und Analyse gesellschaftlicher Abläufe Aussagen über wahrscheinliche zukünftige Entwicklungen zu machen; Aussagen, die sich freilich nicht wertfrei, sondern als Parteinahme verstanden.

## 12. Politische Ideengeschichte – bürgerliche Revolutionen ...

*Marx* und *Engels* verbanden philosophische, ökonomische und politische Aussagen zu einer umfassenden Deutung der Gesellschaft und des Menschen. Die Vielfalt innerhalb dieser Deutungen lässt sich in folgenden Merkmalen zusammenfassen:

- *Materialismus:* Der Mensch wird aus seinem gesellschaftlichen Umfeld erklärt. Außergesellschaftliche, metaphysische Interpretationen der menschlichen Existenz werden ausdrücklich abgelehnt.

- *Historizismus:* Die gesellschaftliche Entwicklung wird als Ablauf bestimmter Gesellschaftsformationen gedeutet, deren Abfolge einer sozialen Gesetzmäßigkeit unterliegt. Auf den Feudalismus folgt der Kapitalismus, auf diesen der Sozialismus, der von der Endgesellschaft des Kommunismus abgelöst wird.

- *Ökonomismus:* Die Abfolge der gesellschaftlichen Entwicklungsstufen wird von den Produktionsverhältnissen und den dadurch bedingten Klassengegensätzen bestimmt. Die Herrschaft der einen Klasse über die andere trägt in sich bereits den zukünftigen dialektischen Überschlag der Herrschaftsaneignung durch die Unterdrückten.

- *Revolution:* Der Übergang von einer in die andere Klassenherrschaft erfolgt auf dem Weg der Revolution. Dieser trägt zwar nicht notgedrungen die Züge personaler Gewalt, die Erfahrung mit der Französischen Revolution als historischer Machtwechsel im Zeitraffer beeinflusst aber als Revolutionsmodell wesentlich auch das marxistische Revolutionsverständnis.

- *Internationalismus:* Der die Geschichte vorantreibende Klassenkonflikt bringt mit sich, dass die Arbeiterklasse, als tragende Kraft des Sozialismus, nationale Grenzen zu überwinden und sich zu vereinigen hat. Der Proletarier hat kein Vaterland zu verlieren, nur seine – nicht national gefärbten – Ketten.

## Tabelle 24:
Text zum Verständnis des Marxismus

### Bourgeois und Proletarier

Die Geschichte aller bisherigen Gesellschaft ist die Geschichte von Klassenkämpfen.

Freier und Sklave, Patrizier und Plebejer, Baron und Leibeigener, Zunftbürger und Gesell, kurz, Unterdrücker und Unterdrückte standen in stetem Gegensatz zueinander, führten einen ununterbrochenen, bald versteckten, bald offenen Kampf, einen Kampf, der jedesmal mit einer revolutionären Umgestaltung der ganzen Gesellschaft endete oder mit dem gemeinsamen Untergang der kämpfenden Klassen.

In den früheren Epochen der Geschichte finden wir fast überall eine vollständige Gliederung der Gesellschaft in verschiedene Stände, eine mannigfaltige Abstufung der gesellschaftlichen Stellungen. Im alten Rom haben wir Patrizier, Ritter, Plebejer, Sklaven; im Mittelalter Feudalherren, Vasallen, Zunftbürger, Gesellen, Leibeigene, und noch dazu in fast jeder dieser Klassen wieder besondere Abstufungen.

Die aus dem Untergang der feudalen Gesellschaft hervorgegangene moderne bürgerliche Gesellschaft hat die Klassengegensätze nicht aufgehoben. Sie hat nur neue Klassen, neue Bedingungen der Unterdrückung, neue Gestaltungen des Kampfes an die Stelle der alten gesetzt.

Unsere Epoche, die Epoche der Bourgeoisie, zeichnet sich jedoch dadurch aus, daß sie die Klassengegensätze vereinfacht hat. Die ganze Gesellschaft spaltet sich mehr und mehr in zwei große feindliche Lager, in zwei große, einander direkt gegenüberstehende Klassen: Bourgeoisie und Proletariat.

Quelle: *Karl Marx, Friedrich Engels*: Manifest der Kommunistischen Partei. In: MEW, Bd. 4, Berlin (DDR) 1977, S. 462 f.

Der Marxismus arbeitet durch die Beobachtung und Analyse Logiken heraus, die für die (von *Marx* beobachtete und analysierte) Geschichte und Gegenwart Geltung beanspruchen. Ob und in welchem Maße diese Entwicklungslogiken auch als Prognosen für die Zukunft gelten können, hat die Debatte im und um den Marxismus von Anfang an bestimmt. Eineinhalb Jahrhunderte nach *Marx* kann aber mit Sicherheit festgestellt werden, dass die Stärke des Marxismus in der Analyse bestehender – und nicht in der Prognose zukünftiger Verhältnisse besteht.

# 13. Politische Ideengeschichte im 20. Jahrhundert

13.1. Postmarxistischer Sozialismus
13.2. Konservativismus und Christliche Soziallehre
13.3. Liberalismus und Demokratietheorie
13.4. Faschismus
13.5. Korrekturen und Gegenströmungen

## 13.1. Postmarxistischer Sozialismus

*Marx* und *Engels* hatten, ebenso wie die Frühsozialisten, ihre Ideen im Widerspruch zu den bestehenden Verhältnissen formuliert. Ende des 19. Jahrhunderts entwickelten sich sozialistische Massenparteien, insbesondere in den wirtschaftlich und politisch fortgeschrittenen Staaten Westeuropas. Die ersten Erfolge dieser Parteien und der Gewerkschaften wandelten die Funktion sozialistischer Theorie – aus einer zunächst prinzipiellen Oppositionstheorie wurde eine Theorie, die eine teilweise erfolgreiche Arbeiterbewegung begleiten sollte. Der postmarxistische Sozialismus war durch eine neue Notwendigkeit gekennzeichnet – durch die Aufgabe, eine sich sozialistisch nennende Praxis theoretisch zu untermauern, zu rechtfertigen.

Die wesentliche Spaltung des postmarxistischen Sozialismus in zwei Hauptrichtungen war die in eine kommunistische und eine sozialdemokratische Richtung. Das entscheidende Ereignis, das diese Spaltung erzwang, war die russische Oktoberrevolution 1917. Diejenige Sozialismusvariante, die diese Oktoberrevolution als sozialistische Revolution im Sinne des Marxismus einstufte, stand – als Marxismus-Leninismus – auf der einen Seite; diejenige Variante jedoch, die der Oktoberrevolution mit Berufung auf *Marx* kritisch oder ablehnend gegenüberstand, entwickelte sich zur Sozialdemokratie im Rahmen der liberalen Systeme.

Der Bruch zwischen diesen beiden Richtungen hatte sich schon früher abgezeichnet. 1903 spaltete sich auf einem Parteitag die russische Sozialdemokratie im Exil – der Mehrheitsflügel (Bolschewiki) folgte der Theorie, Strategie und Taktik *Lenins*; der Minderheitsflügel (Menschewiki) entwickelte sich im sozialdemokratischen Sinn.

*Wladimir I. Lenin* (1870–1924) hatte 1902 seine organisatorischen und strategischen Aussagen in der Schrift „Was tun?" veröffentlicht. Die wichtigsten Aussagen waren:

- Die Partei sollte Kaderpartei sein, die Mitglieder sollten sorgfältig ausgewählt und vor allem für die Arbeit in der Illegalität besonders ausgebildet sein.

- Der Übergang vom Kapitalismus zum Sozialismus sollte von einer Minderheit von Berufsrevolutionären vorangetrieben werden; die Einhaltung der Spielregeln des Parlamentarismus, die Berücksichtigung der Mehrheitsverhältnisse und das Bewusstsein der Mehrheit – auch der Arbeiterklasse – waren sekundär.

Diese Auffassung begünstigte die Rolle, die die Bolschewiki 1917 nach der (bürgerlichen) Märzrevolution in Russland übernahmen. Sie führten, als Avantgarde, ohne Berücksichtigung von Fragen wie Mehrheit und Minderheit, ohne Berücksichtigung von Spielregeln der „bürgerlichen Demokratie" die Entwicklung zur sozialistischen Revolution im Sinne ihres Revolutions- und Parteiverständnisses.

Der Marxismus-Leninismus spaltete sich nach *Lenins* Tod – *Stalins* „Sozialismus in einem Staat" stand *Trotzkis* Betonung der Weltrevolution und der permanenten Revolution gegenüber; die stalinistische Betonung des Staatsinteresses der Sowjetunion wurde durch eigenständige Entwicklungen, etwa in Jugoslawien und China, herausgefordert. *Tito* setzte, nach seinem Bruch mit der UdSSR (1948), auch auf einen theoretischen Widerspruch – gegen die zentralistische Variante des Sozialismus in der UdSSR hob er die Arbeiterselbstverwaltung als dezentrale Spielart hervor. *Mao Tse-tung* betonte den Unterschied einer sozialistischen Entwicklung in einem nicht industrialisierten Land gegenüber der sowjetischen Entwicklung in Form der eigenständigen revolutionären Rolle der Bauern.

## 13. Politische Ideengeschichte im 20. Jahrhundert 207

Das Ende der kommunistischen Systeme in Europa bedeutete auch das Ende der Attraktivität für den Marxismus-Leninismus. Die kommunistischen Traditionen, sofern sie überhaupt noch Bedeutung haben (wie z.B. in Italien oder in einigen postkommunistischen Systemen wie Polen und Ungarn), sind in die sozialdemokratischen Traditionen übergegangen. Von 1991 an muss von einem Ende relevanter marxistisch-leninistischer Theorieentwicklung gesprochen werden.

In der Auseinandersetzung mit der Theorie *Lenins* und mit der Oktoberrevolution entwickelte sich die Theorie der Sozialdemokratie, teilweise ebenfalls mit Berufung auf die Traditionen des Marxismus. Für die Sozialdemokratie bedeutete und bedeutet die politische Demokratie einen Eigenwert, war und ist ein Einparteiensystem immer eine Verletzung dieser Demokratie. Sozialdemokratie ist die Integration des Demokratieverständnisses der liberalen Systeme und eines sich teilweise auf *Marx*, teilweise auf *Lassalle*, *Blanc* und andere berufenden Sozialismus. In der Sozialdemokratie gab und gibt es eine Bandbreite, innerhalb der vor allem zwei Theorietraditionen unterschieden werden können:

- Der *Oppositionssozialismus* betont, zumeist mit ausdrücklicher Berufung auf den Marxismus, die Unumgänglichkeit der radikalen Veränderung der Eigentumsverhältnisse. Zu dieser Spielart zählt auch der Austromarxismus, der in Österreich zwischen 1900 und 1934 marxistische Ökonomie und politische Demokratie verband *(Otto Bauer, Max Adler, Karl Renner)*. Dazu zählt auch die „orthodoxe Sozialdemokratie" *Karl Kautskys*, der sich innerhalb der deutschen Sozialdemokratie prinzipiell gegen *Lenin* und die Oktoberrevolution stellte, immer mit Berufung auf den Marxismus.

- Der *Regierungssozialismus* unterstreicht, direkt oder indirekt beeinflusst von *Lassalle* und *Blanc*, die Notwendigkeit einer pragmatischen Konzeption des Sozialismus. Sozialismus soll, im Rahmen des Parlamentarismus, durch schrittweise Reformen verwirklicht werden. Dazu zählt vor allem der Revisionismus *Eduard Bernsteins*, der bereits um 1900, beeinflusst von den Erfahrungen der britischen Gewerkschaftsbewegung, innerhalb der deutschen Sozialdemokratie eine Anpassung des Marxismus an geänderte Verhältnisse verlangte. Dazu zählen insbesondere auch die theoretischen Aussagen der sozialdemokratischen Parteien, die als Regierungsparteien nach 1945 wesentlich zur Stabilisierung liberaler politischer Systeme in Europa beigetragen haben. Dazu zählte auch die am Ende des 20. Jahrhunderts entwickelte Theorie vom „dritten Weg" der Sozialdemokratie *(Anthony Giddens)*, der auch – ähnlich wie der aus dem US-amerikanischen Liberalismus kommenden *Communitarismus* – einen teilweisen Rückzug des Staates aus der Gesellschaft befürwortet.

Eine Sonderform sozialistischer Entwicklungen schon zur Zeit *Karl Marx'* war der Anarchismus. Der Anarchismus hatte im 19. Jahrhundert den Sozialismus theoretisch begleitet, teilweise sich mit ihm verbündet, dann sich wieder von ihm getrennt. Vom Marxismus unterschieden sich die „klassischen" Anarchisten des 19. Jahrhunderts (*Proudhon, Bakunin*) durch die Ablehnung jeder Autorität, jeder staatlichen Organisation. Der Anarchismus setzte, anders auch als der Leninismus, nicht auf die Organisationskraft einer Partei, sondern auf die Spontaneität der Massen. Als Anarcho-Syndikalismus betonte er die Bedeutung der direkten Aktion, vor allem in Form des Generalstreiks, als revolutionären Akt. Diese Spielart des Anarchismus hatte in den ersten Jahrzehnten des 20. Jahrhunderts einen gewissen Einfluss auf die Arbeiterbewegung Frankreichs und Spaniens.

Im 20. Jahrhundert war der Anarchismus weniger eine geschlossene Variante des Sozialismus und mehr ein Korrektiv innerhalb sozialistischer Traditionen. Kritiker herrschender sozialistischer Strömungen – wie etwa die Mitbegründerin der Kommunistischen Partei Deutschlands, *Rosa Luxemburg*, oder auch die Vertreter der „Frankfurter Schule" während und nach der Zeit des Nationalsozialismus *(Adorno, Horkheimer, Marcuse)* repräsentieren diese Korrektivfunktion, die freilich in keinem dieser Fälle anarchistisch genannt werden kann. Der Gehalt dieses Korrektivs war und ist der ständige Hinweis einer möglichen Verhärtung von Organisationen zu neuen Formen politischer Herrschaft – auch dann, wenn diese Organisationen sich „sozialistisch" nennen; sei es als Partei, sei es als Staat, sei es als (intellektuelles oder politisches) System.

## Tabelle 25:
Entwicklungslinien des Sozialismus nach *Karl Marx*

| Kommunismus | | | Sozialdemokratie, demokratischer Sozialismus | |
|---|---|---|---|---|
| Betonung des Grundsatzes des Kollektiveigentums an Produktionsmitteln | | | Relativierung des Grundsatzes des Kollektiveigentums an Produktionsmitteln | |
| Bejahung der Oktoberrevolution | | | Ablehnung der Oktoberrevolution | |
| Bejahung des kommunistischen Einparteiensystems | Ablehnung des kommunistischen Einparteiensystems | | | |
| Bejahung des Modellcharakters der UdSSR | Ablehnung des Modellcharakters der UdSSR | | | |
| Kommunistische Parteien Osteuropas | Mao  Tito | Eurokommunismus | Oppositionssozialismus | Regierungssozialismus |
| Stalin | Trotzki? | | Austromarxismus | Trade-Unionismus |
| Lenin | Luxemburg? | | Kautsky, Menschewiki | Revisionismus |
| | Karl Marx und Friedrich Engels | | | |

Quelle: Anton Pelinka: Sozialdemokratie in Europa. Macht ohne Grundsätze oder Grundsätze ohne Macht? Wien 1980 (Herold), S. 34

Am Ende des 20. Jahrhunderts ist der Begriff des Sozialismus aus zwei Gründen unscharf geworden:

- Das Ende der Systeme sowjetischen Typs hat die theoretischen Annahmen, auf die sich dieses Systeme berufen haben – die Gewissheit ihres Erfolges –, falsifiziert. Die kommunistische Spielart des Sozialismus ist historisch ausgelaufen.

- Die Regierungspraxis der Sozialdemokratie hat sich mit der Regierungspraxis anderer demokratischer Parteien oft bis zur Ununterscheidbarkeit vermischt. Aus dieser Praxis kann eine Theorie des (demokratischen) Sozialismus kaum schlüssige Aussagen ableiten.

Ein Beispiel ist der sozialdemokratische, aber eben auch liberale und konservative Anteil an der Entwicklung des *Sozial- und Wohlfahrtsstaates* im 20. Jahrhundert. Dieser beruht auf der Vorstellung, dass korrigierende sozialpolitische Eingriffe in die wirtschaftlichen Abläufe die soziale Ungleichheit reduzieren und den allgemeinen Wohlstand steigern können. Ein Aspekt dieses reformistischen Konzepts war die Vorstellung, dass die staatliche Budgetpolitik die Grundlagen für solche Eingriffe liefern kann. Die unter dem Stichwort *Keynesianismus* popularisierten Theorien des britischen Ökonomen *John Maynard Keynes* sind ein Beispiel für einen „sanften" sozialdemokratischen Interventionismus: In Zeiten wirtschaftlichen Abschwungs (einer Rezession) soll der Staat Schulden machen („deficit spending"), um auf diese Weise Geld für Programme zu bekommen, die – weil z.B. arbeitsintensiv – Arbeitsplätze schaffen und so, etwa über den dadurch vermehrten Konsum, die Wirtschaft wieder ankurbeln.

Das Spezifische des Sozialismus ist am Beginn des 21. Jahrhunderts ebenso unscharf geworden wie das Spezifische des Konservativismus und des Liberalismus. Die aus dem 18. und 19. Jahrhundert kommenden Denktraditionen haben sich teilweise durchgesetzt, teilweise haben sie sich untereinander vermischt, und teilweise sind sie von der Wirklichkeit einfach überholt worden.

## *13.2. Konservativismus und Christliche Soziallehre*

Das 19. Jahrhundert hatte eine weitgehende Integration liberaler und konservativer Positionen gebracht. An der Wende zum 20. Jahrhundert entwickelte sich, vor allem in Italien, eine politische Theorie, die als wesentlicher konservativer Beitrag zur politischen Ideengeschichte dieses

Jahrhunderts gelten kann – die Elitentheorie. *Vilfredo Pareto* (1848 bis 1923), *Gaetano Mosca* (1858–1941) und *Robert Michels* (1876–1936) versuchten den Nachweis, dass Parlamentarismus und Demokratie letztlich nur Etiketten seien, hinter denen die unvermeidliche Herrschaft einer kleinen Minderheit, eben der Elite, weiterbesteht. Die regierende Elite kann sehr wohl ihre Macht verlieren – aber letztlich niemals zugunsten der regierten Mehrheit, sondern immer nur zugunsten einer anderen Minderheit, einer Gegenelite. Auch Revolutionen enden, in den Augen dieser Theoretiker, immer nur mit der Herrschaft einer neuen Elite.

*Michels* formuliert in seiner Arbeit „Zur Soziologie des Parteiwesens in der modernen Demokratie", 1911, ein „ehernes Gesetz der Oligarchie" auf der Grundlage einer Analyse der Sozialdemokratischen Partei Deutschlands. Die Wirklichkeit dieser erklärt demokratischen Partei drückt die jeder Organisation innewohnende Neigung zur Herausbildung einiger weniger, letztlich nicht mehr demokratisch kontrollierbarer Machthaber aus.

Die Elitentheorie ist deshalb konservativ, weil sie, ohne Veränderungen grundsätzlich abzulehnen, skeptisch gegenüber bestimmten Erwartungen, skeptisch gegenüber einem bestimmten Fortschrittsoptimismus ist. Eine ähnliche – konservative – Skepsis ist auch hinter bestimmten politischen Ideen zu erkennen, die nach 1945 entwickelt worden sind:

- Die Totalitarismustheorie *(Hannah Arendt))* die den latent totalitären Charakter moderner Massenbewegungen unterstreicht und die Gemeinsamkeiten von Kommunismus und Faschismus betont.

- Die „enge" Demokratietheorie *(J. L. Talmon, Wilhelm Hennis)*, die das Wesen der Demokratie auf den Staat und das politische System beschränkt sieht und jede Aufhebung dieser Begrenzung als Weg zur Zerstörung der Demokratie selbst beurteilt.

*Arendt* unterstreicht die Bedeutung der Konzentrations- und vor allem die Vernichtungslager des Nationalsozialismus und des Stalinismus. Als „Laboratorien für das Experiment totaler Herrschaft" sind sie ein wesentliches Merkmal der Politik des 20. Jahrhunderts. Sie sind die letzte Konsequenz der Massenbewegungen, die – nach *Eric Voegelin* – den Charakter von „politische Religionen" haben. *Talmon* kritisiert, mit einem historischen Rückgriff auf die Französische Revolution, dass Demokratie zur „totalitären Demokratie" zu werden droht, wenn dem Herrschaftsanspruch der „des Volkes" (d.h. derer, die für das Volk zu sprechen vorgeben) nicht Grenzen gesetzt sind.

Die *Christliche Soziallehre*, worunter vor allem die soziale Lehre der Katholischen Kirche seit dem Ende des 19. Jahrhunderts zu verstehen ist, ist keineswegs mit einer – politischen – Etikette „konservativ" zu versehen. Mit dem modernen Konservativismus im Sinne der Ideengeschichte hat diese Soziallehre jedoch die Betonung des evolutionären Prinzips und die Ablehnung radikaler Konzepte gemeinsam.

Die Christliche Soziallehre ist der Versuch, zwischen sozialistischem Marxismus und liberalem Kapitalismus einen „dritten Weg" aufzuzeigen. In verschiedenen päpstlichen Rundschreiben, beginnend 1891 („Rerum novarum"), versuchte die Kirche Wege zur Lösung der „sozialen Frage" zu weisen. Auf diese kirchliche Lehrmeinung beriefen sich christliche Parteien und christliche Gewerkschaften, die den Kapitalismus reformieren wollten, um so der sozialistischen Kapitalismuskritik die Grundlagen zu entziehen.

Grundgedanke dieser Soziallehre ist die Vorstellung einer möglichen und wünschenswerten Kooperation zwischen Arbeit (Arbeitnehmer) und Kapital (Arbeitgeber). Beide, aufeinander angewiesen, könnten im Miteinander, unter Absage an extreme (kapitalistische oder marxistische) Lösungen, den „dritten Weg" finden. Freilich ist auch die Christliche Soziallehre in sich plural, lässt verschiedene Interpretationen zu. Die wichtigsten Interpretationsmöglichkeiten sind:

- Betonung des gesellschaftsverändernden Charakters der Soziallehre. Diese Spielart stellt die Grundlage liberaler (kapitalistischer) Systeme mit Berufung auf ein christliches Gerechtigkeitsgebot in Frage.

- Betonung gewachsener christlich-demokratischer Traditionen und des faktischen Bündnisses zwischen diesen Traditionen auf der einen Seite, konservativen und (wirtschafts)liberalen Positionen auf der anderen Seite.

Die Katholische Soziallehre – weniger die (pluralistisch sehr stark aufgefächerten) sozialethischen Aussagen anderer christlicher Kirchen – hat lange Zeit der Frage der Demokratie wenig Augenmerk geschenkt. Das konkrete Verhalten der Päpste gegenüber den faschistischen Diktaturen Italiens und Spaniens im 20. Jahrhundert wurde auch von einer Gleichgültigkeit der päpstlichen Lehren gegenüber der Entscheidung zwischen Diktatur und Demokratie begleitet. Erst nach 1945 – insbesondere im *Zweiten Vatikanischen Konzil (Vaticanum Secundum,* 1962-1965), durch die pastorale Konstitution „Gaudium et Spes" – entwickelte sich eine eindeutig positive Sichtweise der Kirche zur (liberalen) Demokratie.

## *13.3. Liberalismus und Demokratietheorie*

Im Mittelpunkt des Liberalismus des 19. Jahrhunderts stand die Durchsetzung des Verfassungs- und Rechtsstaates sowie des wirtschaftsliberalen Konzeptes einer Marktwirtschaft. Gerade aus der Theorie der Marktwirtschaft schöpfte der Liberalismus im 20. Jahrhundert Impulse für die Weiterentwicklung verfassungs- und rechtsstaatlicher Konzepte in Richtung auf eine prozessual verstandene Demokratie.

*Joseph Schumpeter* (1883-1950) wandte sich gegen die „klassische Lehre der Demokratie", der er Unfähigkeit zur Erfassung konkreter gesellschaftlicher Zusammenhänge vorwarf. Für *Schumpeter* war die normative Demokratietheorie, die die Identität von Herrschern und Beherrschten und damit die Aufhebung jeder Herrschaft des Menschen über den Menschen zum Inhalt der Demokratie machen wollte, nichts als ein Instrument zur Vernebelung von Herrschaftszuständen. *Schumpeter* wollte die Demokratie dadurch theoretisch neu entdecken und absichern, indem er sie bescheidener definierte, indem er in ihr vor allem eine Methode und weniger einen Inhalt sah. In seinem Buch „Kapitalismus, Sozialismus und Demokratie", 1940, deutete er die Demokratie als Marktmechanismus, der die politischen Anbieter (PolitikerInnen, Parteien) in die Abhängigkeit von politischen Konsumenten (WählerInnen, Volk) bringt.

Diese Demokratietheorie des Austro-Amerikaners *Schumpeter* wurde vom US-Amerikaner *Anthony Downs* fortgesetzt – zu einer umfassenden „ökonomischen Theorie der Demokratie", 1957. Im Sinne der Wettbewerbsökonomie ist die Wettbewerbspolitik erklärbar aus der Neigung der Parteien, den Wahlsieg im Zweifel über den politischen Inhalt (Programme, Werte etc.) zu stellen. Nach *Downs* ist es letztlich eine demokratische Grundtugend einer Partei oder eines Politikers, die jeweilige Überzeugung den für die Erringung des Wahlsieges erforderlichen Wählermeinungen anzupassen. Demokratie ist – demnach – eben kein bestimmter Inhalt, kein bestimmter Wert, sondern ein Prozess, der die politischen Anbieter zu stetiger Anpassung an die politischen Nachfrager zwingt.

Von der ökonomischen Theorie wesentlich beeinflusst ist auch die Theorie des *Rational Choice*. Sie will politisches Verhalten vor allem als Reaktion auf (positive und negative) Anreize deuten: WählerInnen bevorzugen eine bestimmte Partei letztlich als Ausdruck (bewusster und/oder unbewusster) Präferenzen. PolitikerInnen wiederum ordnen ihre Handlungsoptionen ebenfalls nach einem Präferenzschema – welches Verhalten nützt ihnen in welchem Ausmaß. Dadurch wird politisches Verhalten standardisiert – und, ähnlich wie ökonomisches Verhalten, in hohem Maße messbar und quantifizierbar.

Die Tradition des politischen Liberalismus wurde nach 1945 insbesondere auch von *John Rawls, Ernst Fraenkel, Robert Dahl* und *Amitai Etzioni* weiterentwickelt:

- Der US-Amerikaner *Rawls* entwarf eine „Theorie der Gerechtigkeit" als Beitrag zu einem sozialen Liberalismus, unter Weiterführung bestimmter Annahmen des Utilitarismus. Grundgedanke ist eine Kombination von Freiheit und Gleichheit, jede Ausnahme vom Postulat der Gleichheit muss ausdrücklich begründet werden – als ausdrücklich vernünftig, zu jedermanns Vorteil und mit Positionen verbunden, die jedem offen stehen.

- Der Deutsche *Fraenkel* formulierte eine Theorie des Pluralismus, der den (liberalen) Verfassungs- und Rechtsstaat mit der Tatsache politischer Organisationen (Parteien und Verbände) aussöhnt. Parteien und Verbände sind, nach *Fraenkel*, nicht Gefahren für die liberal wünschenswerte, maximale Freiheit des Einzelnen, sondern geradezu die Voraussetzungen dieser Freiheit.

## 13. Politische Ideengeschichte im 20. Jahrhundert

- Der Amerikaner *Dahl* entwickelte das Konzept der „citizenship", das die Aufmerksamkeit auf die nach wie vor bestehende Ausschlusswirkung in der gegenwärtigen Form liberaler Demokratie richtet. Die Nicht-Beteiligung einer eher größer werdenden Zahl von Menschen am politischen Prozess (vor allem „AusländerInnen") bedeutet ein demokratietheoretisches Defizit.

- Der Amerikaner *Etzioni* machte, gemeinsam mit anderen, das Konzept des „Communitarismus" zu einem neuen Begriff der politischen Theorie. Dieses Konzept geht davon aus, dass die Gesellschaft *(Zivilgesellschaft)* zunehmend sich selbst organisiert, weil das eigentliche politische System (der Staat) immer deutlicher überfordert ist. Das bezieht sich vor allem auf die lokale Ebene (z.B. Erziehung, Kultur etc.).

Typisch für *Rawls*, *Fraenkel* und *Dahl* ist, dass ihre Theorien keineswegs nur vom politischen Liberalismus, sondern auch von der Sozialdemokratie beansprucht werden können. *Rawls*' sozialer Liberalismus ist für jeden pragmatischen Regierungssozialismus ein brauchbares Konzept. *Fraenkels* Pluralismus kann sich nicht zufällig auf frühere Arbeiten des britischen Sozialismus-Theoretikers *Harold Laski* stützen, der sich schon vor *Fraenkel* mit dem Spannungsfeld von Pluralismus und Demokratie, von Pluralismus und Sozialismus befasst hat. *Dahl* wiederum ruft das sozialdemokratische Ziel der Internationalität in Erinnerung. Die politi-sche Theorie des Liberalismus nach 1945 ist weniger die Theorie liberaler Parteien und mehr die Theorie liberaler Systeme.

Bei der Analyse der Politik dieser Systeme am Ende des 20. Jahrhunderts wird der Begriff „Neoliberalismus" zur Kennzeichnung der (im englischen Sprachbereich eher als konservativ oder neokonservativ) bezeichneten Tendenzen zur Deregulierung der Wirtschaft verwendet. Diese mit den Namen *Margret Thatcher („Thatcherismus")* und *Ronald Reagan („Reaganomics")* verbundene Orientierung zielt auf die Rücknahme der soziale Ungleichheiten korrigierenden politischen Eingriffe in die Marktwirtschaft, d.h. in den Kapitalismus. Die in den USA mit dem „New Deal" der Jahre vor dem 2. Weltkrieg, in Europa nach 1945 durchgesetzten Einrichtungen des „Sozial- und Wohlfahrtsstaates" werden teilweise zurückgenommen – mit Berufung auf die Erfordernisse wirtschaftlicher Leistungsfähigkeit. Der Begriff „Neoliberalismus" zeigt, wie vielschichtig oder auch unscharf die Etikette „Liberalismus" geworden ist.

**Tabelle 26:**
Grundannahmen der ökonomischen Theorie der Demokratie

*Das Wesen der demokratischen Regierungsform*

Zur Vermeidung ethischer Prämissen definieren wir die demokratische Regierungsform deskriptiv, d.h. durch Aufzählung bestimmter Merkmale, die diese Regierungsform in der Praxis von anderen unterscheiden. Ein Staat wird dann demokratisch regiert, wenn er in einer Gesellschaft existiert, in der folgende Bedingungen verwirklicht sind:

1. Jeweils eine Partei (oder Koalition von Parteien) wird durch das Volk zur Ausübung der staatlichen Herrschaft gewählt.
2. Solche Wahlen werden in periodischen Zeitabständen abgehalten, deren Dauer die Partei, die an der Macht ist, nicht im Alleingang ändern kann.
3. Alle Erwachsenen, die dieser Gesellschaft ständig angehören, geistig gesund sind und die Gesetze des Landes befolgen, sind berechtigt, bei jeder solchen Wahl ihre Stimme abzugeben.
4. Jeder Wähler darf bei jeder Wahl eine und nur eine Stimme abgeben.
5. Jede Partei (oder Koalition), die von der Mehrheit der Wähler unterstützt wird, ist berechtigt, die Regierungsgewalt bis zur nächsten Wahl zu übernehmen.
6. Die Parteien, die die Wahl verloren haben, versuchen niemals, die Siegerpartei (oder -parteien) mit Gewalt oder durch irgendein anderes ungesetzliches Mittel an der Amtsübernahme zu hindern.
7. Die Partei, die an der Macht ist, versucht niemals, die politische Tätigkeit irgendwelcher Bürger oder Parteien zu beschränken, solange diese nicht den Versuch unternehmen, die Regierung mit Gewalt zu stürzen.
8. Bei jeder Wahl gibt es zwei oder mehrere Parteien, die um die Kontrolle des Regierungsapparates konkurrieren.

Quelle: *Anthony Downs*: Ökonomische Theorie der Demokratie. Tübingen 1968 (Mohr)

## 13.4. Faschismus

Der Faschismus begann als bestimmte Interpretation der „klassischen" Elitentheorie. Während *Schumpeter* die Aussagen *Paretos, Moscas* und *Michels'* mit der Demokratie versöhnen wollte, deutet der Faschismus die Elitentheorie als Rechtfertigung für eine prinzipielle Absage an jede Form der Demokratie.

Faschismus ist freilich ein Begriff, hinter dem verschiedene politische Strömungen und Bewegungen standen und noch stehen. Gemeinsam ist allen diesen Strömungen, dass sie – auch mit Berufung auf die Erkenntnisse der Elitentheorie – das (politische) Recht des Stärkeren von einer Naturgesetzlichkeit ableiten (Sozialdarwinismus). Der Faschismus interpretierte die Elitentheorie auch als Rechtfertigung einer expansiven Außenpolitik. Die von der Elitentheorie empirisch begründete Auffassung, dass in der Gesellschaft immer eine Minderheit die politische Entscheidungsgewalt an sich zieht, wurde zur Rechtfertigung der absoluten und totalen Diktatur, zur Begründung des Führerprinzips herangezogen – aber auch zur Legitimation der Herrschaft eines Volkes, einer Nation über ein anderes Volk, eine andere Nation.

Im Rahmen faschistischer Strömungen können zwei Spielarten unterschieden werden:

- Faschismus als *autoritäre Elitentheorie*. Diese Spielart entspricht im Wesentlichen der in Italien zwischen 1922 und 1943 (1945) herrschenden Rechtfertigung.

- Faschismus als *totalitäre Rassentheorie*. Dieser Faschismus ist im Wesentlichen mit dem deutschen Nationalsozialismus gleichzusetzen bzw. mit anderen faschistischen Strömungen, die – anders als der italienische Faschismus – grundsätzlich rassistisch und insbesondere antisemitisch waren.

Allen faschistischen Strömungen ist ein Kulturpessimismus gemeinsam. *Mussolini* und *Hitler* konnten dabei auf ältere Traditionen aufbauen – wie etwa auf *Oswald Spenglers* (1880–1936) Sorge um den „Untergang des Abendlandes". Allen faschistischen Strömungen ist auch die Vorstellung einer prinzipiellen Ungleichheit gemeinsam:

- Ungleichheit zwischen „Führer" und „Masse";

- Ungleichheit zwischen Völkern und Nationen;

- Ungleichheit zwischen hochwertigem, minderwertigem und unwertigem Leben (Juden als „Parasiten").

Die Interpretation des Faschismus, insbesondere auch des Nationalsozialismus hat zwei Hauptrichtungen der „Faschismustheorie" hervorgebracht:

- Die liberalen Faschismustheorien betonen den antidemokratischen, antiliberalen, totalitären Charakter des Faschismus *(Ernst Nolte)*.

- Die marxistischen Faschismustheorien (Faschismustheorien im engeren Sinn) betonen den letztlich kapitalistischen Charakter des Faschismus, indem sie seinen Antisozialismus und seine Abhängigkeit vom Kapital hervorstreichen *(Reinhard Kühnl)*.

Wie andere, ursprünglich eindeutige Begriffe hat auch der Begriff des Faschismus an Trennschärfe verloren. Nach dem Untergang der historischen faschistischen Systeme – zuletzt das Spaniens, 1976 – wird mit „faschistisch" alltagssprachlich jede aus irgendwelchen Gründen negativ eingestufte Entwicklung oder Partei oder Person bezeichnet. Zwar hat auch *Seymour Martin Lipset* mit dem auf lateinamerikanische autoritäre Tendenzen gemünzten Begriff des „Linksfaschismus" (z.B. in Form der „Peronismus" in Argentinien) den Begriff analytisch ausgeweitet. Da der Faschismus (anders als Liberalismus, Konservativismus, Sozialismus) aber auf keiner fundierten, intellektuell seriös diskutierbaren Idee, sondern auf aggressiven Affekten beruht, tendiert der Begriff des Faschismus – stärker noch als andere „Ismen" – zur Beliebigkeit.

## *13.5. Korrekturen und Gegenströmungen*

Die Politische Ideengeschichte ist schwergewichtig eine europäische und eine männliche Geschichte. Dass die Beherrschung der Entwicklung politischer Theorien durch Männer auch inhaltliche Konsequenzen hat, haben zunehmend verschiedene Frauen betont. In ihrem zuerst 1949 erschienenen Buch „Das andere Geschlecht" hebt die französische Schriftstellerin *Simone de Beauvoir* die Besonderheit weiblicher Wahrnehmung von Gesellschaft und Politik hervor. Typisch für *Simone de Beauvoir* und für die meisten anderen Vertreterinnen einer feministischen politischen Theorie ist, dass sie einen besonders weiten Politikbegriff verwenden: Lebens- und Naturerfahrungen fließen, ohne deutliche Grenzziehung, in das Politische ein. Es geht den verschiedenen feministischen Theorien nicht nur um die Diskriminierung von Frauen, es geht ihnen auch um die umfassende, spezifisch weibliche Sichtweise des Politischen, die einer spezifisch männlichen gegenübergestellt wird.

*Betty Friedan* hat mit der Thematisierung des „Weiblichkeitswahns" einen anderen Akzent gesetzt: Die Betonung einer besonderen Rolle für Frauen behindert deren volle Entfaltung. So entsteht ein Getto für Frauen, in das sich diese – scheinbar freiwillig – begeben.

Die feministischen Theorien schärfen das Verständnis über das Spannungsfeld zwischen Gleichheit und Differenz. Wenn die Identität von Frauen und Männern nicht identisch ist – was bedeutet dann „Gleichberechtigung", was bedeutet „Gleichbehandlung"? Ist die politisch geforderte „Gleichheit" von Frauen und Männern eine Bedrohung einer spezifisch weiblichen Identität?

Dem Eurozentrismus der politischen Ideengeschichte treten diejenigen Theorien entgegen, die sich mit der vor allem wirtschaftlichen Abhängigkeit der Dritten Welt beschäftigen. Zur Erklärung der Abhängigkeit wurden verschiedene Analysen formuliert:

- Die *Imperialismustheorie*, entwickelt vor allem von *Lenin*. Kolonialisierung und Abhängigkeit sind demnach die Folge des Expansionsdranges der fortgeschrittensten kapitalistischen Staaten, erklärbar aus der Eigendynamik des Verwertungsinteresses des Kapitals.

- *Dependenztheorien*, entwickelt vor allem auch von TheoretikerInnen der Dritten Welt (beispielsweise *Samir Amin*). Sie sehen die (nachkoloniale) Abhängigkeit des Südens ebenfalls als Folge ökonomischer Faktoren, im Sinne einer Abhängigkeit einer Peripherie vom Zentrum.

- *Theorien des Multikulturalismus*, vertreten beispielsweise von *Will Kymlicka*, sehen durch die Massenmigration von der Dritten zur Ersten Welt eine tendenzielle Aufhebung der kulturellen Differenz und damit einen wichtigen Einfluss Lateinamerikas, Asiens und Afrikas auf Europa und Nordamerika.

- *Postmaterialismus (Postmodernismus)*, analysiert etwa von *Ronald Inglehart*. Ausgehend von einer extrem unterschiedlichen Betroffenheit der vor allem ökologischen Folgen des Wirtschaftswachstums können die relativ Privilegierten der „Ersten Welt" sich viel eher eine kritische Distanz zur ökonomischen Entwicklung leisten als die weniger Privilegierten vor allem in der „Dritten Welt".

Der vielleicht wichtigste Beitrag der Dritten Welt zur politischen Ideengeschichte des 20. Jahrhunderts ist die Theorie der gewaltfreien Aktion von *Mahatma Gandhi* (1869–1948). Im Anschluss an das generelle hinduistische Tötungsverbot und unter Verwendung ähnlicher Ansätze im Islam und im Christentum formulierte *Gandhi* eine Theorie des Zusammenhanges weitgehender, prinzipieller gesellschaftspolitischer Veränderungen und des Verzichtes auf jede Form personaler Gewalt. Gewaltfreie Kampfmaßnahmen, auch praktisch im indischen Unabhängigkeitskampf erprobt, umfassen demnach drei sich steigernde Stufen: Protest, legale Nichtzusammenarbeit, ziviler Ungehorsam.

Die Theorie der gewaltfreien Aktion (Soziale Verteidigung) hat wesentliche Einflüsse auf die Erste Welt: Die Bürgerrechtsbewegung in den USA knüpfte ganz bewusst an die Theorie *Gandhis* an. *Martin Luther King* stellte seine Bewegung in den 50er und 60er Jahren in die Tradition *Gandhis*. Er berief sich auf dessen Lehren – und nützte dessen Techniken: Über die Medien (vor allem auch das Fernsehen) wurde einer breiten Öffentlichkeit die offenkundige Ungerechtigkeit der „Rassentrennung" vor Augen geführt und so ein starker Druck auf die entscheidenden PolitikerInnen ausgeübt.

Die Übertragbarkeit der Theorie der gewaltfreien Aktion auf eine allgemeine Einstellung zu Frieden und Krieg ist hingegen schwierig. Die Anwendung der Techniken der sozialen Verteidigung setzt voraus, dass ein Aggressor bei seinem „schlechten Gewissen" getroffen wird – wie etwa das schlechte Gewissen der britischen Kolonialherren, die weltweit

Demokratie predigten, sie aber in Indien nicht praktizierten; wie etwa das „schlechte Gewissen" der US-amerikanischen Öffentlichkeit, die ihr Land als Hort der Menschenrechte sah und gleichzeitig erleben musste, dass in weiten Teilen der USA ebendiese Menschenrechte systematisch verletzt wurden. Ein Aggressor, der aber seine Aggression nicht mit schlechtem, sondern mit gutem Gewissen ausübt – etwa der NS-Staat bei seiner Vernichtungspolitik gegenüber Juden und „Zigeunern" –, ein solcher Aggressor wird durch einen gewaltfreien Widerstand nicht beeinflussbar sein.

Die Alternative zur Theorie der gewaltfreien Aktion ist die Theorie vom Befreiungskampf. Nicht die verschiedenen Stufen gewaltfreien Handelns, sondern die gewaltsame Konfrontation mit den Kolonialmächten oder, in der nachkolonialen Ära, mit den Vertretern der herrschenden Eliten ist das Konzept dieser Theorie. Sie beeinflusste und beeinflusst die verschiedensten Theorien und Thesen über die Unvermeidlichkeit des Guerilla-Krieges und anderer Formen gewaltsamer Auseinandersetzungen (*Frantz Fanon, Che Guevara* und andere).

Die Theorie des Befreiungskampfes knüpft an die Theorie vom „gerechten Krieg" an. Während in Europa nach 1945 die Vorstellung, Krieg könnte unter bestimmten Voraussetzungen ein legitimes Mittel zu Erreichung eines Zieles sein, grundsätzlich verworfen wurde, ist diese Theorie in der „Dritten Welt" weiterentwickelt worden: Um ein ungerechtes (koloniales oder postkoloniales) System zu überwinden, sind auch die Techniken des Krieges (z.B. *Guerilla-Krieg)* gerechtfertigt.

Die Entwicklung der politischen Ideen im 20. Jahrhundert hat jedenfalls zu einer Internationalisierung geführt. Vor allem in der Auseinandersetzung mit dem weltweiten Ungleichgewicht zwischen armen und reichen Nationen ist eine Beschränkung auf Europa und auf die europäische Tradition nicht mehr möglich.

Die Debatte über die *Universalität der Menschenrechte* ist in diesem Zusammenhang zu sehen. Die Menschenrechte sollen allen, unabhängig von Geschlecht und Herkunft, Alter und Religion und Hautfarbe unveräußerliche Ansprüche garantieren. Was bedeutet aber z.B. dieser Gedanke für religiös-fundamentalistische Gesellschaften, die für sich in Anspruch nehmen, eine deutliche Unterscheidung zwischen den Geschlechterrollen sei Teil ihrer Identität? Was bedeutet z.B. die Vorstellung von der Universalität liberaler Grundrechte (Meinungsfreiheit etc.) für ein Einparteiensystem wie das der Volksrepublik China?

Die Internationalisierung politischer Ideen hat jedenfalls am Beginn des 21. Jahrhunderts massive Konsequenzen für die politische Wirklichkeit in allen Teilen der Welt. Es ist auch Teil der Globalisierung, dass Ideen nicht mehr auf eine bestimmte Region beschränkt werden können – sie werden von der globalen Entwicklung beeinflusst und wirken auf diese zurück. Politische Ideen haben Ansprüche geweckt und Standards definiert, an denen die politische Wirklichkeit gemessen wird; und die deshalb auf diese Wirklichkeit Einfluss haben.

# Literaturverzeichnis

## *Allgemeines*

Dieses Lehrbuch ist bewusst knapp gehalten. Andere deutschsprachige Lehrbücher der Politikwissenschaft, die für die Beschäftigung mit dem gesamten Fach empfehlenswert sind, sind insbesondere:

Berg-Schlosser, Dirk und Stammen, Theo (Hrsg.): Einführung in die Politikwissenschaft. München, mehrere Auflagen (Beck).

Naßmacher, Hiltrud: Politikwissenschaft. München, mehrere Auflagen (Oldenbourg).

Patzelt, Werner J.: Einführung in die Politikwissenschaft. Passau, mehrere Auflagen (Rothe).

### *Von den bisher in Österreich publizierten Lehrbüchern sind zu erwähnen:*

Esterbauer, Fried: Einführung in die Politikwissenschaft. Graz 1994 (Leykam).

Heinrich, Georg: Einführung in die Politikwissenschaft. Wien 1989 (Böhlau).

### *Unter den englischsprachigen Lehrbüchern ist vor allem zu verweisen auf:*

Jackson, Robert J. and Jackson, Doreen: An Introduction to Political Science. Comparative and World Politics. Scarborough, mehrere Auflagen (Prentice Hall, Canada).

Rosenau, James N. and Durfee, Mary: Thinking Theory Thoroughly. Coherent Approaches zu an Incoherent World. Boulder 2000 (Westview).

*Von den Handbüchern bzw. Lexika der Politikwissenschaft sind vor allem folgende zu erwähnen:*

Goodin, Robert E. and Klingemann, Hans-Dieter (eds.): A New Handbook of Political Science. Oxford, mehrere Auflagen (Oxford University Press).

Holtmann, Everhard (Hrsg.): Politik-Lexikon. München, mehrere Auflagen (Oldenbourg).

Mickel, Wolfgang W. (Hrsg.): Handlexikon zur Politikwissenschaft. München, mehrere Auflagen (Franz Ehrenwirt).

Nohlen, Dieter (Hrsg.): Pipers Wörterbuch zur Politik. 6 Bände. München, mehrere Erscheinungsjahre (Piper).

*Für die feministischen Zugänge zur Politikwissenschaft ist insbesondere zu verweisen auf:*

Appelt, Erna und Neyer, Gerda (Hrsg.): Feministische Politikwissenschaft. Wien 1994 (Verlag für Gesellschaftskritik).

Kreisky, Eva und Sauer, Birgit (Hrsg.): Feministische Standpunkte in der Politikwissenschaft. Frankfurt am Main 1995 (Campus).

Rosenberger, Sieglinde und Sauer, Birgit (Hrsg.): Politikwissenschaft und Geschlecht. Konzepte – Methoden – Perspektiven. Wien 2004 (WUV).

*Als ergänzende Literatur zu den einzelnen Abschnitten dieses Lehrbuches sind folgende spezielle Bücher zu erwähnen:*

## 1. Politikwissenschaft und Politik

Agamben, Giorgi: Homo sacer. Die souveräne Macht und das nackte Leben. Frankfurt am Main 2002 (Suhrkamp).

Greven, Thomas und Jarasch, Oliver (Hrsg.): Für eine lebendige Wissenschaft des Politischen. Umweg als Methode. Frankfurt am Main 1999 (Suhrkamp).

Hartmann, Jürgen: Politikwissenschaft. Eine problemorientierte Einführung in Grundbegriffe und Teilgebiete. Chur 1995 (Fakultas).

Lipset, Seymour Martin: Political Man. The Social Bases of Politics. Baltimore 1981 (The Johns Hopkins University Press).

Naßmacher, Hiltrud: Vergleichende Politikwissenschaft. Eine Einführung in Probleme und Methoden. Opladen 1991 (Westdeutscher Verlag).

Rohe, Karl: Politik. Begriffe und Wirklichkeiten. Eine Einführung in das politische Denken. Stuttgart 1978 (Kohlhammer).

## 2. Demokratie als Herrschaftsform

Dahl, Robert A.: On Democracy. New Haven 1998 (Yale University Press).

Deutsch, Karl W.: Staat, Regierung, Politik. Eine Einführung in die Wissenschaft der vergleichenden Politik. Freiburg 1976 (Rombach).

Fraenkel, Ernst: Deutschland und die westlichen Demokratien. Frankfurt am Main 1990 (Suhrkamp).

Inglehart, Ronald: Modernization and Postmodernization. Cultural, Economic, and Political Change in 43 Societies. Princeton 1997 (Princeton University Press).

Rokkan, Stein: Staat, Nation und Demokratie in Europa. Die Theorien Stein Rokkans aus seinen gesammelten Werken, rekonstruiert und eingeleitet von Peter Flora. Frankfurt am Main 2000 (Suhrkamp).

Schmidt, Manfred G.: Demokratietheorien. Opladen 1995 (Westdeutscher Verlag).

## 3. Mehrparteiensysteme

Gabriel, Oscar W. und Brettschneider, Frank (Hrsg.): Die EU-Staaten im Vergleich. 2. Auflage. Opladen 1994 (Westdeutscher Verlag).

Ismayr, Wolfgang (Hrsg.): Die politischen Systeme Westeuropas. 3. Auflage. Opladen 2003 (Leske + Budrich).

Lehner, Franz und Widmaier, Ulrich: Vergleichende Regierungslehre. 3. Auflage. Opladen 1995 (Leske + Budrich).

Lijphart, Arend: Patterns of Democracy. Government Forms and Performance in Thirty-Six Countries. New Haven 1999 (Yale University Press).

Lichbach, Mark Irving and Zuckerman, Alan S. (eds): Comparative Politics. Rationality, Culture, and Structure. Cambridge, U.K. 1999 (Cambridge University Press).

Röhrich, Wilfried: Die politischen Systeme der Welt. 2. Aufl. München 2001 (Beck).

## 4. Einparteiensysteme und Parteiensysteme in der „Dritten Welt"

Adorno, Theodor W.: Studien zum autoritären Charakter. Frankfurt am Main 1973 (Suhrkamp).

Arendt, Hannah: Elemente und Ursprünge totaler Herrschaft. 4. Auflage. München 1995 (Piper).

Courtois, Stéphane u.a.: Das Schwarzbuch des Kommunismus. Unterdrückung, Verbrechen und Terror. München 1998 (Piper).

Linz, Juan; Stepan, Alfred: Problems of Democratic Transition and Consolidation. Southern Europe, South America, and Post-Communist Europe. Baltimore 1996 (Johns Hopkins University Press).

Nohlen, Dieter und Nuscheler, Franz (Hrsg.): Handbuch der Dritten Welt. Mehrere Bände. Hamburg, mehrere Auflagen (Hoffmann und Campe).

Wippermann, Wolfgang: Europäischer Faschismus im Vergleich (1922-1982). Frankfurt am Main 1983 (Suhrkamp).

## 5. Wahlen und öffentliche Meinung

Bürklin, Wilhelm: Wählerverhalten und Wertewandel. Opladen 1988 (Leske + Budrich).

Lazarsfeld, Paul F.; Berelson, Bernard und Gaudet, Hazel: Wahlen und Wähler. Soziologie des Wahlverhaltens. Neuwied 1969 (Luchterhand).

Lipset, Seymour Martin: Political Man. The Social Bases of Politics. Baltimore 1981 (The Johns Hopkins University Press).

Lijphart, Arend: Electoral Systems and Party Systems. A Study of Twenty-Seven Democracies, 1945-1990. Oxford 1994 (Oxford University Press).

Nohlen, Dieter: Wahlrecht und Parteiensystem. Opladen 1986 (Leske + Budrich).

Plasser, Fritz; Ulram, Peter A. (Hrsg.): Wahlverhalten in Bewegung. Analysen zur Nationalratswahl 2002. Wien 2003 (WUV).

## 6. Parteien und Parteiensystem

Beyme, Klaus von: Parteien in westlichen Demokratien. München 1982 (Piper).

Duverger, Maurice: Die politischen Parteien. Tübingen 1959 (Mohr).

Johansson, Karl Magnus; Zervakis, Peter (eds.): European Political Parties between Cooperation and Integration. Baden-Baden 2002 (Nomos).

Mair, Peter; Müller Wolfgang C.; Plasser, Fritz (eds.): Political Parties and Electoral Change. London 2004 (Sage).

Plasser, Fritz: Parteien unter Streß. Zur Dynamik der Parteiensysteme in Österreich, der Bundesrepublik Deutschland und den Vereinigten Staaten. Wien 1987 (Böhlau).

Ware, Alan: Political Parties and Party Systems. Oxford 1999 (Oxford University Press).

## 7. Verbände und Bürokratie

Alemann, Ulrich von (Hrsg.): Neokorporatismus. Frankfurt am Main 1981 (Campus).

Beyme, Klaus von: Interessengruppen in der Demokratie. München, mehrere Auflagen (Piper).

Beyme, Klaus von: Gewerkschaften und Arbeitsbeziehungen in kapitalistischen Ländern. München 1977 (Piper).

Green, John C.; Rozell, Mark J.; and Wilcox, Clyde (eds.): The Christian Right in American Politics. Marching to the Millennium. Washington 2003 (Georgetown University Press).

Richardson, Jeremy J. (ed.): Pressure Groups. Oxford 1994 (Oxford University Press).

Tálos, Emmerich (Hrsg.): Sozialpartnerschaft. Kontinuität und Wandel eines Modells. Wien 1993 (Verlag für Gesellschaftskritik).

## 8. Die zentralen Konfliktlinien Internationaler Politik

Czempiel, Ernst-Otto: Weltpolitik im Umbruch. Die Pax Americana, der Terrorismus und die Zukunft der internationalen Beziehungen. 3. Auflage. München 2003 (Beck).

Kagan, Robert: Of Paradise and Power. America and Europe in the New World Order. New York 2003 (Alfred A. Knopf).

Katzenstein, Peter J.; Keohane, Robert O.; and Krasner, Stephen D. (eds.): Exploration and Contestation in the Study of World Politics. Cambridge, MA 1999 (MIT Press).

Kennedy, Paul: Aufstieg und Fall der Großen Mächte. Frankfurt am Main 1989 (Fischer).

Knapp, Manfred; Krell, Gert (Hrsg.): Einführung in die Internationale Politik. 4. Auflage. München 2004 (Oldenbourg).

List, Martin u.a.: Internationale Politik. Probleme und Grundbegriffe. Opladen 1995 (Leske + Budrich).

## 9. Friedens- und Konfliktforschung

Ferdowsi, Mir A. (Hrsg.): Internationale Politik im 21. Jahrhundert. München 2002 (Wilhelm Fink).

Galtung, Johan: Peace by Peaceful Means. Peace and Conflict, Development and Civilization. London 1996 (Sage).

Lundestad, Geir: East, West, North, South. Major Developments in International Politics since 1945. 4. Auflage. Oxford 1999 (Oxford University Press).

Nye, Robert S., Jr.: The Paradox of American Power. Why the World's Only Superpower Can't Go It Alone. New York 2002 (Oxford University Press).

Rotberg, Robert I. and Rabb, Theodore K. (eds.): The Origin and Prevention of Major Wars. Cambridge 1989 (Cambridge University Press).

Walzer, Michael: Just and Unjust Wars. A Moral Argument with Historical Illustrations. New York 1977 (Basic Books).

## 10. Internationale Organisationen und Außenpolitik

Kissinger, Henry: Diplomacy. New York 1994 (Simon, Schuster).

Kissinger, Henry: Does America Need a Foreign Policy? Toward a Diplomacy for the 21$^{st}$ Century. New York 2001 (Simon, Schuster)

Mingst, Karen A. and Karns, Margret P.: The United Nations in the Post-Cold War Era. Boulder 2000 (Westview).

Moravcsik, Andrew: The Choice for Europe. Social Purpose and State Power from Messina to Maastricht. Ithaca 1998 (Cornell University Press).

Neisser, Heinrich; Verschraegen, Bea: Die Europäische Union. Anspruch und Wirklichkeit. Wien 2001 (Springer).

Nowak, Manfred: Einführung in das internationale Menschenrechtssystem. Wien 2002 (Neuer Wissenschaftlicher Verlag).

## 11. Politische Ideengeschichte – von der Antike bis zur Neuzeit

Fenske, Hans, u.a.: Geschichte der politischen Ideen. Von Homer bis zur Gegenwart. Königstein 1981 (Athenäum).

Knoll, August Maria: Glaube zwischen Herrschaftsordnung und Heilserwartung. Studien zur Theologie und Religionssoziologie. Wien 1996 (Böhlau).

Maier, Hans; Rausch, Heinz und Denzer, Horst (Hrsg.): Klassiker des politischen Denkens. Erster Band. Von Platon bis Hobbes. München 1968 (Beck).

Neumann, Franz (Hrsg.): Handbuch Politische Theorien und Ideologien. 2. Auflage. 2 Bände. Opladen 1998 und 2000 (Leske + Budrich).

Saage, Richard: Vertragsdenken und Utopie. Studien zur politischen Theorie und zur Sozialphilosophie der frühen Neuzeit. Frankfurt am Main 1989 (Suhrkamp).

Starr, Chester G.: The Birth of Athenian Democracy. The Assembly in the Fifth Century B.C. New York 1990 (Oxford University Press).

## 12. Politische Ideengeschichte – bürgerliche Revolutionen und die Folgen

Dahl, Robert H.: Vorstufen zur Demokratie – Theorie. Tübingen 1976 (Mohr).

Macpherson, C. B.: Die politische Theorie des Besitzindividualismus. Von Hobbes bis Locke. Frankfurt am Main 1973 (Suhrkamp).

Maier, Hans; Rausch, Heinz und Denzer, Horst (Hrsg.): Klassiker des politischen Denkens. Zweiter Band. Von Locke bis Max Weber. München 1968 (Beck).

Riklin, Alois: Emmanuel Joseph Sieyes und die Französische Revolution. Bern und Wien 2001 (Stämpfli, Manz).

Röhrich, Wilfried: Denker der Politik. Zur Ideengeschichte bürgerlicher Gesellschaft. Opladen 1989 (Westdeutscher Verlag).

Walzer, Michael: The Revolution of the Saints. A Study in the Origins of Radical Politics. Cambridge 1965 (Harvard University Press).

## 13. Politische Ideengeschichte im 20. Jahrhundert

Beauvoir, Simone de: Das andere Geschlecht. Sitte und Sexus der Frau. Reinbek, mehrere Auflagen (rororo).

Beyme, Klaus von: Theorie der Politik im 20. Jahrhundert. Frankfurt am Main 1991 (Suhrkamp).

Ely, Geoff: Forging Democracy. The History of the Left in Europe, 1850–2000. Oxford 2002 (Oxford University Press).

Kymlicka, Will: Contemporary Political Philosophy. An Introduction. Oxford 2002 (Oxford University Press).

Rosenberger, Sieglinde: Geschlechter – Gleichheiten – Differenzen. Eine Denk- und Politikbeziehung. Wien 1996 (Verlag für Gesellschaftskritik).

Talmon, J.L.: The Origins of Totalitarian Democracy. Harmondsworth 1986 (Penguin).

# Personenindex

**A**dler, Max 207
Adorno, Theodor 208, 226
Alemann, Ulrich von 19, 227
Amin, Samir 219
Arendt, Hannah 11, 62, 211, 226
Aristoteles 178–192
Atatürk, Kemal Pascha 72
Augustinus 181,182

**B**abeuf, François 197, 201
Bakunin, Mikhail 208
Barber, Benjamin R. 135
Bauer, Otto 207
Beauvoir, Simone de 219, 230
Bentham, Jeremy 199
Berelson, Bernard 82, 226
Bernstein, Eduard 207
Beyme, Klaus von 17, 227
Blanc, Louis 202, 207
Breschnew, Leonid 145
Bruckmann, Gerhart 87
Brzezinski, Zbigniew 173
Burke, Edmund 199–201
Bush, George 130, 131
Bush, George W. 54, 174
Butler, David 87

**C**alvin, John 173
Carter, Jimmy 127
Clinton, Bill 174
Chrustschow, Nikita 127
Courtois, Stéphane 62
Czempiel, Ernst-Otto 131, 228

**D**ahl, Robert 214, 215, 225
Deng, Xiao-ping 74
Deutsch, Karl 11, 17, 225
Downs, Anthony 32, 100, 213–216
Duverger, Maurice 16, 227

**E**hrlich, Stanislaw 109
Eisenhower, Dwight D. 174
Engels, Friedrich 202–205
Etzioni, Amitai 214, 215
Eulau, Heinz 16

**F**anon, Frantz 221
Forndran, Erhard 19
Foucault, Michel 25
Fourier, Jean B. 201, 202
Fraenkel, Ernst 11, 60, 214, 215, 225

Friedan, Betty 219
Friedman, Thomas 136
Fukuyama, Francis 129, 131

Galtung, Johan 11, 133, 142, 144, 148, 228
Gandhi, Mahatma 156, 220
Gaudet, Hazel 82, 226
Giddens, Anthony 208
Gore, Al 54
Guevara, Ché 221

Habermas, Jürgen 27, 62
Hamilton, Alexander 193
Hennis, Wilhelm 211
Hitler, Adolf 62, 174, 217
Hobbes, Thomas 186–191, 229
Horkheimer, Max 208
Hume, David 198
Huntington, Samuel 74, 130, 131

Inglehart, Ronald 220, 225

Jackson, Andrew 194, 200, 223
Jay, John 193
Jefferson, Thomas 192–194, 197

Kagan, Robert 131, 228
Kautsky, Karl 207
Keynes, John Maynard 210
King, Martin Luther 220

Kissinger, Henry 125, 130, 131, 173, 229
Knoll, August M. 11, 229
Kühnl, Reinhard 61, 218
Kymlicka, Will 220, 230

Laski, Harold 215
Lassalle, Ferdinand 202, 207
Lazarsfeld, Paul 11, 82, 226
Lehmbruch, Gerhard 33
Lenin, Wladimir I. 63, 64, 95, 206, 207, 219
Lijphart, Arend 33, 225
Lipset, Seymour Martin 11, 24, 46, 218, 225
Locke, John 42, 187, 190–194, 230
Loewenstein, Karl 41
Luther, Martin 181
Luxemburg, Rosa 208

Machiavelli, Niccolo 184, 185, 189
Madison, James 193
Mao Tse-tung 74, 206
Marcuse, Herbert 208
Marx, Karl 176, 190, 201–205, 207–209
Michels, Robert 211, 217
Miliband, Ralph 199
Mill, John Stuart 123, 156, 157

# Personenindex

Montesquieu, Charles Louis 42, 190, 192
Morgenthau, Hans 143
Morus, Thomas 184–186, 189
Mosca, Gaetano 211
Müntzer, Thomas 181, 184
Mussolini, Benito 217

Nehru, Jawahrlal (Pandit) 101
Nixon, Richard 173
Nolte, Ernst 62, 218

Orwell, George 186
Owen, Robert 201

Pareto, Vilfredo 211
Patzelt, Werner J. 20, 223
Paulus 181, 182
Perkins Gilman, Charlotte 186
Platon 178, 179, 182, 229
Popper, Karl 179
Proudhon, Pierre Joseph 208

Rabb, Theodore K. 149, 228
Rawls, John 214, 215
Reagan, Ronald 173, 215
Renner, Karl 207
Rice, Condoleezza 174
Robespierre, Maximilien 196
Rokkan, Stein 11, 225

Roosevelt, Franklin D. 119, 162, 174
Rotberg, Robert I. 149, 228
Rousseau, Jean-Jacques 186–189, 194, 196
Roy, Arundhati 136

Sacharow, Andrei 145
Saint-Simon, Claude Henri de 201, 202
Schumpeter, Joseph A. 32, 213, 217
Senghaas, Dieter 133, 150
Siegfried, André 86
Sieyès, E.J. de 195
Smith, Adam 198, 199
Spengler, Oswald 217
Stalin, Josef W. 42, 61, 69, 127, 174, 206, 211

Talmon, J.L. 211, 212, 230
Thatcher, Margret 119, 215
Thomas von Aquin 183
Tito, Josip B. 47, 206
Tocqueville, Alexis de 200
Todd, Emmanuel 131
Trotzki, Leo 174, 206

Voegelin, Eric 211

**W**eber, Max, 22, 230
Wehler, Hans-Ulrich 62
Weitling, Wilhelm 201, 202
Wilson, Woodrow 174

**Z**wingli, Ulrich 184

**Anton Pelinka / Christian Schaller / Paul Luif**
**Ausweg EG?**
**Innenpolitische Motive einer aussenpolitischen Umorientierung**
Studien zu Politik und Verwaltung, Band 47
1994. 15,5 x 23,5 cm, 312 Seiten, Broschur.
ISBN 3-205-98051-4

**Michael Gehler / Anton Pelinka / Günter Bischof (Hrsg.)**
**Österreich in der Europäischen Union. Bilanz seiner Mitgliedschaft /**
**Austria in the European Union. Assessment of her Membership**
Schriftenreihe des DDr. Herbert-Batliner-Europainstitutes, Band 7
2003. 17 x 24 cm. 655 Seiten, 16 Tab. u. Graf. Geb.
ISBN 3-205-77116-8
Dieser zweisprachige (Deutsch/Englisch) Band bietet eine wissenschaftliche Bestandsaufnahme zu Österreichs EU-Mitgliedschaft seit 1995. Nach ersten Annäherungen werden verschiedene innenpolitische Perspektiven der Folgen des EU-Beitritts für das Bildungssystem, für Gesellschaft, Wirtschaft und Politik aufgezeigt sowie außen- und sicherheitspolitische Fragen behandelt. Daneben geht es um das Spannungsfeld zwischen Klein- und Mittelstaaten und verschiedene Sichtweisen des „Anlassfalls Österreich" im „annus horribilis" 2000. Eine abschließende Bewertung bilanziert die Ergebnisse einer ambivalenten Mitgliedschaft zwischen bemerkenswerten Höhe- und absoluten Tiefpunkten.

Wien Köln Weimar

Erhältlich in Ihrer
Buchhandlung!

www.boehlau.at    www.boehlau.de

**Erhard Busek / Martin Schauer (Hrsg.)**
**Eine europäische Erregung**
**Die „Sanktionen" der Vierzehn gegen Österreich im Jahr 2000.**
**Analysen und Kommentare**
Schriftenreihe des DDr.-Herbert-Batliner-Europainstitutes, Band 8
2003. 17 x 24 cm. 584 Seiten. Geb. ISBN 3-205-77121-4

Der Sammelband beinhaltet eine ausgewogene und repräsentative Dokumentation von Artikeln aus dem Bereich der Rechts- und Politikwissenschaften zum Thema der „Sanktionen", abgehoben vom tagespolitischen Rahmen.

„Trotz einer differenzierten Betrachtung bleibt der Tenor auch dieses Buches kritisch."
(Die Presse – Politisches Buch, 19.Juli 2003)

„Die Frage nach der Legimität und Legalität der Maßnahmen wird nicht endgültig beantwortet. Daher ist das Buch spannend. Es fasst die wichtigsten Standpunkte in der Debatte zusammen und gibt die Diskussion wieder: Dem interessierten Leser bietet sich dadurch die Möglichkeit, sich die jeweiligen Argumente vor Augen zu führen und selbst zu entscheiden, welcher Interpretation er zustimmern würde."
(OÖNachrichten, 21. Juli 2003)

„Es ist gut, dass der vorliegende Sammelband nicht nur rechtswissenschaftliche Untersuchungen vornimmt, sondern auch historisch-politikwissenschaftliche Analysen vorlegt." (Academia, Dezember 2003)

Erhältlich in Ihrer
Buchhandlung!

www.boehlau.at    www.boehlau.de

Wien Köln Weimar

**Andrei S. Markovits / Sieglinde Rosenberger (Hrsg.)**
**Demokratie – Modus und Telos**
**Beiträge für Anton Pelinka**
2001. 17 x 24 cm. 256 Seiten. Geb.
Text: Englisch und Deutsch
ISBN 3-205-99342-X

Behooving Anton Pelinka's intellectual catholicy and the global reach of his work, this volume combines 17 contributions from scholars hailing from six countries. Written in both English and German the presented essays focus on very diverse topics featering different countries and cultures. But they are all united by a steady theme: An analysis of democracy both as structure and process.

Mit Beiträgen von Günter Bischof, Birgitt Haller, Ferdinand Karlhofer, Robert Knight, Eva Kreisky, Felix Kreissler, Sándor Kurtan, Gerhard Lehmbruch, Andrei S. Markovits, Wolf-Dieter Narr, Beth Simone Noveck, Fritz Plasser, Peter Pulzer, Sonja Puntscher Riekmann, Dov Ronen, Sieglinde Katharina Rosenberger, Gilg Seeber, Peter A. Ulram, Ruth Wodak.

Pressestimmen:
„Dieser Doppelbezug soll die Komplexität von Pelinkas Denken und Analysen reflektieren, und deutet an, dass Pelinka ideengeschichtlich sehr breit Beeinflussungen erfuhr." (ÖZP – Österreichische Zeitschrift für Politikwissenschaft 1/2002)
„Der Rezensent selbst neigt der Ansicht zu, dass die Festschrift implizit eher das Ziel verfolgt, die Vielfalt und Unabgeschlossenheit von Demokratie und Demokratieentwicklung zu veranschaulichen: Möglicherweise mag gerade das ihre letztendliche Bestimmung sein."
(SWS Rundschau, 42. Jg., Heft 2/2002, Juni 2002)

Erhältlich in Ihrer
Buchhandlung!

www.boehlau.at    www.boehlau.de

Wien  Köln  Weimar

**Erhard Busek / Waldemar Hummer (Hrsg.)**
**Der Europäische Konvent und sein Ergebnis**
Europapolitische Reihe des DDr.-Herbert-Batliner-Europainstitutes, Band 2
2004. 17 x 24 cm. 379 Seiten. Broschur. ISBN 3-205-77227-X

Trotz des vorläufigen Scheiterns des vom „Europa-Konvent" ausgearbeiteten „Verfassungsvertrages" auf der Regierungskonferenz 2003 ist das Projekt einer neuen „Verfassung für Europa" keinesfalls obsolet geworden. Es bestehen nach wie vor gute Chancen, dass die „Verfassung" entweder bereits während der niederländischen Präsidentschaft im zweiten Halbjahr 2004 oder während des luxemburgischen Vorsitzes im ersten Halbjahr 2005 verabschiedet wird. Selbst wenn er dann ein zweites Mal scheitern sollte, stellt der vom „Europa-Konvent" ausgearbeitete „Verfassungsvertrag" einen Meilenstein im Prozess der europäischen Integration dar und wird daher in der vorliegenden Publikation erstmals in seiner vollen Länge publiziert.

Die Sammelschrift vereint eine Reihe ausgewiesener nationaler und internationaler Experten, die entweder als Diplomaten in die Vorbereitungen der am 4. Oktober 2003 einberufenen und am 13. Dezember desselben Jahres beendeten Regierungskonferenz zur Kodifizierung des „Verfassungsvertrages" eingebunden waren oder die sich als Wissenschaftler bereits seit längerem theoretisch mit der Entstehung der neuen „Verfassung" für Europa auseinander gesetzt haben. Bei ersterer Gruppe handelt es sich um europarechtlich tätige Spitzenbeamte des Völkerrechtsbüros des BmaA, bei letzterer Gruppe um vier Juristen und zwei Politikwissenschafter österreichischer und ausländischer wissenschaftlicher Einrichtungen, die die wichtigsten mit dem „Verfassungsvertrag" verbundenen Fragestellungen sowohl aus europarechtlichem als auch aus politikwissenschaftlichem Blickwinkel beleuchten.

Erhältlich in Ihrer
Buchhandlung!

www.boehlau.at    www.boehlau.de

**Hedwig Kopetz / Joseph Marko / Klaus Poier (Hrsg.)**
**Soziokultureller Wandel im Verfassungsstaat**
**Phänomene politischer Transformation**
**Festschrift für Wolfgang Mantl zum 65. Geburtstag**
Studien zu Politik und Verwaltung, Band 90
2004. 15,5 x 23,5 cm. 1700 Seiten, 8 S. Kunstdrucktaf., zahlr. Grafiken u. Tab. Geb. 2 Teilbände im Schuber
ISBN 3-205-77211-3

An der Schnittstelle von Politik, Staat, Recht und Kultur gibt es kaum ein Thema, das den Geehrten dieser Festschrift, den Staats- und Verfassungsrechtler, Politik- und Kulturwissenschafter o. Univ.-Prof. Dr. Wolfgang Mantl (Graz – Wien), nicht zu eigenen wissenschaftlichen Beiträgen angeregt hätte. In diesem Sinne spannt auch der vorliegende Band einen weiten Bogen über die geistigen Herausforderungen unserer Zeit. Neben Analysen des soziokulturellen Wandels im Verfassungsstaat der Gegenwart, dargestellt aus rechts-, sozial- und politikwissenschaftlichem Blickwinkel, treten in Verwirklichung des wissenschaftstheoretischen Desiderats der Transdisziplinarität Beiträge zu Phänomenen politischer Transformation aus historischer, philosophischer, theologischer, kulturwissenschaftlicher und selbst künstlerischer Perspektive. Europa und insbesondere Mitteleuropa ist ebenso Schwerpunkt wie die Befassung mit österreichischen Besonderheiten. Staat, Demokratie und Recht vor dem Hintergrund von Liberalismus und Aufklärungswelt und ihrer Vereinbarkeit mit christlichen Maßstäben bilden die Achsen der Reflexion. So werden Fragen aufgeworfen, Lösungen angedacht, Perspektiven aufgezeigt. Bei aller Unterschiedlichkeit der Beiträge verbindet die mehr als 100 Autorinnen und Autoren mit dem Jubilar doch die gemeinsame Sorge um res publica und bonum commune. Diesen gilt Einsatz und Dienst, ohne die Individualität der Person aus dem Blick zu verlieren, sondern in gemeinsamer Verantwortung und dem Bewusstsein der uns anvertrauten Geistes-Welt.

Erhältlich in Ihrer
Buchhandlung!

www.boehlau.at    www.boehlau.de

**Robert Kriechbaumer**
**Die großen Erzählungen der Politik**
**Politische Kultur und Parteien in Österreich**
**von der Jahrhundertwende bis 1945**
Schriftenreihe des Forschungsinstitutes für politisch-historische Studien der
Dr.-Wilfried-Haslauer-Bibliothek, Band 12
2001. 17 x 24 cm. 820 Seiten. Geb.
ISBN 3-205-99400-0

Wenngleich der Begriff der „großen Erzählung" der Literaturwissenschaft entstammt, so eignet er sich auch für die historische Analyse der Politischen Kultur Österreichs in der ersten Hälfte des 20. Jahrhunderts. Die Studie gliedert sich in zwei eng miteinander verwobene Teile, die lediglich aus analytischen Gründen getrennt wurden. Bilden im ersten Teil die Fundamente und Erscheinungsformen der Politischen Kultur wie Milieus und Lebenswelten, die politische Ikonographie im öffentlichen Raum, das Trauma der unmystischen Wirklichkeit nach 1918 und die Sehnsucht nach der imaginierten größeren deutschen Heimat, die Sakralisierung der (Partei)Politik sowie zwei Fallstudien vom Beginn und Ende der Ersten Republik – ihr Entstehen und ihre Krise in den frühen dreißiger Jahren – den Gegenstand der Untersuchung, so widmet sich der zweite der Darstellung der Geschichte, Programmatik und Struktur der politischen Parteien. Im Bereich der Parteiengeschichte erfüllt die Darstellung auch die Funktion eines Handbuches über die politischen Parteien Österreichs als kollektive politische Akteure vom späten 19. Jahrhundert bis 1945.

„Wegen dieser Gliederung eignet sich das Werk Kriechbaumers ... nicht nur zum Lesen, sondern auch zum Nachschlagen, zum Blättern und zum Immer-wieder-Lesen."
(Salzburger Nachrichten, 27./28.Oktober 2001)

Erhältlich in Ihrer
Buchhandlung!

www.boehlau.at    www.boehlau.de